Der große Pilzführer

Mirko Svrček

Der große Pilzführer

Die Pilze Mitteleuropas in 451 Farbfotos

Gondrom

PILZFÜHRER

Text von Dr. Mirko Svrček
Farbdias von Ladislav a Zdeněk Drahokoupil (295 Dias), Ladislav Hagara (123), Jiří Baier (29), Jaroslav Klán (4)
Federzeichnungen von Bohumil Vančura
Ins Deutsche übertragen von Peter Zieschang und Silke Gester

Ursprüngliche Auflage bei Artia, Prag 1979

Lizenzausgabe für Gondrom Verlag GmbH, Bindlach 1996
ISBN 3-8112-1424-1

Printed in Slovakia
3/07/21/52-01

Der große Pilzführer

Vom Bau der Pilze

Pilze sind Organismen ohne Blattgrün (Chlorophyll). Ihr Körper (Thallus)* ist meistens faserig, aus Hyphen zusammengesetzt, nur die primitivsten Formen sind einzellig. Die Zellen, aus denen sich die Hyphen (Fäden) zusammensetzen, weisen einen Kern auf, die Zellwand besteht aus Zellulose oder Chitin, gegebenenfalls aus beiden Stoffen (und einigen anderen) gleichzeitig. Die Hyphen sind dünn und röhrenförmig. Bei Pilzen niedriger Entwicklungsstufen, zum Beispiel bei den Echten Schimmeln *(Phycomycophytina)* sind die Hyphen ohne Querwände (Septen) und besitzen zahlreiche Kerne im Cytoplasma. Bei höher entwickelten Pilzen sind die Hyphen unterteilt, die einzelnen Zellen sind durch Querwände mit ultramikroskopischen Öffnungen voneinander getrennt und enthalten einen oder mehr Kerne. Im Cytoplasma befinden sich Vakuolen, Öltröpfchen und andere Bestandteile die Kerne sind organisiert, besitzen eine Kernmembran, ein Kernkörperchen (Nucleolus) und Chromatinkörnchen, die sich bei der Kernteilung zu Chromosomen gruppieren. Die Pilze vermehren sich durch Sporen geschlechtlich und ungeschlechtlich.
Pilze besitzen kein Chlorophyll (auch keinen anderen photosynthetischen Farbstoff) und sind deshalb nicht wie die grünen Pflanzen zur Assimilation befähigt. Sie nehmen organische Stoffe aus den lebenden und abgestorbenen Körpern anderer Organismen auf, sind also typisch heterotroph. Damit ähneln sie eher den Tieren als den Pflanzen, mit denen sie jedoch wiederum andere Eigenschaften gemeinsam haben. Man vertritt heute deshalb immer stärker die Meinung, daß die Pilze ein selbständiges, in Formen und Lebensäußerungen von anderen Gruppierungen unterschiedenes Reich darstellen, das im Kreislauf der Materie und des Lebens auf der Erde eine bedeutende Rolle spielt.
Der Ursprung der Pilze ist unbekannt. Am überzeugendsten scheint die Ansicht, daß die Pilze gemeinsame Vorfahren mit den Urtierchen *(Protozoa)* und den Algen *(Algae)* haben, sich aber schon in einem frühen Stadium der Evolution der Organismen als selbständige Gruppe abgeteilt haben. Die ältesten fossilen Pilzfunde stammen aus dem Paläozoikum. Die genaue Anzahl der Pilzarten ist nicht bekannt, denn es werden ständig sehr viele neue Arten beschrieben, und eine große Zahl der bisher beschriebenen Pilze wurden lediglich mit Synonymen angegeben. Die Mykologie, die Wissenschaft vom Studium der Pilze, ist eine verhältnismäßig junge Disziplin, und die Erforschung der Mykoflora kann für viele Gebiete der Erde noch lange nicht als abgeschlossen angesehen werden. Man schätzt, daß bis jetzt gegen 100 000 Pilzarten bekannt sind, von denen aber ein erheblicher Teil zu den mikroskopischen Pilzen gehört.

* Die am meisten gebrauchten Fachausdrücke werden auf S. 58 erläutert.

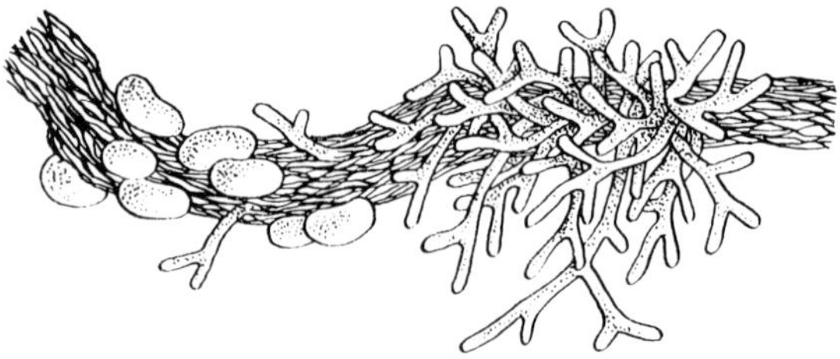

1 Strauch- und knollenartige Mykorrhiza auf den Wurzeln der Kiefer

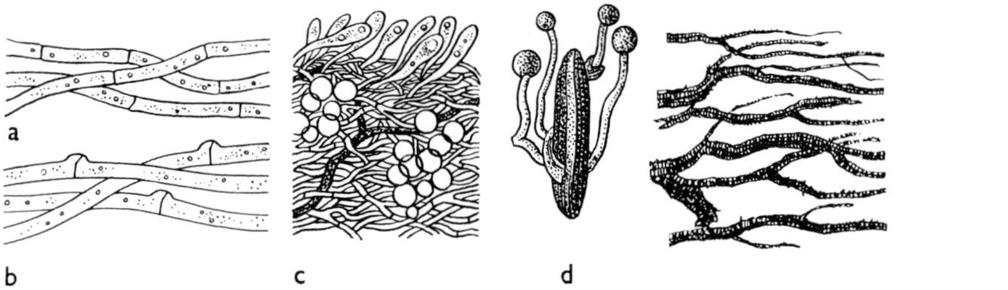

2 a — unterteilte Hyphen ohne Schnallen, b — durch Schnallen in Septen unterteilte Hyphen, c — Teil des Fruchtfleischgewebes an der Stieloberfläche von Täublingen (im Schnitt): Keulenförmige Dermatocystiden, kugelförmige Sphaerocystiden und langes verzweigtes Milchgefäß (zwischen normalen zylindrischen Hyphen), d — Sklerotium des Mutterkorns *(Claviceps purpurea);* aus dem Sklerotium wachsen gestielte Stromata hervor, in deren klöppelartig erweitertem Teil die Peritecien versenkt liegen und nur mit einer warzenartigen Mündung hervortreten.

Der eigentliche Pilzkörper wird vom Pilzgeflecht (Mycelium) gebildet, das meistens aus feinen Fäden (Hyphen) besteht, die das Substrat durchdringen. Einige Pilze, z. B. der Hallimasch *(Armillaria mellea)* oder der Echte Hausschwamm *(Serpula lacrymans)* weisen ein auffälligeres Pilzgeflecht auf, das hier an Wurzeln oder Schnüre erinnert. Das Pilzgeflecht entnimmt die Nährstoffe aus zerfallenden organischen Resten (Saprophyten) oder aus den lebenden Geweben von Pflanzen und Tieren (Parasiten). Manchmal bildet das Myzel besondere feste Gebilde, die Sklerotien, die es dem Pilz ermöglichen, ungünstige Bedingungen zu überdauern. Manchmal wachsen aus den Sklerotien Fruchtkörper hervor. Bei einigen Blätterpilzen wächst das Pilzgeflecht im Boden gleichmäßig nach allen Seiten auseinander, so daß im Verlaufe von Jahren Ringe entstehen, die oft mehrere zehn Meter im Durchmesser aufweisen und an deren Rändern Fruchtkörper emporwachsen. Die Pilze bilden dann sogenannte Hexenringe.

Eine besondere und für die Pilze typische Erscheinung ist die Mykorrhiza. Es handelt sich hierbei um das Zusammenleben von Pilzen mit einer höheren Grünpflanze. Am bekanntesten sind die Mykorrhizen an den Wurzeln von Gehölzen. Die Pilzfäden umschließen die Pflanzenwurzeln, entnehmen ihnen bestimmte Stoffe und geben andererseits bestimmte Stoffe zurück, so daß beide Partner aus diesem Zusammenleben Nutzen ziehen. Diese Verbindung kann fester oder lockerer sein, wodurch bestimmte Arten der Mykorrhiza unterschieden werden können:

die peritrophe Mykorrhiza (der Pilz wächst nur zwischen den Wurzeln und Bodenteilchen, dringt aber nicht in die Wurzeln ein),

die ektotrophe Mykorrhiza (die Hyphen überziehen die Oberfläche der Wurzeln und dringen in deren äußere Zellen ein)

und die endotrophe Mykorrhiza (wobei die Hyphen tiefer in das Wurzelgewebe vorstoßen).

Die von Hyphen umschlossenen Würzelchen schwellen gewöhnlich an, verwandeln sich sogar in kleine Knollen oder verkürzen und verzweigen sich auf verschiedene Art. Bei Bäumen kommt am meisten die ektotrophe Mykorrhiza vor. Die Fruchtkörper der Mykorrhiza bildenden Pilze wachsen am Rande der Rhizosphäre der Bäume, also dort, wo sich die größte Anzahl kleinster Würzelchen befindet. Bei jungen Bäumen tauchen die Fruchtkörper deshalb in Stammnähe auf, während sie bei älteren Bäumen in größerer Entfernung erscheinen. Diese Erkenntnis hilft beim Aufsuchen von Pilzen, die durch die Mykorrhiza an bestimmte Gehölzarten gebunden sind.

Aus dem Pilzgeflecht wachsen die Fruchtkörper hervor. Sie bestehen aus unechtem

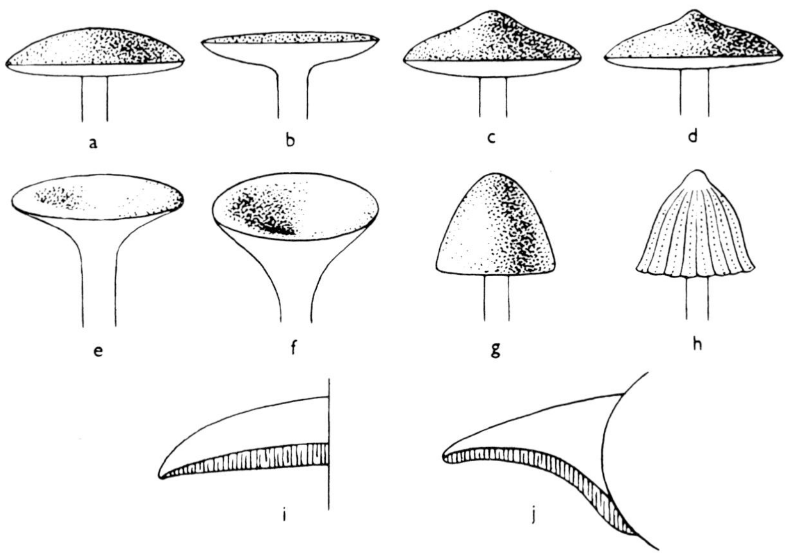

3 Beispiele für die verschiedenen Hutformen bei Blätterpilzen und Porlingen: a — flach gewölbter Hut, b — flächig ausgebreiteter Hut, c — mit stumpfem Buckel, d — mit zugespitzter Warze (Papille), e — mittig vertieft, f — tief trichterförmig, g — kegelig, h — glockig und tief, bis zur Mitte gerieft, i — Schnitt durch einen seitlich angewachsenen Porlingshut, j — Schnitt durch einen halb auseinandergeflossenen Hut (bei einigen Porlingen).

Gewebe (Plektenchym), das von Hyphen gebildet wird. Diese Gewebe nehmen bei den höheren Pilzen mannigfaltige Formen an, und ihr Bau ist ein wichtiges Merkmal bei der Klassifizierung und Einordnung der Pilze in das System. Die Fruchtkörper sind verschieden groß; sie reichen von mikroskopisch kleinen Ausmaßen bis zu einigen zehn Zentimetern und tragen die Vermehrungsorgane. Die Gesamtheit aller Merkmale (Form, Konsistenz, Färbung, Größe) ist für jede systematische Gruppe charakteristisch, auch wenn einzelne Kennzeichen oft einer starken Variabilität unterliegen.
Der Fruchtkörper der Ständerpilze *(Basidiomycetes)*, denen sich dieses Buch vor allem widmet, kann meistens in Stiel und Hut unterteilt werden. Bei den Blätter- und Röhrenpilzen *(Agaricales)* befindet sich an der Hutunterseite das Hymenophor in der Form von radial angeordneten Lamellen oder Röhren. Die Stachelpilze *(Hydnaceae)* haben ein nadelförmiges Hymenophor. Die Hymenophorfläche ist mit einer Basidienschicht überzogen, die das Hymenium bildet. Bei den Schlauchpilzen *(Ascomycetes)* befindet sich das Hymenium entweder innerhalb der runden Fruchtkörper, die sich nur zur Spitze mit einer unscheinbaren Pore öffnen, oder an der Innenseite des schüsselförmig ausgehöhlten Fruchtkörpers. Die Nichtblätterpilze *(Aphyllophorales)* bilden oft sogenannte auseinanderfließende (resupinate) Fruchtkörper, das heißt der Fruchtkörper ist ohne weitere Unterteilung flächig ausgebreitet. Große Formenvielfalt weisen die Fruchtkörper der Bauchpilze *(Gastromycetes)* auf. Bei ihnen ist der sporenbildende Teil innerhalb des kugeligen Fruchtkörpers ständig oder verhältnismäßig lange von der äußeren Hülle (Peridie) umschlossen. Auch die ganz jungen

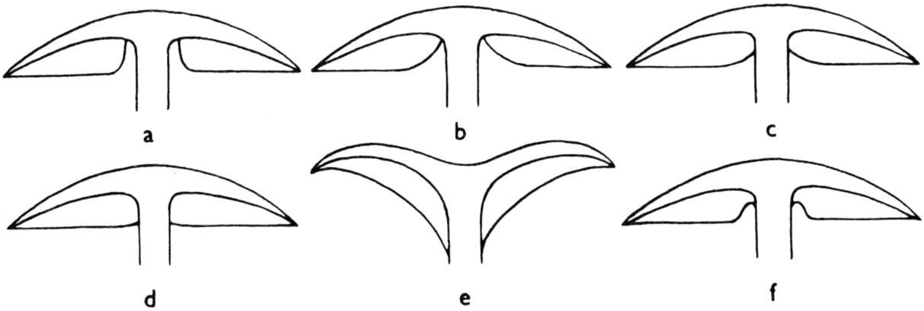

4 Anschluß der Lamellen bei den Blätterpilzen (am Schnitt des Huts): a — abgelöst, b — frei, c — angewachsen, d — breit (gerade) angewachsen, e — weit herablaufend, f — ausgekerbt und mit einem Zähnchen angewachsen.

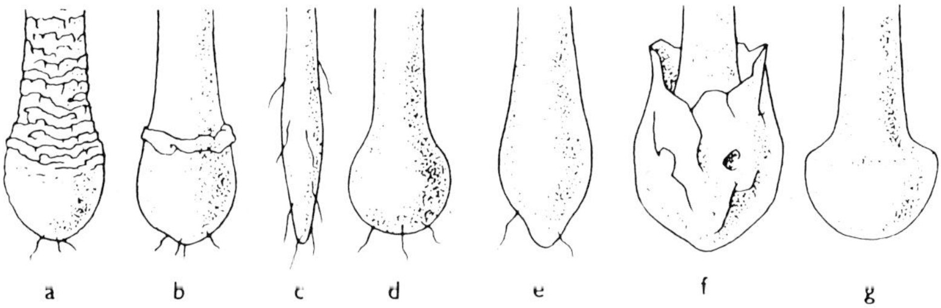

5 Beispiele für verschiedene Stielformen bei den Blätterpilzen: a — unterer Stiel ringförmig gebändert, b — unterer Stiel knollig erweitert (verdickt) mit Ring, c — Stiel spindelartig verlängert und im Boden wurzelnd, d — Stiel unten kugelförmig erweitert, e — rübenartig verjüngt, f — mit hoher häutiger Scheide, g — mit beschnittener Knolle.

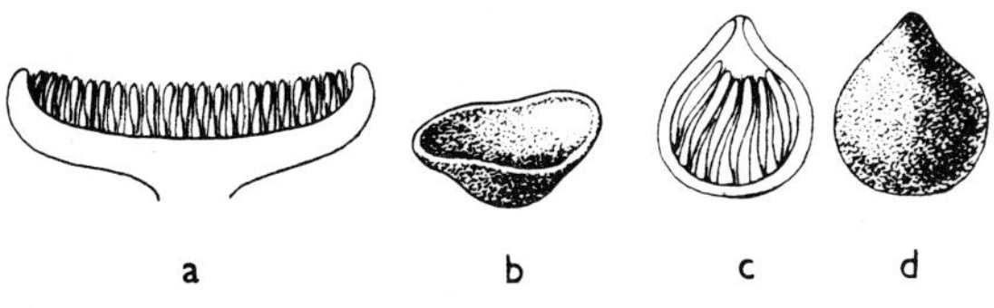

6 Fruchtkörpertypen der Schlauchpilze: a — Apothecium im Schnitt, b — Apothecium (Gesamtansicht), c — Perithecium im Schnitt, d — Perithecium (Gesamtansicht); die Abbildungen a und b sind stark vergrößert und schematisiert.

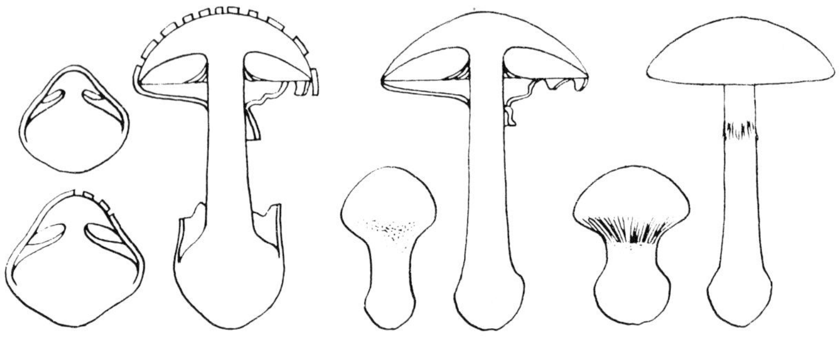

7 Die Umhüllungen der Fruchtkörper bei den Blätterpilzen: a — Schema der Entwicklung von Scheide und Warzen aus der äußeren Hülle *(Velum universale)* und des Rings am Stiel aus der inneren Hülle *(Velum partiale)* bei den Knollenblätterpilzen; zwei junge und ein ausgewachsener Fruchtkörper im Schnitt, b — junger und ausgewachsener Fruchtkörper mit ausgebildeter innerer Hülle *(Velum partiale)*, die am Stiel einen Ring hinterläßt, c — die innere Hülle ist nur als faseriger Schleier ausgebildet, der beim Jungpilz den Hutrand mit dem Stiel verbindet (und die Lamellen bedeckt) und später im oberen Stielabschnitt nur Fasern hinterläßt.

Keimlinge der Fruchtkörper von Blätterpilzen sind sehr oft von einer besonderen Hülle aus Hyphen umschlossen. Die Umhüllung reißt im Verlaufe des weiteren Wachstums des Fruchtkörpers auf und verschwindet spurlos oder hinterläßt Reste am Stiel und auf der Hutoberfläche. Diese äußere Hülle (Velum universale oder Velum generale) ist zum Beispiel bei den Knollenblätterpilzen typisch ausgeprägt und hinterläßt eine hohe Scheide am Stielunterteil oder Bänder, Ringe, Warzen, oder andere Reste auf der Hutfläche. Ein anderer Typ ist die innere Hülle (Velum partiale), die das obere Stielende mit dem Hutrand verbindet und anfangs das Hymenophor überdeckt. Sie hinterläßt am Stiel Reste in Form eines Ringes (Annulus) und bildet gegebenenfalls am Hutrand Fetzen.

Pilze unter dem Mikroskop

Das Studium von Pilzen ist heute ohne Mikroskop undenkbar. Auch bei der geläufigen Bestimmung der Arten, und das nicht nur bei den mikroskopischen Pilzen, kommt man nicht mehr ohne Mikroskop aus, will man alle Zweifel über die Richtigkeit der Annahmen beseitigen, die sich lediglich auf mit dem bloßen Auge wahrnehmbare Merkmale stützen. Das Mikroskop erschließt uns gleichzeitig eine ungeahnte Welt seltsamer Formen, die uns sonst verborgen bliebe.
Das Mikroskop muß mit einer guten Optik ausgerüstet sein, wobei das Immersionsobjektiv nicht fehlen darf, mit dem man feine Strukturen, z. B. die Ornamentik der Sporen, untersucht, die unter einem Trockenobjektiv kaum erkennbar ist. Unentbehrlich sind auch einige grundlegende chemische Reagenzien, wie Melzers Reagens, womit die Amyloidität der Zellwände festgestellt wird, und Baumwollblau, das zur Färbung der Sporenornamentik und zur Feststellung der Anfärbbarkeit verwendet wird. Zur Messung der Größe von Sporen u. ä. wird ein Okularmikrometer benötigt.

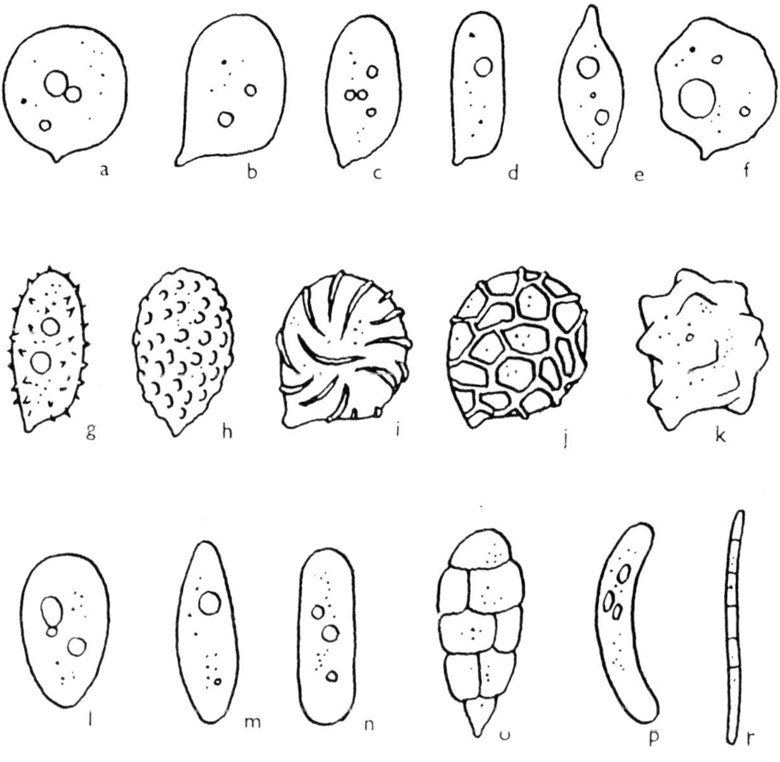

8 Beispiele für verschiedene Sporenformen: a — kugelförmig, b — eiförmig, an der Basis schräg zu einem Apikulus zusammengezogen, c — elliptisch, d — zylindrisch, e — spindelförmig, f — kantig, g — stachlig, h — warzig, i — kammförmig, j — netzartig, k — bucklig, l — eiförmig (ohne Apikulus), m — stumpf spindelförmig, n — stumpf zylindrisch, o — durch Wände unterteilt (mit Quer- und Längssepten), p — wurstförmig (alantoid), r — fadenförmig und quergeteilt.

Die Größe der Sporen bewegt sich meistens in den Grenzen von 5—10 Mikrometern (µm). Die Gestalt der Sporen ist überaus vielfältig, innerhalb jeder Art aber beständig. Außer der Größe und Gestalt muß man zur Bestimmung der Pilze auch die Farbe der Sporen und eventuell noch andere Merkmale kennen, wie zum Beispiel das Vorhandensein von Keimsporen, die Wanddicken der Sporen u.s.w. Im Hymenium beobachten wir neben den Basidien, soweit entwickelt, Cystiden und studieren auch den Bau des Lamellentramas (Lamellengeflecht), die Stärke der Hyphen und stellen das Vorhandensein von Schnallen fest. Bei den Askomyceten wird die Amyloidität der Schlauchwände, die Anzahl der Askosporen im Schlauch, die Schichtung der Wände und Gestalt, Dicke und Färbung der Paraphysen untersucht. Eine bedeutende Rolle

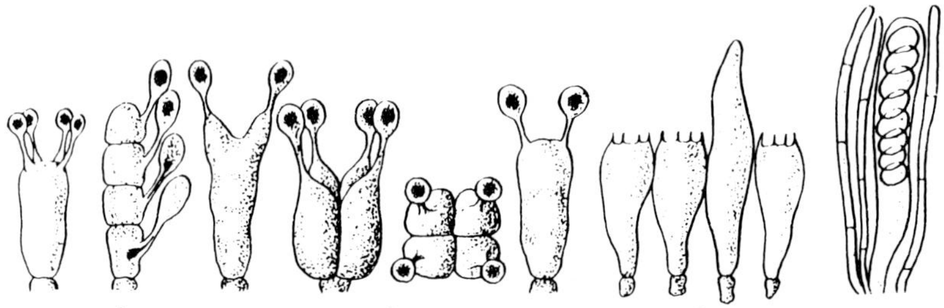

9 Elemente des Hymeniums: a — einzellige Basidie — Holobasidie mit 4 Sterigmen an der Spitze, b — vierzellige Phragmobasidie durch Querwände unterteilt, c — Basidie an der Spitze in zwei Arme aufgespalten, d — Basidie durch vier Längswände aufgezweigt (Ansicht von der Seite und von oben), e — Holobasidie mit 2 Sterigmen, f — Teil des Hymeniums mit Basidien und Cystide, g — Schlauch mit Sporen und Paraphysen.

bei der Klassifizierung der Pilze spielt auch der Aufbau der Haut von Hut und Stiel (manchmal wachsen aus ihnen Dermatocystiden hervor). Nähere Angaben sind im Kapitel über das Studium der Pilze enthalten.

Vermehrung und geographische Verbreitung der Pilze

Pilze vermehren sich geschlechtlich und ungeschlechtlich. Die geschlechtliche Vermehrung besteht in der Verschmelzung (Kopulation) von Kernen und Plasma kopulierender Zellen. Im Unterschied zu Grünpflanzen und Tieren kommt es bei den Pilzen zuerst nur zur Verschmelzung des Plasmas zweier Zellen (Plasmogamie), die geschlechtlich verschieden eingestellte Kerne mit der halben (haploid) Anzahl von Chromosomen enthalten. So entsteht eine Zelle mit zwei Kernen (Dikaryon). Diese teilt sich weiter und wächst zu Fasern heran, die das Geflecht des Fruchtkörpers bilden. Zur Verschmelzung der im Dikaryon enthaltenen Kerne zu einem einzigen Kern kommt es erst in den Endzellen (Basidien oder Schläuchen) dieses Fruchtkörpers. In dem so entstandenen Kern verdoppelt sich die Chromosomenzahl. Die anschließende Reduktionsteilung führt aber wieder zum ursprünglichen haploiden Zustand zurück. Aus diesen Kernen entstehen Sporen, auf den Basidien Basidiosporen, in den Schläuchen Askosporen.
Ungeschlechtlich vermehren sich die Pilze durch den Zerfall des Pilzgeflechts in einzelne dünnwandige Zellen (Oidien), durch das Abschnüren neuer dünnwandiger Zellen (Konidien) auf besonderen Fasern (Konidiophoren) oder durch die Ausbildung dickwandiger Zellen (Chlamydosporen) innerhalb der Hyphenglieder des Fruchtkörpers.
Aus einem einzigen Fruchtkörper entstehen oft riesige Sporenmengen, die Milliarden bis Trillionen erreichen, aber nur aus einer kleinen Anzahl von Sporen wachsen neue Fruchtkörper hervor, denn viele Pilzarten sind heterothallisch, das heißt, damit ein Myzel, das aus einer einzigen Spore hervorgeht, kopulieren und einen Fruchtkör-

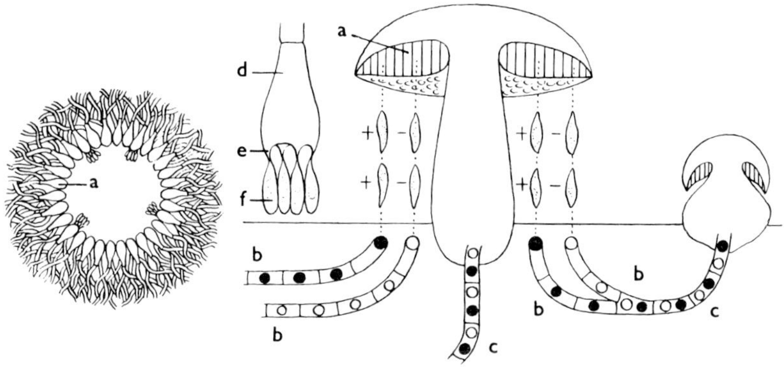

10 Vermehrung der Pilze (Basidiomycetes): Querschnitt durch die Röhre der Röhrenpilze und Schema der Fruchtkörperausbildung: a — Hymenium, b — Primärmyzel, c — Sekundärmyzel, d — Basidie, e — Sterigma, f — Sporen.

per bilden kann, müssen nahe nebeneinander zwei Sporen verschiedenen Geschlechts keimen.

Die Pilze sind wesentlich weiter über die Erde verbreitet als die Gefäßpflanzen (Grünpflanzen). Ihr Vorhandensein ist nicht nur durch ein geeignetes Substrat oder einen Wirt (bei den parasitischen Pilzen) bedingt, sondern hängt auch von der Temperatur, Feuchtigkeit u. ä. ab. Außerdem ist die Zusammensetzung der Mykoflora jedes Gebiets das Ergebnis langandauernder Prozesse. In Europa haben zum Beispiel alle Länder die größte Anzahl von Pilzarten gemeinsam. In Nordamerika gleicht ungefähr nur ein Drittel der Pilze den europäischen Arten, die meisten Gattungen gleichen sich aber. Allgemein gilt, daß dort, wo eine an Pflanzenarten reiche Flora, vor allem eine Vielzahl an Gehölzen, vorhanden ist, auch eine große Zahl von Pilzarten wächst. In den gemäßigten Zonen überwiegen die saprophytischen Pilze, in den Tropen die parasitischen Pilze. Einige Arten sind Kosmopoliten und treten, soweit die grundlegendsten Lebensbedingungen erfüllt werden, fast überall auf. Parasitische Pilze folgen ihrem Wirt, kommen aber bei weitem nicht überall dort vor, wo die Wirtspflanzen wachsen. In bezug auf die geographische Höhe bestehen bei den Pilzen nicht so ausgeprägte Unterschiede wie bei den Grünpflanzen, und sie steigen gewöhnlich in den Gebirgen bis zur Vegetationsgrenze auf. Es gibt aber auch typische Gebirgsformen, die in den niederen Lagen fehlen.

Lebensraum der Pilze

Die Pilze sind mit ihrem Vorkommen eng an die übrigen Organismen gebunden, vor allem an Grünpflanzen. Sie treten deshalb überall dort auf, wo Grünpflanzen wachsen, also in den verschiedensten Biotopen und unter vielfältigsten Bedingungen. Die Sporen der Pilze behalten sehr lange die Fähigkeit, ein Myzel zu bilden. Damit dieses Myzel aber fruktifizieren kann, muß ein ganzer Komplex bestimmter Bedingungen erfüllt werden, die für jede Pilzart spezifisch sind. Deshalb sind auch viele Pilze eng

auf einen bestimmten Lebensraum spezialisiert, ob dieser nun von der Gesellschaft höherer Pflanzen, von einer Wirtspflanze oder dem Substrat bestimmt wird (z. B. bei den Parasiten von der Nährpflanze, bei den Saprophyten von abgestorbenem Holz). Pilze benötigen zu ihrem Wachstum und zur Ausbildung der Fruchtkörper eine angemessene Temperatur und genügend Wasser. Geländerelief und Landschaft beeinflussen nicht nur die Struktur der Grünpflanzengesellschaft sondern auch die der Mykoflora. Windgeschütze, bewaldete Hänge und Täler, wo das Austrocknen nicht so schnell vonstatten geht, beherbergen in der Regel eine größere Anzahl von Pilzarten als Wälder, die nach Süden exponiert oder dem Wind geöffnet sind. Auch die geologische Unterlage beeinflußt die Zusammensetzung der Mykoflora. Einige Pilzarten bevorzugen kalkige Böden, andere sauere Unterlagen, die meisten verhalten sich in dieser Hinsicht aber indifferent. Zeitig im Frühjahr tauchen in wärmeren Gebieten, an Stellen, die von der Sonne beschienen werden, wie Waldränder, Waldwege und Lichtungen, die ersten Pilze auf. Allmählich beginnen sie mit der fortschreitenden Bodenerwärmung auch tiefer im Walde zu wachsen. Im Herbst findet man sie eher im dichten Pflanzenwuchs, zum Beispiel in Junggehölzen, wo es im Verlaufe von Tag und Nacht nicht zu solch erheblichen Temperaturschwankungen kommt wie in lichteren Wäldern und wo sich der Boden auch nicht so schnell abkühlen kann.
Eine wichtige Rolle beim Auftreten von Pilzen spielt die Mykorrhiza. Zu den höheren Pilzen, die eine Mykorrhiza bilden, gehören zum Beispiel die Röhrenpilze, Täublinge, Reizker und Knollenblätterpilze. Zahlreiche Arten dieser Pilzfamilien sind eng an eine einzige Baumart gebunden. So bilden zum Beispiel der Lärchenröhling *(Boletus grevillei)* und der Lärchenschneckling *(Hygrophorus lucorum)* eine Mykorrhiza mit Lärchen und wachsen nur unter diesen Bäumen. Ausschließlich unter Kiefern finden wir den Körnchenröhrling *(Boletus granulatus)* und den Frostschneckling *(Hygrophorus hypothejus)*. Diese symbiotische Assoziation der Pilze mit höheren autotrophen Pflanzen wird von manchen Mykologen als ektotroph bezeichnet. Es geht dabei um eine Analogie zu den Flechten, wo jedoch die Verbindung von Pilzen und Algen wesentlich enger ist. Ektotrophe sind am meisten verbreitet in den Wäldern der gemäßigten Zonen auf beiden Halbkugeln der Erde, während in den wärmeren Gebieten die Wälder mit Anektotrophen überwiegen.
Eine große Gruppe von Pilzen bildet keine Mykorrhiza und wächst lediglich im Humus, zum Beispiel die Egerlinge. Einige Arten bevorzugen hierbei Humus, der von Laubbäumen gebildet wird, andere wieder Humus von Nadelbäumen.
Jede Pflanzengesellschaft kann durch eine größere oder kleinere Anzahl von typischen Pilzarten charakterisiert werden. Die meisten Pilze sind an den Wald gebunden. Die Arten in den wärmeliebenden Wäldern, vor allem in den Eichen-Hainbuchen-Hainen auf kalkigem Untergrund, werden besonders von einigen Röhrenpilzen, einigen Knollenblätterpilzen, Schleierlingen, Täublingen und Ritterlingen repräsentiert. Zu den typischen Erscheinungen warmer Eichen-Hainbuchen-Gehölze, gehören — vor allem in Südeuropa — auch die Trüffel (z. B. *Tuber aestivum*) und andere unterirdisch wachsende Pilze.
Die Eichen-Hainbuchen-Wälder auf nicht kalkiger Unterlage sind zwar artenärmer, weisen aber einen größeren quantitativen Reichtum auf. In großen Mengen wächst hier oft der Eichensteinpilz *(Boletus aestivalis)*, die Ziegenlippe *(Boletus subtomentosus)*, verschiedene Arten von Täublingen, Rüblingen, Schwindlingen, Fälblingen, auch der stark giftige Grüne Knollenblätterpilz *(Amanita phalloides)* gemeinsam mit anderen Arten von Knollenblätterpilzen. Vertreten sind auch Keulen- und verschiedene Holzpilze auf Baumstümpfen, abgebrochenen Ästen und abgestorbenen Stämmen. Eine ähnliche Mykoflora besitzen auch Eichengehölze auf nicht kalkiger Unterlage. Hier überwiegen manchmal die Pilze, die eine Mykorrhiza bilden und mit dieser an Eichen gebunden sind.
Die Zusammensetzung der Mykoflora in sekundären Mischwäldern auf nicht kalkiger Unterlage hängt von der Häufigkeit bestimmter Baumarten ab. Hier mischen sich sowohl Arten, die mit Laub- oder Nadelbäumen in Mykorrhiza leben (Knollenblätterpilz, Schleierlinge, Röhrenpilze), als auch humusbewohnende Saprophytpilze. Allgemein kann gesagt werden, daß diese Wälder reich an Pilzen sind.

In den Auwäldern im Stromgebiet größerer Flüsse wachsen weniger humusbewohnende, dafür aber einige Holzblätterpilze *(Lentinus cyathiformis, L. tigrinus)*, eine Reihe von Porlingen u. a.
In Buchengehölzen und Gebirgswäldern mit Tannen-Buchen-Bestand wachsen im Vergleich mit den vorangenannten Waldarten sehr viele holzschädigende Pilze. Auf keinem anderen Holz kommen in Europa so viele Pilzarten vor wie auf Buchen. Auch auf Tannen wachsen sehr viele Pilze. Die reichste Mykoflora dieser Wälder findet man in Europa in den Karpaten, wo die Holzpilze überwiegen (vor allem verschiedene Arten der Helmlinge, Dachpilze, Seitlinge und Stummelfüße). Sie sind an Tannen und Buchen, gegebenenfalls auch an andere Laubbäume gebunden, wie vor allem an Bergahorn und Bergulmen, die diesen Gebirgswäldern beigemischt sind. Die humusbewohnenden Pilzarten treten hier in den Hintergrund.
Die Fichtenwälder der Gebirge sind an Pilzen nicht so reich wie die sekundären Fichtenbestände niedrigerer Lagen. Dort finden wir auch wieder die holzschädigenden Arten am meisten, vor allem Helmlinge und Flämmlinge. Die Mykoflora der Fichtenmonokulturen auf sauerer Unterlage in den Niederungen und Hügelländern setzt sich aus verhältnismäßig vielen Arten zusammen, die an Fichten gebunden sind. Viele davon sind eßbar wie zum Beispiel der Fichtensteinpilz *(Boletus edulis)*, der Pfifferling *(Cantharellus cibarius)* und der Hallimasch *(Armillaria mellea)*, der zugleich ein großer Schädling der Fichten ist. Die Fichtenmonokulturen auf diesen Böden stellen in vielen Gegenden Europas den am weitesten verbreiteten Waldtyp dar. Das sind aber künstlich angelegte Bestände, die den ursprünglichen Wald, meistens Laub- oder Mischgehölze, ersetzen. In jungen Fichtenbeständen wachsen andere Pilze als in ausgewachsenen Fichtenwäldern.
Die Fichtenmonokulturen auf kalkigen Böden, die sowohl in den Niederungen als auch im Hügelland die ursprünglichen Laubwaldbestände ersetzen, sind stellenweise an Pilzen sehr reich, und für sie trifft im ganzen das gleiche zu wie für die sekundären Mischwälder.
Kiefern wachsen sowohl auf sandigen als auch auf torfigen Böden. Danach richtet sich auch die unterschiedliche Struktur ihrer Mykoflora. Für Kiefern, die auf sandigen Böden wachsen, sind zum Beispiel der Kuhpilz *(Boletus bovinus)*, der Kornblumenröhrling *(Gyroporus cyanescens)* und der Kiefernsteinpilz *(Boletus pinophilus)* typisch; Kiefern, die auf torfigen Böden wachsen, werden vom Kirschroten Speitäubling *(Russula emetica)*, dem Bruchreizker *(Lactarius helvus)* und ähnlichen Arten begleitet. Kieferngehölze mit Heidel- und Preiselbeerwuchs, mit Heidekraut, Moos und Flechten beherbergen vor allem verschiedene Stoppelpilze (Korkstachlinge, Duft-Korkstachlinge, Duftstachelpilze). Unter Schwarzkiefern, die auf kalkigen Böden wachsen, tritt oft in großen Mengen der Graublättrige Erdritterling *(Tricholoma terreum)* auf. Aus den Wurzeln der Waldkiefer wächst die Krause Glucke *(Sparassis crispa)* hervor.
Zur oberen Baumgrenze der Gebirge und nach Norden zum Polarkreis hin nimmt die Zahl der Pilze ab. Das hängt mit der kleineren Pflanzenmenge, die sich vor allem bei den Gehölzen auswirkt, und auch mit der kurzen Vegetationsperiode zusammen.
Pilze wachsen aber nicht nur in den Wäldern, sondern auch in den Baum- und Felssteppen. Viele hierher gehörige Pilzarten sind an Gräser und Kräuter gebunden. Eine charakteristische Pilzgesellschaft wächst auf Weiden mit lehmigen und sauren Böden und auf Kulturwiesen. Hierher gehören vor allem einige Arten der Gattungen Trichterlinge, Schwindlinge, Helmlinge und Schirmlinge. Die grasigen Waldränder beherbergen ebenfalls eine reiche Mykoflora.
Ein beachtenswertes Biotop sind sumpfige Wiesen und die Ufer von Teichen, wo keine Bäume, sondern höchstens vereinzelte Gebüsche wachsen. Hier finden wir vor allem kleine, wenig auffallende Pilzarten, zum Beispiel viele Saprophyten und Parasiten aus der Gruppe der Schlauchpilze *(Ascomycetes)* und der niederen Pilze *(Deuteromycetes)*. Die Anwesenheit dieser Pilze ist durch die hohe Boden- und Luftfeuchtigkeit bedingt.
Eine eigenartige Pilzgesellschaft wächst in den Torfmooren. Es geht dabei einmal um ausgesprochen torfbewohnende (sphagnikole) Arten, die nur auf dem lebenden Torf-

moosteppich und anderen, auf Torfmoore beschränkten Moosen und Pflanzen gedeihen, zum anderen handelt es sich um Arten saurer, nichttorfiger Böden, die vor allem auf abgestorbenem Torfmoos vorkommen. Zur ersten Kategorie gehören zum Beispiel *Tephrocybe palustris* und zahlreiche Arten der Schleierlinge. Auf totem Torf wachsen zum Beispiel *Russula helodes, Cortinarius blatensis* u. a.
Abschließend soll noch auf Pilze mit besonderen ökologischen Anforderungen hingewiesen werden, die auf weniger üblichen Substraten heranwachsen. Wir wollen hier nur einige nennen. Anthrakophile Pilze sind ausschließlich an Feuerplätze gebunden und gedeihen nur dort, wo Holz oder andere organische Stoffe verbrannt wurden. Ihr Myzelium benötigt zur Entwicklung und Fruchtkörperbildung (Fruktifikation) Stoffe, die nur an Feuerstellen auftreten, wo es unter der Einwirkung des Feuers zu chemischen Veränderungen in den obersten Bodenschichten kommt (Aschen, Erhitzung des Bodens). Überdies können wir hier eine Sukzession der einzelnen Arten beobachten, die mit dem fortschreitenden Alter der Feuerstelle nacheinander auftauchen.
Ein anderes besonderes Biotop besiedeln die koprophilen Pilze, die sich nur auf den Exkrementen (Fäkalien) von verschiedenen Lebewesen, vor allem von Fleischfressern, entwickeln und fruktifizieren. Auch hier kann eine Abfolge der einzelnen Arten beobachtet werden, die bis zu den Ständerpilzen fast ausschließlich koprophil sind. Von den Blätterpilzen, die diese Sukzession gewöhnlich abschließen, sind meistens Samthäubchen, Träuschlinge, Tintlinge und Düngerlinge vertreten.
Außer den beiden genannten Gruppen gibt es natürlich noch eine ganze Reihe anderer, nicht weniger beachtenswerter Pilze. Diese leben im Wasser, auf Moosen (muscikole Pilze), parasitisch auf Insekten (entomophage Pilze) oder anderen Pilzen. Eine interessante Mykoflora tritt auch an Stellen auf, die stark von menschlicher Tätigkeit beeinflußt werden. Das sind landwirtschaftlich bearbeitete Grundstücke, Felder, Gärten, Parks, Schutthalden, sogar direkt die menschlichen Behausungen (hier wütet manchmal sehr schlimm der Echte Hausschwamm — *Serpula lacrymans)*, Gewächshäuser und auch Bergwerkstollen. Dort überall zeigt sich, mehr oder weniger auffallend, die Gegenwart von Pilzen.

Kurze Übersicht über das System der Pilze

Gegenwärtig akzeptiert man die Einteilung der Pilze *(Mycota)* in elf selbständige Klassen, die offensichtlich ihren Ursprung in den verschiedenen Gruppen der Geißeltierchen, Algen und Amöben haben. Obwohl die Pilze nicht zur Photosynthese befähigt sind und diese Eigenschaft alle elf Klassen verbindet, haben sie untereinander wenig gemeinsam, und es bestehen innerhalb einiger verwandter Gruppen sogar erhebliche Unterschiede in der Morphologie, dem Entwicklungszyklus und den biologischen Eigenschaften.

Stamm Schleimpilze — Myxomycotina (Myxomycophyta)

Diese Gruppe steht am Anfang des Pilzsystems, auch wenn sie von einigen Mykologen von den Pilzen getrennt und als selbständiger Stamm von Organismen angegeben wird, der einen Übergang zwischen primitiven Lebewesen und Pflanzen darstellt. Die Schleimpilze können wir deshalb auch als Organismen definieren, die den Pilzen

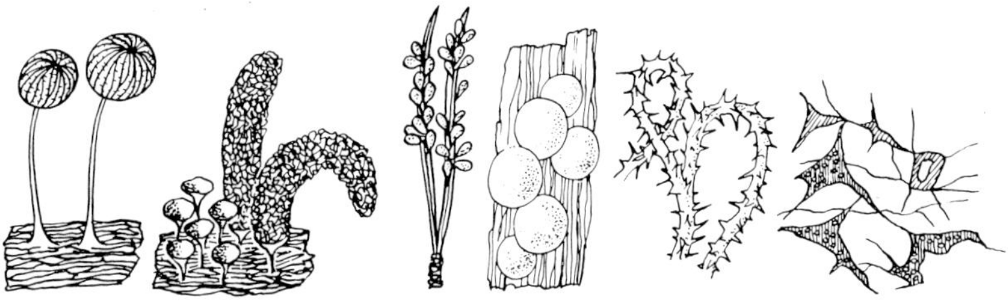

11 Beispiele für einige Schleimpilze: a — *Dictydium cancellatum,* b — *Arcyria nutans,* c — *Leocarpus fragilis,* d — *Lycogala epidendron* (aethalia), e — *Perichaena chrysosperma* (Kapilicium), f — *Physarum* sp. (Kapilicium zu kalkigen Knoten erweitert).

ähnlich sind und sich von diesen wesentlich dadurch unterscheiden, daß ihr Leben in zwei Zyklen (Phasen) abläuft: Die erste Phase ähnelt den mikroskopischen Amöben, die sich mit Hilfe von Pseudopodien fortbewegen. Die Amöben ballen sich zu einer speichelartigen, schleimigen Masse zusammen, die mit dem bloßen Auge erkennbar ist und Plasmodium genannt wird. Die zweite Phase, die der Fortpflanzung der Schleimpilze dient, besteht in vielfältigen, festen Gebilden, die oft eine große Zahl von Sporen produzieren. Diese Phase erinnert an die kleinen Fruchtkörper der Bauchpilze, denn im Inneren der fruchtbildenden Körperchen befindet sich eine große Menge Sporenstaub. Sie sind bei den Schleimpilzen außerdem mit zähen Fasern, dem Kapillitium, ausgefüllt.

Stamm Echte Pilze — Eumycotina (Mycophyta, Eumycophyta)

Der Pilzkörper ist ein- bis vielzellig, faserig. Diese Pilzfäden (Hyphen) haben feste Zellwände und bilden das Pilzgeflecht (Myzelium) und das Fruchtkörpergewebe. Wie schon erwähnt, vermehren sich die Pilze mit Hilfe von Sporen, mikroskopisch kleinen Teilchen, die sich innerhalb oder an der Oberfläche besonderer Hyphen oder Zellen herausbilden. Die Zellen oder Gewebe, die Sporen produzieren, sind meistens Bestandteil eines selbständigen Gebildes, des sogenannten Fruchtkörpers (Karpophor, Karposoma). Die Form der Fruchtkörper ist bei den Pilzen überaus mannigfaltig, innerhalb der gleichen Art aber beständig. Sie gehört deshalb auch zu den wichtigen Merkmalen bei der Klassifizierung und Unterscheidung der Pilze.

Die *Eumycophyta* werden in sieben Klassen unterteilt. Die ersten fünf Klassen werden auch als „niedere Pilze", die anderen beiden Klassen *(Ascomycetes* und *Basidiomycetes)* als „höhere Pilze" bezeichnet. Zu diesen sieben Klassen gehört noch eine sogenannte „Hilfsklasse", die *Deuteromycetes* (früher *Fungi imperfecti*), die alle die Pilze zusammenfaßt, bei denen das Stadium der geschlechtlichen Fortpflanzung nicht bekannt ist und die deshalb nur nach den ungeschlechtlichen Vermehrungsstadien in das System eingeordnet werden können.

Die niederen Pilze (oder auch Echten Schimmel, *Phycomycophytina*) sind überwiegend mikroskopisch klein und einzellig. Sie vermehren sich geschlechtlich und ungeschlechtlich. Einfachere Schimmel (vor allem die wasserbewohnenden) vermehren sich ungeschlechtlich durch Geißelsporen, aktiv bewegliche Zellen (Zoosporen), die innerhalb besonderer, sackartig geformter Behälter (Sporan-

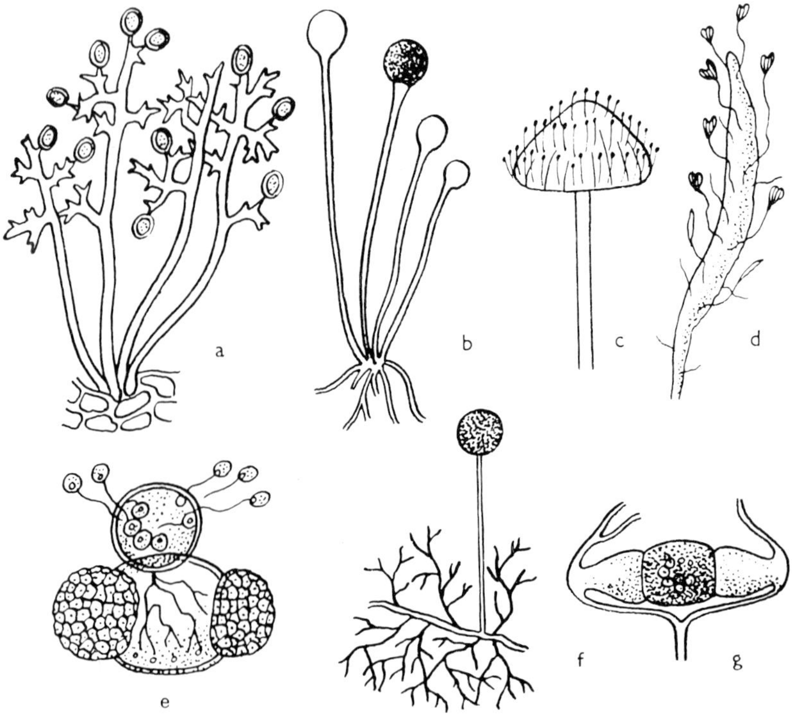

12 Beispiele für einige Schimmelpilze: a — *Peronospora* sp. (verzweigte Sporangiophoren mit Sporangien), b — *Rhizopus nigricans* (Sporangiophoren mit Sporangien), c — *Spinellus fusiger* (Sporangiophoren auf dem Hut eines Helmlings), d — *Albugo candida* (deformiert das Hirtentäschelkraut), e — *Rhizophidium pollinis-pini* (Sporangium mit einzelligen Zoosporen auf dem Pollen der Kiefer), f — *Mucor mucedo* (gestieltes Sporangium wächst aus dem verzweigten Myzel hervor), g — *Mucor* sp. (Ausbildung von Zygosporen).

gien) entstehen. Die höheren Schimmel vermehren sich durch unbewegliche, geißellose Sporen (Aplanosporen), die sich in Sporangien außerhalb des Wassers bilden. Die geschlechtliche Fortpflanzung der Schimmel geschieht durch Verschmelzen (Kopulation) zweier geschlechtlich unterschiedlicher Zellen (Gameten), die in Gametangien entstehen. Nach der Kopulation der Gameten bildet sich entweder eine bewegliche Zygote oder eine unbewegliche Oospore. Durch das Verschmelzen des Inhaltes zweier Gametangien entsteht eine entsprechende Spore (Zygospore).
Die primitiveren Formen der Schimmel leben meistens im Wasser, oft als Parasiten in den Zellen von Algen oder im Gewebe höherer Pflanzen. Die in der Entwicklung höher stehenden Typen sind trockenlandbewohnende Organismen. Sie tauchen auf Pflanzen- und Tierresten auf. Zahlreiche Arten besiedeln den Erdboden und die Humusschichten. Im ganzen sind ungefähr 1500 Arten der Echten Schimmel bekannt, viele davon sind über die ganze Welt verbreitet. Sie werden in fünf Klassen eingeteilt.

Klasse Oomycetes

Schimmel, die meistens weiße Klumpen oder Überzüge von unscheinbaren Ausmaßen bilden. Im Unterschied zu den meisten übrigen Pilzen besitzen diese Schimmel einen diploiden vegetativen Thallus. Die Phase der geschlechtlichen Vermehrung besteht in der Ausbildung von Oosporen. Das weibliche Gametangium wird vom männlichen Gametangium mit Hilfe eines besonderen Organs befruchtet. Bei der geschlechtlichen Vermehrung entstehen entweder bewegliche, mit zwei Geißeln versehene Zoosporen oder unbewegliche Sporangiosporen, gegebenenfalls Konidien. Die *Oomycetes* leben im Wasser auf Wasserlebewesen, Algen und Wasserpilzen, oder sie schmarotzen auf Landpflanzen.

Klasse Hyphochytridiomycetes und Trichomycetes

Diese kleinere Gruppe schmarotzt auf Algen, Pilzen und Wasserlebewesen.

Klasse Chytridiomycetes

Die Vertreter dieser Klasse schmarotzen auf Algen und auch auf Landpflanzen, leben als Saprophyten im Wasser und im Boden. Sie bilden im Wasser auf Pflanzenresten faserige Überzüge. Gegenüber den *Oomycetes* zeichnen sie sich durch eine einheitliche Art der ungeschlechtlichen Fortpflanzung mit Hilfe von Zoosporen und eine überaus mannigfache geschlechtliche Vermehrung aus (Kopulation der Gameten, Oogamie, Ausbildung dauerhafter Sporen u.a.)

Klasse Zygomycetes

Diese trockenlandbewohnenden Schimmel, die flockige oder faserige Überzüge bilden, schmarotzen meistens auf verschiedenen Lebewesen oder leben saprophytisch. Sie vermehren sich geschlechtlich durch Zygosporen, die durch das Verschmelzen von Gametangien (sogenannte Zygomie) entstehen, meistens aber durch ungeschlechtliche Sporen in Sporangien oder durch Konidien. Ähnlich wie bei den vorangegangenen Klassen enthält ihre Zellwand neben anderen Bestandteilen Chitin, das die Oomycetes nicht besitzen.
Die höheren Pilze *(Eumycophytina)* umfassen zwei sehr große Klassen, die Schlauchpilze *(Ascomycetes)* und die Ständerpilze *(Basidiomycetes)*.

Klasse Schlauchpilze (Ascomycetes)

Zu dieser umfangreichen Klasse gehören ungefähr 30 % aller bekannten Pilze. Ihr gemeinsames Merkmal ist ein Schlauch (Ascus), ein Organ, das der geschlechtlichen Vermehrung dient. Im Schlauch kommt es zur Karyogamie, das heißt zum Verschmelzen zweier sexuell verschieden eingestellter Kerne, und anschließend zur Reduktion der Chromosomenzahl. Gewöhnlich folgt dann noch eine andere Teilung, so daß die meisten Schläuche 8 Kerne enthalten (manchmal sind es auch 16 oder mehr, aber immer ein Vielfaches der Zahl Vier). Allmählich bilden sich im Schlauch Ascosporen heraus, deren Anzahl der Kernmenge entspricht. Die Schläuche sind oft mit einer Vorrichtung ausgestattet, die zum aktiven Freimachen der Ascosporen dient.
Bis jetzt wurden ungefähr 15 000 Schlauchpilzarten beschrieben, die sich vor allem auf Grund des Aufbaus der Schlauchwände in zwei große Unterklassen einteilen lassen. Bei der Unterklasse *Euascomycetes* besitzen die Schläuche einschichtige oder zweischichtige Wandungen. Im zweiten Falle sind die Schläuche im Thecium zusammengefaßt, und der Fruchtkörper ist immer ein Apothecium. Die Unterklasse *Loculoascomycetes* besitzt zweischichtige Schlauchwände. Bei diesen Pilzen haben die Fruchtkörper nicht die Form eines Apotheciums.
Die Unterklasse der Hefepilze *(Hemiascomycetes)* ist eine sehr zahlreiche Gruppe mikroskopischer Organismen, bei denen die Diakrophase abläuft und denen deshalb

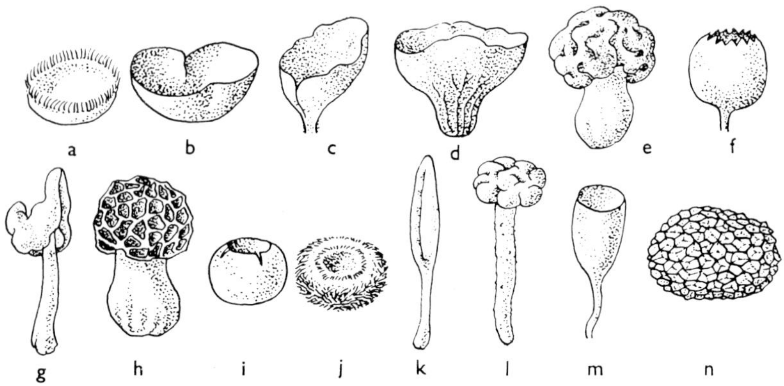

13 Beispiele für einige Fruchtkörpertypen der Scheibenpilze: a — *Scutellinia* sp., b — *Peziza* sp., c — *Otidea* sp., d — *Helvella (Acetabula)* sp., e — *Gyromitra esculenta,* f — *Tarzetta (Pustulina)* sp., g — *Helvella elastica,* h — *Morchella esculenta,* i — *Peziza vesiculosa,* j — *Mycolachnea hemisphaerica,* k — *Geoglossum* sp., l — *Leotia lubrica,* m — *Urnula craterium,* n — *Tuber aestivum.*

ascogene Hyphen fehlen. Sie werden in drei Ordnungen eingeteilt: *Endomycetales* (weil die meisten Arten keine Schläuche und Ascosporen bilden, werden sie zu den *Deuteromycetes — Fungi imperfecti* gezählt), *Protomycetales* (Pflanzenparasiten), und die *Ascosphaerales* (Bienenparasiten). Praktische Bedeutung besitzen vor allem die Echten Hefen *(Saccharomycetaceae),* die sich durch Sprossung vermehren. Zu ihrer Bestimmung werden ihre physiologischen Eigenschaften, vor allem die Fermentation angewendet.

Bei der Unterklasse der Echten Schlauchpilze *(Euascomycetes)* sind die Schläuche meistens in einer größeren Menge zusammengefaßt, sie bilden dabei zusammenhängende Schichten (Thecium) oder sind von einem festen Gewebe (dem Fruchtkörper) eingefaßt und verschlossen. Im großen ganzen lassen sich bei den Schlauchpilzen zwei Typen von Fruchtkörpern feststellen: Das Apothecium ist ein mehr oder weniger geöffneter Fruchtkörper, der nur in den ganz frühen Entwicklungsstadien geschlossen ist und bei dem das Thecium zum größten Teil oder vollkommen offen liegt. Das Apothecium ist meistens schüssel-, kelch-, oder scheibenförmig. Das hängt davon ab, ob das Thecium ausgehöhlt, flach oder gewölbt ist. Die Schläuche von Pilzen mit dieser Fruchtkörperform werden Scheibenpilze *(Discomycetes)* genannt. Der andere Fruchtkörpertyp ist das Perithecium. Es handelt sich um einen kugelförmigen und ständig geschlossenen Fruchtkörper, der sich entweder durch den Zerfall seiner Wände oder (und das geschieht meistens) mit einem kleinen Loch an der Spitze, das oft warzenartig verlängert ist (Ostiolum), öffnet. Diese Fruchtkörperausbildung ist für die Hartpilze *(Pyrenomycetes)* charakteristisch. Bei einigen Schlauchpilzen sind die Fruchtkörper verlängert und öffnen sich mit einer sehr schmalen Spalte, sie werden dann als Hysterothecium bezeichnet. Durch die Öffnung an der Spitze des Peritheciums oder durch die Spalte, gegebenenfalls durch den Zerfall der Wände werden die Ascosporen frei, die dann von Wind, Wasser u.ä. weiter verbreitet werden. Das Thecium besteht meistens aus Schläuchen und auch aus dünneren, sterilen Hyphen, den Paraphysen. Die Paraphysen sind manchmal mit Farbstoffen (Pigmenten) gefüllt, die dann die Färbung der Scheibe (Thecia) beeinflussen, manchmal bilden sie über den Schläuchen eine Schutzhülle (Epithecium).

Die reifen Ascosporen befreien sich aus den Schläuchen entweder durch deren Zerfall oder aber meistens durch die Öffnung an der Schlauchspitze. Die Art, wie die Ascosporen frei werden, ist bei den einzelnen Gruppen der Schlauchpilze charakteristisch und beständig. Meistens öffnet sich der Schlauch entweder mit einer kleinen und schmalen, runden Öffnung, die oft mit einer verhältnismäßig komplizierten Verschlußvorrichtung (der sogenannte ascopicale Apparat) versehen ist, oder mit einem Deckelchen, das sich an der Spitze des Schlauchs ablöst.
Die Wand der Schläuche ist entweder einfach und verhältnismäßig dünn (unitunicate Schläuche) oder doppelt und dick (bitunicate Schläuche). Bei den doppelten Schläuchen schiebt sich zur Reifezeit die innere Wand an der Spitze aus der äußeren Wand hervor. Die Anzahl der Ascosporen im Schlauch ist beständig. Es sind meistens 8 (selten 4, 16, 32 und mehr). Die Form der Ascosporen, ihre Größe, ihre Wandornamentik, ihre Färbung und andere Kennzeichen sind bedeutende und beständige Eigenschaften der einzelnen Familien und Arten der Schlauchpilze. Hier soll die Verwendung von Melzers Reagens erwähnt werden, das zur Feststellung der Amyloidität der Schlauchwandungen, gegebenenfalls des Fruchtkörpergewebes, verwendet wird. Wenn sich unter Einwirkung von Melzers Reagens bei einigen Ascomyceten die unsprünglich farblosen Wände der Schläuche ganz oder wenigstens nur der ascoapicale Apparat deutlich blau färben, wird diese Reaktion als amyloid bezeichnet. Bei anderen Familien und Arten tritt diese Färbung nicht ein, oder die Wände werden nur mehr oder weniger rotbraun. Hier spricht man von einer dextrinoiden Reaktion.
Der eigentliche Fruchtkörper besteht aus Pilzgeflecht, bei dem einige Grundtypen unterschieden werden. Am häufigsten sind:
textura globulosa — das Gewebe besteht aus kurzen kugelförmigen oder fast kugelförmigen Zellen;
textura intricata — das Gewebe besteht aus langen, schmalen Zellen oder untereinander verflochtenen Hyphen;
textura porrecta — das Gewebe besteht aus langen, parallel verlaufenden Zellen;
textura prismatica — das Gewebe besteht aus kurzen oder langgezogenen, kantigen Zellen.
Beim Apothecium wird eine äußere Gewebeschicht, das Excipulum, das oft eine Umrandung (margo excipuli) bildet, und eine innere Gewebeschicht, das Mark (medulla, excipulum internum) unterschieden. Die Gewebeschicht unter den Schläuchen heißt Hypothecium. Mit dem Bau des Fruchtkörpers hängt seine Konsistenz zusammen. Die Außenfläche des Fruchtkörpers ist manchmal mit verschiedenen Auswüchsen, wie mit Haaren, Borsten, Wimpern u.ä. bedeckt, die für Gattungen und Arten beständig sind. Die Fruchtkörper der Ascomyceten entstehen manchmal entweder auf einem Pilzgeflecht, das auf der Oberfläche des Substrats einen filzigen, verschieden gefärbten Überzug (Hypothallus, Subiculum) bildet, oder unter der Oberfläche des Substrats. Bei vielen Pyrenomyceten ist das Perithecium in ein besonderes Gebilde, das Stroma, eingesenkt. Das Stroma besteht entweder aus Hyphen oder zum Teil auch aus dem Gewebe des Wirts.
Den wesentlichsten Anteil bei den Ascomyceten bilden zwar Pilze mit fast mikroskopischen Ausmaßen (die meisten Perithecien der Pyrenomyceten sind selten größer als 1 mm im Durchmesser und in überwiegender Zahl noch kleiner), aber es gibt unter ihnen, vor allem unter den Scheibenpilzen, auch Vertreter, deren Fruchtkörper auffallendere Größen, Formen und Farben besitzen. Die vollkommensten Formen der Scheibenpilze haben fleischige, verhältnismäßig große Fruchtkörper, die sich, ähnlich wie bei den Blätterpilzen, in einen fruchttragenden, hutartigen Teil und einen Stiel untergliedern. Hierher gehören die bekannten Morcheln *(Morchella)*, Lorcheln *(Gyromitra)*, Verpeln *(Verpa)* u.a.
Zu den Euascomycetes gehören im ganzen elf Ordnungen, von denen die wichtigsten hier aufgeführt werden sollen.

Ordnung Pezizales — Die Schläuche öffnen sich durch ein Deckelchen. Die Ascosporen sind verhältnismäßig groß, gleichmäßig, überwiegend elliptisch oder kugelförmig, einzellig, ihre Wände sind oft mit Warzen, Stacheln, Graten, Rippen und Netzen verziert. Die Fruchtkörper sind verhältnismäßig fleischig und untergliedern sich bei den fortgeschrittensten Typen in Stiel und Hut. Als typische Form tritt ein schüssel-, kelch- oder scheibenförmig ausgehöhltes Apothecium auf, das auf der inneren, geöffneten Fläche eine zusammenhängende Schicht von Schläuchen (Thecium, Scheibe) trägt. Diese Pilze wachsen, oft lebhaft gefärbt, in einer großen Zahl von Gattungen und Arten auf dem nackten, feuchten Boden, auf den Exkrementen von Pflanzenfressern, auf Feuerstellen und moderndem Holz. Von den größeren, auffallenden Pilzen gehören hierher zum Beispiel der Orangerote Becherling *Aleuria aurantia,* eine große Anzahl meist bräunlich gefärbter Arten der Becherlinge *(Peziza),* der auf Holz wachsende Zinnoberrote Kelchbecherling *Sarcoscypha coccinea,* die eßbaren, großen Fruchtkörper der Morcheln *(Morchella, Verpa)* und die Lorcheln *(Helvellaceae).*

Ordnung Tuberales (Trüffel) — Die knollenförmigen Fruchtkörper dieser Pilze entstehen unter der Bodenoberfläche. Sie schließen entweder ihre Entwicklung dort ab oder dringen zum Teil an die Oberfläche vor. Die Schläuche sind in Hohlräume im Innern der Fruchtkörper eingeschlossen. Zu den bekanntesten Vertretern gehören neben der Gattung Echte Trüffel *(Tuber)* auch die Gattungen Weißtrüffel *(Choiromyces)* und Morcheltrüffel *(Hydnotrya),* die wenigstens in Mitteleuropa am häufigsten vorkommen.

Ordnung Taphrinales — Diese recht isolierte Gruppe von parasitischen Pilzen hat eher bestimmte Beziehungen zu den Hefepilzen. Ihre Fruchtkörper bestehen lediglich aus einer Schicht palisadenartig angeordneter Schläuche, die die Blattoberfläche der Wirtspflanze bedeckt und diese deformiert. *Taphrina deformans* verursacht zum Beispiel die Krausblättrigkeit bei Pfirsichen, andere Arten der Gattung *Taphrina* bewirken den Gerten- oder Besenwuchs von Ästen.

Ordnung Helotiales — Diese zweitgrößte Ordnung der Scheibenpilze gehört zu den zahlenmäßig stärksten Gruppierungen der Schlauchpilze. Kleine Arten überwiegen. Ihre Fruchtkörper sind typische Apothecien wie bei der Ordnung *Pezizales.* Die Schläuche öffnen sich aber nicht mit einem Deckelchen, sondern mit einer kleinen Öffnung (Porus). Die Ascosporen sind oft asymmetrisch, verhältnismäßig klein und schmal. Diese Ordnung unterteilt sich in mehrere Familien mit vielen Arten, die auf den verschiedensten Pflanzenresten auftauchen und selten auf Pflanzen schmarotzen. In der Natur entgehen sie in der Regel wegen ihrer geringen Größe der Aufmerksamkeit des Pilzsuchers, auch wenn sie oft recht zierliche Formen aufweisen. Von den größeren und auffälligsten Vertretern sollen hier die Sklerotienbecherlinge *(Sclerotinia)* aus der wichtigen Familie *Sclerotiniaceae* erwähnt werden, deren zahlreiche Arten auch auf Nutzpflanzen schmarotzen.

Ordnung Phacidiales — Bei diesen Pilzen ist das Apothecium in das Geflecht der Wirtspflanzen eingelassen. Hierher gehört eine Reihe pflanzenparasitischer Gattungen, zum Beispiel *Lophodemium* und *Hypoderma,* die die Kiefernschütte, eine Nadelerkrankung der Koniferen, hervorrufen. Zu den häufigsten Erscheinungen gehört *Rhytisma acerinum* mit auffallend schwarzen Flecken auf den Ahornblättern.

Ordnung Clavicipitales — Mit dieser Ordnung der Schlauchpilze gelangen wir zur Gruppe der Kernpilze (Pyrenomyceten), bei denen der Fruchtkörper Peritheciaform hat. Die Perithecien der Vertreter dieser Ordnung sind tief in ein fleischiges Gebilde (Stroma) eingelassen, das hell, meistens gelb oder rot gefärbt ist. Die Ascosporen sind meistens lang, fadenförmig und septiert. Als bekannteste Vertreter sollen hier die Gattung Mutterkorn *(Claviceps),* zum Beispiel die Art *Claviceps purpurea,* deren Sclerotium aus den Blütenständen verschiedener Gräser hervorwächst und das häufig für Zwecke der pharmazeutischen Industrie Bedeutung besitzt, und die Kernkeulen *(Cordyceps),* die meistens auf Insekten schmarotzen, genannt werden.

Ordnung Sphaeriales — Die umfangreichste Ordnung der Kernpilze. Sie umfaßt vor allem mikroskopische Arten, deren Perithecium meistens schwarz gefärbt und in das Substrat eingelassen ist oder auf diesem aufsitzt. Bei einem Teil der Pyrenomyceten ist das Perithecium in das Stroma versenkt, wie bei den Holzkeulen *(Xylaria)*, deren schwarze, aufrecht stehende Stromata zu den üblichen Erscheinungen an Baumstümpfen gehört. Rot gefärbte Perithecien treten bei der Gattung Pustelpilze *(Nectria)* und deren Verwandten auf; allgemein verbreitet ist der Zinnoberroter Pustelpilz *(N. cinnabarina)*. Die Pilze fallen vor allem im Konidienstadium als rosa gefärbte Polster auf, die manchmal die abgestorbenen Äste verschiedener Gehölze völlig überziehen.

Ordnung Plectascales — Durch kleine, oft fast kugelförmige Schläuche charakterisiert, die nicht palisadenartig angeordnet sind. Die meisten Arten dieser Ordnung gehören zum Mehltau *(Erysiphaceae)*. Ihr Myzel bedeckt in ausgedehnten, mehligen, weißen Überzügen die Oberfläche lebender Pflanzen, auf denen sie schmarotzen. Die kugelförmigen Fruchtkörper sind klein und nur mit Hilfe einer Lupe erkennbar.
Die Unterklasse *Loculoascomycetes* umfaßt einen weiteren, großen Teil von Arten der Kernpilze. Ihr gemeinsames Merkmal sind bitunicate Schläuche, die sich einzeln oder in größerer Anzahl innerhalb des Stromas oder eines kleinen Fruchtkörpers befinden, der dem Perithecium ähnelt und deshalb auch Pseudothecium genannt wird. Hierher gehört eine große Zahl von ausschließlich mikroskopisch kleinen Pilzen, die in ungefähr fünf Ordnungen eingeteilt werden. Es sind Saprophyten oder Parasiten auf Pflanzen.

Klasse Ständerpilze (Basidiomycetes)

Diese Klasse ist neben den Schlauchpilzen die zweitgrößte Klasse der Pilze. Sie umfaßt ebenfalls etwa 30% aller bekannten Pilzarten. Ihr gemeinsames Merkmal sind Zellen, die Basidien genannt werden. Dort gelangen die Kerne nach der Kernteilung und Meiose über stielartige Fortsätze (Sterigmen) an die Oberfläche der Basidie, und erst an dieser Stelle kommt es zur Ausbildung von Sporen (Basidiosporen). Die Basidien bilden eine zusammenhängende Schicht, die Fruchtschicht (Hymenium), seltener kommen sie einzeln oder büschelartig vor. Außer den Basidien befinden sich im Hymenium oft noch besondere, unfruchtbare Gebilde: Paraphysen, Basidiole und Cystiden. Die Cystiden gehen aus tieferen Gewebeschichten hervor und unterscheiden sich von den Basidien sehr stark. Sie haben für die Systematik große Bedeutung. Bei den niederen Typen der Ständerpilze sind die Basidien durch Trennwände quer- oder längsgeteilt. Der Form der Basidien, die in der typischen Ausprägung überwiegend keulenartig oder zylindrisch ist, kommt große taxonomische Bedeutung zu, vor allem bei der Beurteilung der Verwandtschaftsverhältnisse zwischen den Nichtblätterpilzen.
Die Basidiosporen sind meistens einzellig und von mannigfaltiger, innerhalb der einzelnen Arten aber beständiger Form. Sie sind überwiegend elliptisch, zylindrisch oder kugelförmig und besitzen eine dünne oder verdickte Wand, die auf der Oberfläche glatt oder mit einer Ornamentik versehen ist. Diese Wand ist ähnlich wie der Zellinhalt farblos oder verschieden gefärbt. Die Sporenwand ist manchmal amyloid, das ist ebenfalls ein wichtiges, artbeständiges Kennzeichen. Charakteristisch ist auch das Stielchen (Apiculus), mit dem die Sporen mit den Sterigmen verwachsen sind. Oft weisen die Sporen eine Keimspalte (Porus) auf, deren Vorhandensein oder Fehlen bei den Blätterpilzen ein wichtiges Bestimmungsmerkmal ist. Außer durch Basidiosporen vermehren sich die Ständerpilze auch durch Myzelzerfall, durch Konidien, Oidien und Chlamydosporen.
Bei den primitiveren Formen der Basidiomyceten ist der Fruchtkörper auf eine Hyphenschicht und das Hymenium reduziert. Diese Fruchtkörper bilden lediglich einen dünnen Überzug oder eine Haut und werden als auseinanderfließend beschrieben (resupinat). Die in der Entwicklung vollkommeneren Formen besitzen meistens einen aufgerichteten Fruchtkörper, der sich aus zwei selbständigen Teilen, dem Stiel

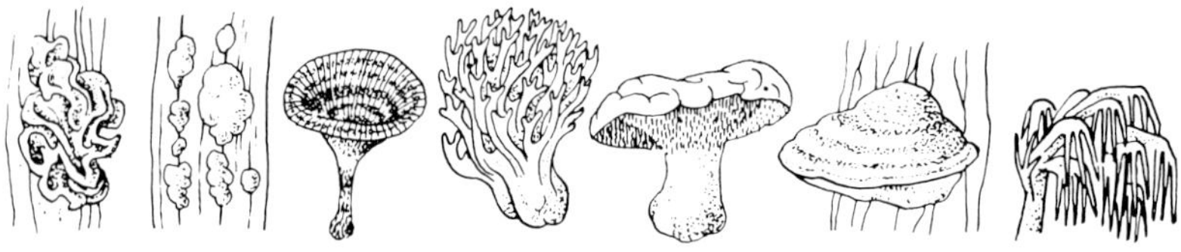

14 Beispiele für die Fruchtkörpertypen einiger Ständerpilze ohne Lamellen (Aphyllophorales und Tremellales): a — *Exidia* sp., b — *Dacrymyces* sp., c — *Coltricia perennis,* d — *Ramaria* sp., e — *Dentinum repandum,* f — *Fomes* sp., g — *Hericium coralloides.*

und dem Hut, zusammensetzt. Das Hymenium, das ursprünglich die ganze Außenfläche der aufrechtstehenden Fruchtkörper überzog, beschränkte sich allmählich auf einen bestimmten Teil, das Hymenophor, das sich meistens auf der Hutunterseite befindet. Das Hymenium überzieht dort Stacheln, die Innenseiten von Röhren oder die Flächen der Lamellen. Der Fruchtkörper besitzt entweder keine Umhüllung oder ist, wenigstens im Jugendstadium, mit einer besonderen Hülle, dem Velum umschlossen. Das Velum verschwindet später oder hinterläßt auf der Hut- und Stieloberfläche verschieden geformte Reste. Bei den Bauchpilzen entsteht das sporenbildende Gewebe innerhalb eines kugel- oder knollenförmigen Fruchtkörpers, der verschlossen bleibt oder sich in der Reifezeit der Sporen auf verschiedene Weise öffnet. Die Ständerpilze sind entwicklungsgeschichtlich am vollkommensten. Es sind ungefähr 1500 Arten bekannt, die überwiegend saprophytisch auf abgestorbenen Pflanzenresten oder auf dem Boden wachsen. Viele Arten bilden mit den Wurzeln von Grünpflanzen eine Mykorrhiza. Die größte Zahl dieser Pilze ist an den Wald gebunden, und zu ihnen gehören auch fast alle Arten, die im Mittelpunkt des Interesses der Pilzsammler stehen. Entsprechend der Basidienmorphologie werden die Ständerpilze in zwei Unterklassen, die *Holobasidiomycetidae* und die *Heterobasidiomycetidae* geteilt. Bei den Arten der Unterklasse der niederen Ständerpilze, den *Heterobasidiomycetidae (Phragmobasidiomycetidae)* sind die Basidien septiert. Nach der Richtung der Querwände in den Basidien wird die Unterklasse in einige Ordnungen aufgeteilt:

Ordnung Tremellales (Gallertpilze) — Die Basidien sind in der Längsrichtung unterteilt, die Fruchtkörper weisen eine charakteristische, gallertige Konsistenz auf, sind sonst aber recht verschieden geformt. Hierher gehören die meisten Holzsaprophyten, zum Beispiel die Gattungen Zitterlinge *(Tremella)* und Drüslinge *(Exidia).*

Ordnung Auriculariales (Ohrlappenpilze) — Die Basidien sind quer geteilt. Die Fruchtkörper weisen verschiedene Formen auf und sind manchmal gallertig. Die bekanntesten Gattungen mit größeren Fruchtkörpern sind *Auricularia* und *Hirneola* (Holzsaprophyten).

Ordnung Uredinales (Rostpilze) — Diese mikroskopisch kleinen Pilze schmarotzen auf Grünpflanzen. Ihr Pilzgeflecht wächst in den Zwischenzellräumen der befallenen Pflanze. Das Sporenlager, meistens in der Form oranger, brauner bis schwärzlicher, kleiner Häufchen oder Erhöhungen, wird vor allem am Stengel und den Blättern angebracht. Die überwiegende Mehrzahl der Rostpilze ist auf einen bestimmten Wirt spezialisiert, es kann sich dabei um nur eine einzige Pflanzenart handeln. Einige Arten haben wirtschaftliche Bedeutung, wie zum Beispiel die Grasrostpilze, die das Rosten des Getreides verursachen und dadurch die Erträge senken.

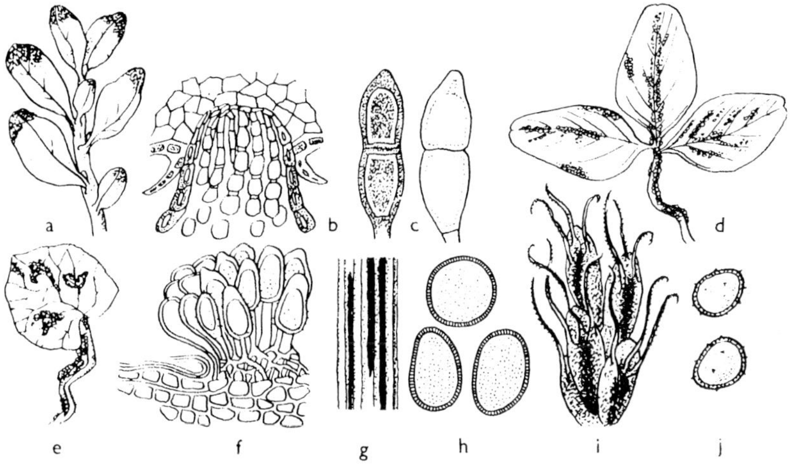

15 Beispiele für einige parasitäre Ständerpilze: a — *Exobasidium vaccinii* (auf Preiselbeeren), b — *Aecium des Rostes* (Schnitt), c — Teliosporen des Rostes *(Puccinia* sp.), d — Teliosporenlager des Rostes *Uromyces trifolii* auf dem Klee, e — Teliosporenlager des Rostes *Uromyces ficariae* auf der Feigwurz, f — Teliosporen von *Uromyces ficariae,* g — Lager des Brandpilzes *Ustilago longissima* auf den Blättern des Süßgrases, h — Sporen des Brandpilzes *Ustilago longissima,* i — der Brand *Ustilago segetum,* j — Sporen des Brandes *Ustilago segetum.*

Ordnung Ustilaginales (Brandpilze) — Diese mikroskopisch kleinen Pilze schmarotzen auf Grünpflanzen. Sie bilden in verschiedenen Organen der Pflanzen, zum Beispiel in Samenkapseln, auf Wurzeln, Blättern und Stengeln Chlamydosporenlager, die oft wie eine schwarze oder braune, staubige Masse aussehen. Früher verursachten einige Arten erhebliche Schäden auf den Kulturpflanzen (z. B. der Getreide- oder Maisbrand — *Ustilago zeae-maydis).*
Die zur Unterklasse der höheren Ständerpilze *(Holobasidiomycetidae)* gehörenden Arten besitzen ständig einzellige Basidien, auf denen sich immer an der Spitze die Basidiosporen bilden.
Die wichtigsten Ordnungen sind:

Ordnung Exobasidiales. Es sind Parasiten auf Grünpflanzen. Ihr Hymenium bildet auf der befallenen Pflanze ein flaches Lager, die Basidien wachsen direkt aus Dikaryozellen hervor. Diese Pilze schmarotzen vor allem auf Heidekrautgewächsen (z. B. Preiselbeeren) und rufen Hypertrophie des Gewebes hervor.

Ordnung Dacrymycetales. Die Fruchtkörper haben eine gallertige Konsistenz, die Basidien sind sehr schmal, lang und oben gabelförmig in zwei verlängerte Sterigmen geteilt, die Basidiosporen sind septiert. Diese Pilze sind Holzsaprophyten und werden im Wald vor allem von den Gallerttränenpilzen *(Dacrymyces)* und den Hörnlingen *(Calocera)* vertreten. Diese Ordnung wird von manchen Autoren unter dem Namen *Protoclavariales* den *Phragmobasidiomycetidae* zugeordnet.

Ordnung Aphyllophorales (Nichtblätterpilze). Diese und die folgende Ordnung *Agaricales* werden zusammenfassend auch Außensporer *(Hymenomycetes)* genannt.

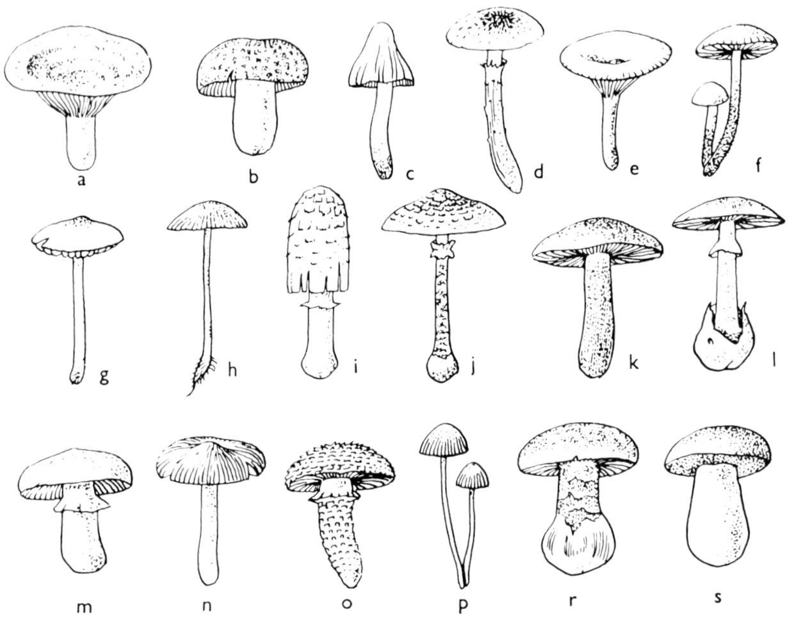

16 Beispiele für die Fruchtkörpertypen einiger Blätterpilze: a — *Lactarius* sp., b — *Russula* sp., c — *Hygrocybe* sp., d — *Armillaria mellea,* e — *Clitocybe* sp., f — *Collybia* sp., g — *Mycena* sp., h — *Mycena* sp., i — *Coprinus* sp., j — *Lepiota* sp., k — *Tricholoma* sp., l — *Amanita* sp., m — *Agaricus* sp., n — *Inocybe* sp., o — *Pholiota* sp., p — *Psathyrella* sp., r — *Cortinarius (Phlegmacium),* s — *Boletus* sp.

Das Hymenium befindet sich von Anfang an auf der Oberfläche des Fruchtkörpers (gymnokarper Typ), der oft flächig ausgebreitet, hutförmig oder keulig ist und eine haut-, leder-, kork- oder holzartige Konsistenz aufweist. Das Hymenophor ist glatt oder mit Rippen, Leisten, Runzeln, Zähnchen, Stacheln und selten auch mit Lamellen versehen. Die Basidien reifen meistens über längere Zeit nacheinander. Hierher gehören viele Pilze, die saprophytisch auf abgestorbenem Holz wachsen, aber auch Parasiten. Von den bedeutendsten Familien sollen hier wenigstens die Porenpilze *(Poriaceae),* die Leistenpilze *(Cantharellaceae),* deren Hymenophor an die Blätterpilze erinnert, die Stachelpilze *(Hydnaceae),* deren Hymenophor Stacheln bildet, und die Keulenpilze *(Clavariaceae),* deren Fruchtkörper aufrecht steht, einfach oder verzweigt ist und ein glattes Hymenophor trägt, genannt werden.

Ordnung Agaricales (Blätter- und Röhrenpilze) — Hier wird das Hymenium anfangs meistens vom Fruchtkörper eingeschlossen, liegt dann aber früher oder später offen. Der Fruchtkörper besitzt meistens einen deutlich ausgebildeten, mittig angebrachten Stiel und ist von fleischiger Konsistenz, so daß er nicht sehr lange frisch bleibt. Das Hymenophor ist charakteristisch lamellen- oder röhrenförmig. Die Lamellen oder Röhren sind radial angeordnet. Die Basidien reifen meistens gleichzeitig. Zu den Blätter- und Röhrenpilzen gehören mehr als 10 000 Arten. Für Pilzsammler ist diese Ordnung am interessantesten, denn sie umfaßt sowohl eßbare wie auch viele giftige Pilze. Die meisten Arten, die in diesem Buch abgebildet und be-

schrieben werden, gehören hierher. Die Blätter- und Röhrenpilze unterteilt man in 15 Familien:
Strobilomycetaceae (Dunkelröhrenpilze) — Das Hymenophor bildet wie bei der folgenden Familie Röhren. Die Fruchtkörper sind völlig dunkelbraun, der Sporenstaub ist dunkel bis schwarzpurpurn.
Boletaceae (Röhrenpilze) — Der Fruchtkörper ist nicht in allen Teilen dunkelbraun. In Europa sind 12 Gattungen vertreten, von denen die Mehrzahl zu den wertvollsten, eßbaren Pilzen gehört.
Die folgenden Familien besitzen ein lamellenförmiges Hymenophor.
Paxillaceae (Krempenpilze) — Sie sind eng mit der Familie *Boletaceae* verwandt, vor allem die Gattung Krempling *(Paxillus)*, die gelbbraune Sporen besitzt, während der Sporenstaub bei der Gattung Gabelblättling *(Hygrophoropsis)* weißlich ist. Die Lamellen sind gabelförmig oder adernartig untereinander verbunden.
Gomphidiaceae (Gelbfußpilze, Schmierlinge) — Diese Pilze schließen sich entwicklungsgeschichtlich dicht an die *Boletaceae* an, besitzen aber dicke, herablaufende Lamellen.
Polyporaceae (Zähpilze) — Nach der gegenwärtigen, modernen Auffassung gehören hierher Pilze mit einem überwiegend lamellenförmigen Hymenophor. Ihre Fruchtkörper sind zähfleischig, der Stiel ist zentral, exzentrisch oder seitlich angebracht oder fehlt ganz, die Hyphen sind verhältnismäßig dickwandig. Sie wachsen meistens auf Holz. Ihre Sporen sind farblos. Die Gattung Stielporling *(Polyporus)* besitzt als einziger Vertreter der Familie ein röhrenförmiges Hymenophor und tritt in dieser Ausbildung ausschließlich mit einjährigen Arten auf, deren Fruchtkörper gestielt sind.
Hygrophoraceae (Wachsblättler) — Die Lamellen sind auffallend dick und stehen schütter. Die Fruchtkörper haben oft eine stark schlüpfrige Haut, die lebhaft gelb, orange, rot und grün gefärbt oder weißlich und von glasiger Konsistenz ist. Der Sporenstaub ist weiß. Viele Arten, zum Beispiel die Vertreter der Gattung Schneckling *(Hygrophorus)* wachsen außerhalb des Waldes im Gras.
Tricholomataceae (Ritterpilze) — Eine der umfangreichsten Familien der Blätterpilze. Der Fruchtkörper ist von mannigfacher Form. Diese Gruppe wird durch die Kombination verschiedener Merkmale, vor allem der Mikromerkmale, charakterisiert (Bau des Lamellentramas, Morphologie der Sporen, Basidien, Aufbau der Huthaut u. a.), die das Einordnen in andere Familien ausschließen. Diese Pilze besitzen keinen Schleier, ihr Sporenstaub ist überwiegend weiß.
Rhodophyllaceae (Entolomataceae, Rötelpilze) — Diese Familie unterscheidet sich von der vorangehenden durch rosa- oder fleischroten Sporenstaub und fast kantig geformte Sporen. Die Gattungen *Entoloma, Nolanea, Leptonia, Eccilia* und *Claudopus* werden von manchen Autoren in einer einzigen Gattung *Rhodophyllus* zusammengefaßt.
Amanitaceae (Knollenblätterpilze) — Die Fruchtkörper sind oft mit einem Schleier versehen, der am Stiel einen Ring oder am Stielboden eine Scheide, oder auch beides zugleich bildet und auf der Huthaut außerdem noch Reste hinterläßt (Fetzen, Warzen). Die Lamellen sind frei, der Sporenstaub ist weiß oder rosa.
Agaricaceae (Edelpilze) — Fleischige, oft stattliche Fruchtkörper mit einem Ring am Stiel und Sporen, die entweder farblos — die meisten Arten der Gattung Schirmling *(Lepiota)* — oder braun sind — Gattung Egerling oder Champignon *(Agaricus)*.
Coprinaceae (Tintenpilze) — Zeichnen sich durch verhältnismäßig zerbrechliche Fruchtkörper aus, deren Lamellen sich bei einigen Arten zusammen mit dem Hut in der Zeit der Sporenreife in eine breiige schwarze Masse verwandeln. Der Sporenstaub ist braun bis schwarz.
Bolbitiaceae (Mistpilze) — Diese überwiegend zierlichen bis sehr kleinen Pilze besitzen eine Huthaut, die aus kugel- oder birnenförmigen Zellen besteht. Der Sporenstaub ist rostfarben oder braun. Die Sporen haben immer einen deutlich ausgeprägten Keimporus. Viele Arten wachsen außerhalb des Waldes.
Strophariaceae (Schuppenpilze) — Der Sporenstaub dieser Pilze ist braun oder violett-schwarz. An den Schneiden der Lamellen haben sich bei einigen Gattungen

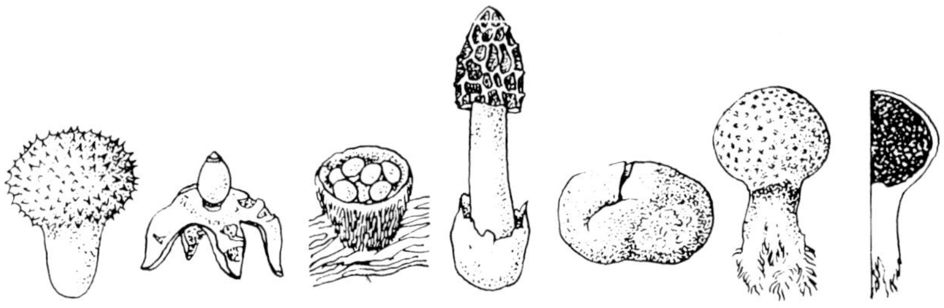

17 Beispiele für die Fruchtkörpertypen einiger Bauchpilze: a — *Lycoperdon* sp., b — *Geastrum* sp., c — *Crucibulum laeve,* d — *Phallus impudicus,* e — *Rhizopogon* sp., f — *Scleroderma bovista,* g — ein Teil der Fruchtkörper im Schnitt.

Cystiden mit gelben Pigmenten herausgebildet (Chysocystiden). Die Fruchtkörper haben gewöhnlich einen Schleier, der am Stiel einen Ring hinterläßt.

Cortinariaceae (Haarschleierpilze) — Eine der artenreichsten Familien der Blätterpilze, die der Familie *Tricholomataceae* ähnelt, jedoch in verschieden braunen Schattierungen gefärbten Sporenstaub aufweist.

Russulaceae (Sprödblättler) — Für diese Familie ist die faserlose, auffallend apfelartig mürbe Konsistenz des Fruchtfleisches charakteristisch, die durch das Vorhandensein von zahlreichen kugelförmigen Zellen, Sphaerocysten, hervorgerufen wird. Die rundlichen oder elliptischen Sporen weisen an der Oberfläche eine Ornamentik auf (Stacheln, Warzen oder Grate), die stark amyloid ist. Diese Familie umfaßt nur zwei Gattungen, *Russula* (Täublinge) und *Lactarius* (Milchlinge), mit einer großen Zahl von Arten.

Die folgenden acht Ordnungen werden allgemein als Bauchpilze, *Gastromycetes,* bezeichnet. Sie werden durch ein einziges Kennzeichen verbunden, und zwar bleibt bei ihnen das Hymenium im Fruchtkörper eingeschlossen (ein sogenannter angiokarper Fruchtkörper). Der Fruchtkörper öffnet sich erst spät, die reifen Sporen werden nicht aktiv abgestoßen (wie zum Beispiel bei den *Agaricales*), und es wird deshalb auch kein ausfallender Sporenstaub gebildet. Der Fruchtkörper besteht aus einer Hülle (Peridie), die entsprechend ihrer Schichtung in Exo- und Endopedie unterteilt wird, und der darin eingeschlossenen Fruchtmasse (Gleba). Die Gleba besteht oft aus einem faserigen Geflecht (Kapillitium) und enthält immer die Sporen.

Ordnung: Phallales (Rutenpilzartige) — Hier bildet der unfruchtbare Teil der Gleba ein Receptaculum, das zur Reifezeit die Hülle an der Spitze aufreißt. Die heranreifende Gleba verschleimt und riecht oft charakteristisch. Hierher gehören die Gattungen *Phallus* (Stinkmorchel) und *Anthurus* (Blumenpilze) und eine Reihe anderer, meist tropischer Gattungen.

Ordnung: Hysterangiales— Diese nur unterirdisch wachsenden Pilze besitzen eine knorpelige oder gallertige Konsistenz und glatte Sporen. Der Fruchtkörper ist knollenförmig.

Ordnung: Hymenogastrales — Nur unterirdisch wachsende Pilze mit knolliger Gestalt und fleischiger Fruchtmasse. Diese besteht aus zahlreichen balkenartigen Scheibchen, die Kammern bilden. Die Sporen sind meistens farbig, glatt oder ornamentiert.

Ordnung: Guatieriales — Nur unterirdisch wachsende Pilze mit meist vergänglicher Hülle, deren Glebakammern an der Oberfläche eines knolligen Fruchtkörpers münden. Die Sporen sind gerippt und braun gefärbt.

Ordnung: Lycoperdales (Staubpilzartige) — Hier ist die Peridie zweischichtig, der Fruchtkörper gestielt oder aufsitzend, kugel- bis keulenförmig. Die Gleba zerfällt zur Reifezeit staubartig. Das Hymenium überzieht die Wände der Kammern in der Gleba.

Ordnung: Melanogastrales — Meistens unterirdische, knollenförmige Fruchtkörper. Die Gleba enthält Kammern, die mit Basidien angefüllt sind. Diese sind in eine gallertige Masse eingebettet. Die Sporen sind oft dunkel gefärbt.

Ordnung: Sclerodermatales (Hartbovistartige) — Der Fruchtkörper ist knollenförmig, wächst unterirdisch oder teilweise an der Oberfläche und öffnet sich im Scheitel mit einem Loch oder unregelmäßigen Riß. Die Basidien bilden in der Gleba Nester. Die Sporen sind groß und farbig.

Ordnung: Nidulariales (Nestpilzartige) — Das Hymenium dieser Pilze bildet Körnchen (Peridiolen), die in einem becher- oder kugelförmigen Fruchtkörper eingeschlossen sind. Sie wachsen auf verschiedenen Pflanzenresten.
Die Hilfsklasse *Deuteromycetes (Fungi imperfecti)* faßt alle Pilze zusammen, die sich ausschließlich ungeschlechtlich vermehren. Hierher gehört die überwiegende Zahl der Konidienstadien von Pilzen der verschiedensten systematischen Gruppen (vor allem der Schlauchpilze). Ansonsten handelt es sich — und das zum größten Teil — um Pilze, die als andere Form nicht bekannt sind. Sie sind entweder nicht fähig, sich geschlechtlich fortzupflanzen, oder es ist bisher noch nicht gelungen, ihre Beziehungen zu anderen Pilzen aufzuklären. Nach der Morphologie der Konidien und deren Entstehungsart, nach der Form der Konidiophoren und der Gebilde, in oder auf denen diese Organe entstehen, werden die Deuteromyceten in drei Gruppen unterteilt (*Sphaeropsidales, Melanconiales* und *Hyphomycetes*). Die vierte Gruppe enthält sterile Myzelien (Mycelia sterilia), bei denen jede Vermehrungsstruktur fehlt. Im ganzen sind ungefähr über 15 000 Arten imperfekter Pilze bekannt (das sind ungefähr 30% aller bekannten Arten). Zu ihnen gehören sowohl Saprophyten als auch zahlreiche Parasiten.

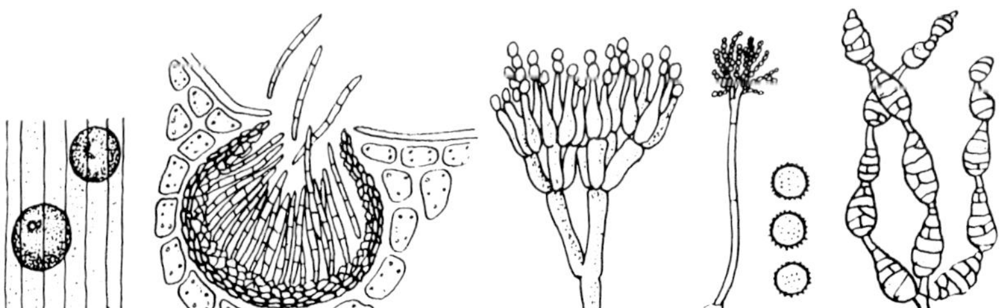

a b c d e f

18 Beispiele für einige niedere Pilze: a — Pyknidien von *Phoma* sp. im Pflanzengeflecht, b — Schnitt durch die Pyknidie von *Septoria* sp. mit Konidien, c — Konidiophor von *Penicillium* sp. mit Konidien, d — Konidiophor von *Aspergillus* sp., e — Konidie von *Aspergillus* sp., f — Konidiophor von *Alternaria tenuis* mit Konidienketten.

Bedeutung der Pilze für den Menschen

Die Pilze nehmen in der Natur eine bedeutende Stellung ein. In bezug auf den Menschen und seine Tätigkeit spielen sie sowohl eine positive als auch negative Rolle. Sie helfen uns nicht nur, sondern verhalten sich auch feindlich und fügen uns direkt oder undirekt Schaden zu.

Zu unserem Vorteil verwenden wir die Pilze zum Beispiel in der Gärungsindustrie, wo mit mikroskopischen Pilzen, vor allem Hefen, gearbeitet wird. *Saccharomyces cerevisiae* und *S. carlsbergensis* sind, in reinen Kulturen und veredelten Stämmen gezüchtet, bei der Bierherstellung unentbehrlich, für *S. ellipsoideus* gilt das gleiche bei der Weingärung. In der milchverarbeitenden Industrie sind Pilze an der Reifung einiger Käsearten beteiligt *(Penicillium roquefortii, P. camembertii).* Für das Gesundheitswesen war die Entdeckung des Stammes *Penicillium notatum,* der das Antibiotikum Penicillin bildet, von unermeßlicher Bedeutung. Bei vielen anderen Pilzarten wurden ebenfalls Antibiotika festgestellt, auch wenn ihre Anwendung bei der Heilung menschlicher Krankheiten nicht so weitgehend war wie beim Penicillin. Die Pilze spielen auch, und das nicht an letzter Stelle, wenigstens bei einigen Völkern eine wichtige Rolle als Nahrungsmittel.

Die Pilze beteiligen sich zusammen mit Bakterien und anderen Organismen intensiv an den Zersetzungsprozessen überall in der Natur. Erdboden und Humus sind mit mikroskopischen Bodenpilzen, die sich in den verschiedensten Entwicklungsstadien befinden, durchzogen. Die Pilze beteiligen sich an der Zersetzung des Grünmaterials, an der Dungreifung, an der Gärung. Die Selbstreinigung verschmutzter Gewässer hängt in bestimmtem Maße von den Wasserschimmeln ab. In der Forstwirtschaft helfen die Mykorrhyza bildenden Pilze bei der Bewaldung, indem sie eine bessere Entwicklung und stärkeren Zuwachs der Gehölze unterstützen.

Einige Pilzarten erweisen sich für die Wirtschaft als Schädlinge, und der Mensch bekämpft sie oft mit größter Mühe. Ihre negativen Auswirkungen werden am deutlichsten dort, wo parasitische Pilze Kulturpflanzen, Tiere oder den Menschen selbst befallen. Pilze, die den menschlichen Körper befallen, rufen verschiedene, oft ansteckende Erkrankungen, sogenannte Mykosen hervor. Die Urheber sind meistens mikroskopische Pilze aus der Gruppe der Deuteromyceten, aber auch einige Hefen und Echte Schimmel gehören hierher. Als Dermatomykose werden die pathologischen Veränderungen der Haut bezeichnet, die von tief in die Haut eindringenden Pilzen verursacht werden. Andere -- harmlosere — Pilze befallen nur die obersten Hautschichten. Hefen befallen vor allem die Mundschleimhäute (was besonders bei Kindern nach der Benutzung einiger Antibiotika geschehen kann). Wärmeliebende Arten der Schimmel, Deuteromyceten und niederen Schlauchpilze können gelegentlich Erkrankungen der Atemwege oder Gehörgänge bewirken. An Mykosen können auch Tiere erkranken. So befallen zum Beispiel einige Schimmel und Deuteromyceten Insekten und werden deshalb vom Menschen im biologischen Kampf gegen Schädlingsinsekten eingesetzt. Ein ausgedehntes Gebiet der Phytopathologie beschäftigt sich mit Pilzen der verschiedensten Gruppen, die auf Pflanzen schmarotzen. Einige davon sind besonders wichtig, zum Beispiel der Getreiderost *(Uredinales),* der Kartoffelschimmel *(Phytophthora infestans),* der Unechte Rebenmehltau *(Plasmopara viticola),* die Schwarzfäule des Obstes (von Dikomyceten der Familie *Sclerotiniaceae* hervorgerufene Moniliosen), die Polyporosen der Gehölze, die in Europa zum Beispiel der sehr verbreitete Wurzelschwamm *(Heterobasidion annosus)* verursacht, der überhaupt häufigste Schädling von Gehölzen, der Hallimasch *(Armillaria mellea),* der vor allem Nadelbaumbestände befällt, und der Echte Hausschwamm *(Serpula lacrymans),* der Gebäude schwer beschädigen kann.

Die giftigen Pilze werden in einem besonderen Kapitel behandelt. An diesen knappen Angaben wird die große Rolle, die die Pilze im Lebenszyklus der Erde spielen, deutlich.

Eßbare Pilze

Als eßbar können wir Pilze ansehen, die nach ausreichendem Erhitzen nach dem Verzehr keinerlei Gesundheitsschäden bewirken. Als normale Portion wird heute eine Frischpilzmenge von 100 bis 200 Gramm angesehen, was also einer normalen Portion Fleisch entspricht.

Nur wenige Pilzarten können roh genossen werden — in einigen europäischen Ländern ißt man ohne schädliche Folgen Salate aus rohen Orangeroten Becherlingen *(Aleuria aurantia)* und Kiefernsteinpilzen *(Boletus edulis)*. Alle anderen Pilze müssen ausreichend mit Hitze behandelt werden. Es genügt dabei, die weicheren Arten 5—10 Minuten, die zäheren Arten 15—20 Minuten zu dünsten oder zu kochen.

Über die Genießbarkeit verschiedener Pilzarten bestehen an verschiedenen Orten recht abweichende Ansichten. So werden zum Beispiel in Mitteleuropa der Tannenreizker *(Lactarius turpis)* und der Birkenreizker *(Lactarius torminosus)* allgemein als giftig angesehen, während sie in Finnland als ausgezeichnete Speisepilze gelten und in der Sowjetunion erst nach dem Einlegen in Salz verzehrt werden sollen. In Italien wird mancherorts der Zitronengelbe Wulstling *(Amanita gemmata)* ohne Schaden verzehrt, an anderer Stelle wird empfohlen, das Kochwasser dieser Wulstlinge vor der endgültigen Zubereitung wegzugießen, und wieder anderswo hält man den Pilz für ungenießbar und schwach giftig. Auf den Märkten in Südfrankreich wurde der Gelbe Knollenblätterpilz *(Amanita citrina)* verkauft. Seine Verwechslung mit dem Grünen Knollenblätterpilz *(Amanita phalloides)* hat in Europa schon zahlreiche Todesfälle verursacht.

Es ist wichtig, frische, junge oder gerade ausgewachsene Pilze zu sammeln. Sie dürfen keinesfalls überreif und aufgeweicht oder gar muffig sein. Bei den meisten Pilzarten können wir das Alter gut erkennen, denn die durch das Reifen verursachten Veränderungen sind deutlich sichtbar. Junge und heranwachsende Steinpilze unterscheiden wir gut von alten Exemplaren, aufgeweichte Birkenpilze sammeln wir gar nicht erst, denn ihre Köpfe verwandeln sich auf dem Transport in eine formlose feuchte Masse. Bei einigen Pilzarten treten die durch das Altern hervorgerufenen Veränderungen nicht so augenscheinlich hervor. Morcheln und Öhrlinge bleiben 3—4 Wochen am Standort erhalten, wobei sie fast noch genauso aussehen wie Jungpilze, obwohl an ihrer Oberfläche schon die Eiweißzersetzung im Gange ist.

Wir legen die Pilze beim Sammeln im Wald in einen Korb und bewahren sie zu Hause am besten im Kühlschrank auf. Dort können gut gesäuberte Pilze zwar ohne Schaden bis zu 24 Stunden überdauern, trocknen dabei aber ziemlich aus. Darüber hinaus können trotz der niedrigen Temperaturen im Kühlschrank nach dieser Zeit vor allem in Steinpilzen toxische Stoffe, zum Beispiel Phenylaethylamin, entstehen, und Vergiftungen bewirken. Oft wird die Frage gestellt, ob man Pilzgerichte aufwärmen darf. Die Antwort sollen zwei extreme Beispiele geben: Im ersten Falle sammelt ein Pilzsucher junge Fruchtkörper, die er sofort säubert und in einen luftigen Weidenkorb legt. Zu Hause zerschneidet er dann die Pilze gleich und lagert sie im Kühlschrank. Gegen Mittag kocht er zum Beispiel eine Pilzsuppe und dünstet die übrigen Pilze für das Hauptgericht. Er kann nicht alles aufessen und stellt die Speisereste in den Kühlschrank. Am Abend wärmt er alles erneut auf und verzehrt es ohne Folgen. Der zweite Extremfall hat sich tatsächlich zugetragen. Ein Pilzsucher fand im Wald einige ältere Steinpilze, diese steckte er in einen Kunststoffbeutel, setzte die Suche fort und steckte alles, was er fand, zu den Steinpilzen. Den Beutel hielt er verschlossen in der Faust. Die Sonne schien und die Pilze schwitzten sehr. Nach der Heimkehr ließ er den Beutel mit den Pilzen im warmen Zimmer liegen und begann erst abends die Fruchtkörper zu putzen, um einen Teil als Suppe zu kochen und den anderen Teil zu dünsten. Die Reste des Gerichts ließ er dann in der warmen Küche stehen. Am nächsten Tage verzehrte er sie dann aufgewärmt zum Mittagessen. Vier Stunden später wurde dieser Pilzsucher mit starken Magen- und Darmreizungen in das Krankenhaus überführt, wo er einige Tage bleiben mußte.

Es wurde lange behauptet, daß Pilze überhaupt keinen Nährwert besäßen. Wie sieht das aber in Wirklichkeit aus? Die Zellwände der Pilze sind meistens aus Chitin — einem hochmolekularen, stickstoffhaltigen Polysaccharid, aufgebaut, das von den Verdauungssäften nur sehr schwer angegriffen wird. Bei einigen Arten bestehen die Zellwände aber aus polymeren Zuckern und Eiweißen. Das Zellplasma enthält geringe Mengen von Zuckern (lösliche und speicherbare) und Fetten, die zusammen den Hauptbestandteil der Nährstoffe im Pilzkörper bilden. 70—95 % des Pilzgewichts macht jedoch das Wasser aus, das vor allem im Zellplasma enthalten ist.
Eiweißartige Stoffe beteiligen sich mit 3—9 % an der Trockenmasse des Fruchtkörpers. Pilze enthalten die Grundbausteine der Aminosäuren und deren komplizierten Verbindungen, der Peptide. Zu den Cyklopeptiden gehören auch die als am stärksten bekannten Gifte des Grünen Knollenblätterpilzes, die Amatoxine und Phallotoxine. Man hat in den Pilzen ungefähr 20 verschiedene Aminosäuren feststellen können, sie enthalten aber kaum die sogenannten essentiellen Aminosäuren. Der Aminosäurengehalt verändert sich im gleichen Pilz durch Alterung, Verdauung und andere Prozesse. In alten Pilzen entsteht aus den stickstoffhaltigen Stoffen Harnstoff, der in Wasser und Ammoniak zerfällt. Die meisten Eiweiße wurden bisher in jungen und frischen Fruchtkörpern einiger Röhrenpilze und Egerlinge festgestellt. Das Problem der Resorption der einzelnen Aminosäuren durch den Menschen und damit verbunden auch die Verwendung der Pilze als Nahrungsmittel ist weiterhin Gegenstand wissenschaftlicher Untersuchungen. Es steht jedoch fest, daß die Amatoxine und Phallotoxine des Grünen Knollenblätterpilzes gut resorbiert werden, ebenso auch Cholin und Putrescin, toxische Amine, die in sehr alten Pilzen entstehen.
Der Zuckergehalt der Pilze beträgt ungefähr 1—6 %. Pilze können vorteilhaft bei Reduktionsdiäten angewendet werden. Den Hauptbestandteil bilden hier polymere Zucker, weiter treten Glykogen, Mannit, Trehalose und in Spuren auch Sorbit, Arabit und andere auf. Zucker ist auch in den Schleimstoffen der Pilze enthalten. Interessant ist, daß der Mensch im Darm das Enzym Trehalose besitzt, das der Aufspaltung des Trehalose-Zuckers dient. Wir können deshalb annehmen, daß unsere Urvorfahren Nahrungsmittel gegessen haben, die Trehalose enthalten, Pflanzen, Pilze und Insekten. Trehalose findet sich aber nur in jungen Pilzen, in alten Exemplaren verwandelt sie sich in Glukose.
Pilze enthalten 0,5—3,5 % (einige Röhrenpilze) Fette. Diese Fette werden vor allem im Pilzgeflecht und in den Sporen angelegt, wir können sie aber oft auch als Fetttröpfchen in anderen Teilen des Fruchtkörpers finden. Dem chemischen Aufbau entsprechend handelt es sich um Glyzeride und Glykolipide, in einigen Arten tritt auch das Phospholipid Lezithin auf.
Im übrigen enthalten die Pilze noch harzige Substanzen (Terpene) und einige Arten auch auffallende Farbstoffe (zum Beispiel Chinone). Der Vitamingehalt der Pilze ist oft umstritten. Ein starker Vitaminanteil in Form des Provitamins Karotin wurde bei den Röhrenpilzen und beim Pfifferling *(Cantharellus cibarius)* festgestellt. Hohen Gehalt an Vitaminen der Gruppe B fand man bei den Röhrenpilzen. In kleinen Mengen stellte man auch die Vitamine D, E und K und am wenigsten das Vitamin C fest. Eine wichtige Rolle spielen außerdem verschiedene Enzyme und Stoffe mit antibiotischen Wirkungen.
An Mineralstoffen enthalten die Pilze vor allem Kalium (K), Phosphor (P), Kalzium (Ca) und Eisen (Fe). Das meiste Eisen wurde bis jetzt beim Semmelpilz festgestellt. Man fand 1000—1500 mg Eisen in 1 kg Trockenmasse. Die Pilze sind in viel stärkerem Maße als Grünpflanzen in der Lage, verschiedene Elemente aus dem Boden zu konzentrieren. Diese Fähigkeit ist für den Menschen sehr wichtig. Die sogenannten Spurenelemente kommen in der lebenden Natur nur in unscheinbaren Konzentrationen vor, und für den Menschen sind sie unentbehrlich bei den enzymatischen Prozessen, der Synthese von Eiweißen, Hormonen u. ä. Deshalb ist die wiederholte Feststellung, daß Pilze verhältnismäßig große Mengen dieser Spurenelemente enthalten, von großer Bedeutung. So bewegt sich zum Beispiel der Gehalt an Kupfer (Cu) das zur Bildung der roten Blutkörperchen unentbehrlich ist, bei den Pflanzen zwischen 1—14 mg je kg Trockenmasse. Bei den Pilzen fand man 8—180 mg Kupfer je

kg Trockenmasse. Den größten Gehalt wies dabei der Riesenschirmling *(Lepiota procera)* auf. Selen (Se) enthalten die Pilze 10—100mal mehr als die Grünpflanzen. Außerdem fand man auch noch viele andere seltene Elemente, zum Beispiel Titan (Ti), Vanadium (Va), Rubidium (Rb) u. a. Die Konzentration dieser Elemente in den Pilzen hängt vom Standort ab. So ist zum Beispiel die Fähigkeit der Pilze bekannt, Gold (Au) zu konzentrieren. Hierdurch kann auf das Vorhandensein dieses Elements im Boden geschlossen werden.

Vom Sammeln der Pilze

Die Auswahl der Pilzarten, die wir zum Essen sammeln, hängt vor allem von unseren Kenntnissen ab. Manche Leute sammeln nur auffallend traditionelle Arten, vor allem verschiedene Röhrenpilze und Pfifferlinge. Wollen wir unser Sortiment erweitern, sollten wir uns vor allem den Kodex-Pilzen zuwenden. Das sind Arten, die in den einzelnen Ländern auf Grund langjähriger, praktischer Erfahrungen ausgewählt und zum Verkauf auf Märkten zugelassen wurden. Wem das noch nicht genügt, kann in Zirkeln oder Gesellschaften von Pilzsuchern oder Mykologen lernen, noch weitere Speisepilze sicher zu erkennen. Hier werden die Pilze wiederholt demonstriert, und man kann die Fertigkeit erlangen, die einzelnen Arten richtig zu bestimmen und ihre wesentlichen Merkmale zu unterscheiden. Schließlich besteht hier noch die Möglichket, die selbstgesammelten Pilze bestimmen zu lassen. Eine ganze Reihe von Pilzen kann nur mit Hilfe von Abbildungen und Beschreibungen zuverlässig bestimmt werden. In der Beschreibung findet der Pilzsucher zwar die wesentlichsten Kennzeichen der Art, kann sie sich allein aber oft nicht vorstellen. Erst wenn er kleine, große, junge und alte Fruchtkörper dieses Pilzes sieht und so sich die charakteristischen Merkmale bewußt macht, wird er sich auch in der Natur orientieren und die vorliegende Art zuverlässig bestimmen können. Wir sammeln zum Essen nur Pilze, die wir vollkommen sicher erkennen.

Wichtig ist auch folgender Hinweis: In fremden Gegenden und Ländern muß man beim Sammeln von Pilzen zum Essen größte Vorsicht walten lassen. Hier wachsen oft Pilze, die den Arten unseres heimatlichen Sammelbezirks recht ähnlich, aber giftig sind. Die große Statistik der Pilzvergiftungen zeigt, daß mehr als die Hälfte der vergifteten Personen nicht zu den ortsansässigen Einwohnern gehört. Es handelt sich um Personen, die geschäftlich unterwegs sind oder sich zum Urlaub oder zur Erholung aufhalten und oft fast alles konsumieren, was sie im Walde finden. In Mitteleuropa wird oft der Perlpilz *(Amanita rubescens)* mit dem giftigen Pantherpilz *(Amanita pantherina)* verwechselt. Im jugoslawischen Istrien sammeln viele Leute anstatt der Pfifferlinge *(Cantharellus cibarius)* die giftigen Leuchtenden Ölbaumpilze *(Omphalotus olearius)*. Viele Vergiftungen mit dem Grünen Knollenblätterpilz *(Amanita phalloides)* haben ihre Ursache in Verwechslungen mit dem Perlpilz *(Amanita rubescens)*, dem Grauen Wulstling *(Amanita spissa)*, dem Riesenschirmling *(Lepiota procera)*, dem Grünling *(Tricholoma flavovirens)*, den Egerlingen oder Champignons und mit den grünen Arten und Formen der Täublinge.

Beim Sammeln von Pilzen wühlen wir Moos und Humus nicht auseinander, denn dadurch werden die Wurzeln der Bäume freigelegt, der Boden trocknet aus und das Pilzgeflecht stirbt ab. Im Wald bewegen wir uns so, daß wir kein Wild aufschrecken. Es ist auch selbstverständlich, daß wir uns unbekannte Pilze nicht umstoßen, denn einerseits gehören Pilze zum Bild des Waldes und sind dessen nicht wegdenkbarer Bestandteil, anderseits können gerade diese Fruchtkörper von einem anderen Pilzsucher gesammelt werden, gleich ob er sie nun in der Küche oder zu Studienzwecken verwendet.

Die gefundenen Pilze können wir entweder aus dem Boden drehen oder abschneiden. Am besten ist es aber, den Fruchtkörper im ganzen herauszuheben, damit wir die Merkmale am Stielboden nicht übersehen. Außer Täublingen und Reizkern (aber nur wenn wir sie genau erkennen), kosten wir rohe Pilze nie. Allein eine Kostprobe kann schwere Vergiftungen, beim Grünen Knollenblätterpilz sogar den Tod herbei-

führen. Die Mulde, die der Fruchtkörper im Boden hinterläßt, füllen wir mit Bodenmaterial auf, damit das Pilzgeflecht nicht austrocknet. Den Fruchtkörper säubern wir und legen ihn in einem Behälter, am besten einem Korb, so ab, daß die Luft freien Zutritt hat.
Zu Hause werden die Pilze dann zu Ende gesäubert und in kleinere Stückchen zerschnitten, von Insektenlarven befallenes Material wird weggeworfen. Die Pilze sollen dann möglichst bald zum Essen zubereitet werden.

Die Auswahl von Speisepilzen

Schon die alten Römer kannten eine Speise der Götter, die sie aus dem Kaiserling *(Amanita caesarea)* anrichteten. Heute stellen im Frühling die Morcheln und Lorcheln einen solchen Leckerbissen dar. Im Sommer und Herbst besteht größere Auswahl.
Wir verwerten entweder nur eine Art oder mischen verschiedene Pilze miteinander. Kenner von Pilzgerichten mischen oft ganz bewußt bestimmte Arten, um einen bestimmten Geschmack zu erzielen. So gibt man zum Beispiel den fade schmeckenden Maronenröhrlingen *(Boletus badius)* Sandröhrlinge *(Boletus variegatus)* bei, also einen stark aromatischen Pilz, der eben deshalb, allein zubereitet, von manchen Leuten nicht vertragen wird. Einige Pilzarten können allseitig für jede Zubereitungsart verwendet werden. Dazu gehören die meisten Röhrenpilze, zahlreiche eßbare Täublinge usw. Andere Arten haben eine spezielle Bestimmung. So werden heute zum Beispiel vor allem die Trüffeln als typische Gewürze angesehen. Berühmt sind hier besonders die Trüffeln aus dem französischen Périgord. Günstige Bedingungen für die Zucht von Trüffeln bestehen aber auch in anderen Gegenden Frankreichs, in Italien, Jugoslawien und anderswo. Man züchtet zwei Trüffelarten, die echten Perigordtrüffel *(Tuber melanosporum)* und die Wintertrüffel *(Tuber brumale).* In Mitteleuropa tritt manchmal an die Stelle dieser Arten die Weiße Trüffel *(Choiromyces venosus).* In Mitteleuropa werden als Gewürz meistens getrocknete und zerriebene Kartoffelboviste *(Scleroderma citrinum)* verwendet. Ihr Aroma ist sehr stark und es reicht, Suppen und Saucen nur eine Messerspitze oder 1—2 Scheibchen der getrockneten Fruchtkörper zuzugeben. Ein typischer Suppenpilz ist der Nelkenschwindling *(Marasmius oreades),* wir müssen ihn jedoch gut kennen und von den giftigen Rißpilzen unterscheiden. Zum Braten und Dünsten eignen sich ausgezeichnet einige Röhrenpilze, der Perlpilz *(Amanita rubescens),* einige Täublinge, die Champignons, Morcheln und einige Ritterpilze. Bekömmlich sind auch Stäublinge und Boviste, soweit sie noch fest und innen weiß sind. Pfifferlinge *(Cantharellus cibarius)* haben einen spezifischen Geschmack und Geruch, und es ist am besten, sie vor der Zubereitung im Fleischwolf zu zermahlen. Sie sind dann leichter verdaulich. Brätlinge *(Lactarius volemus),* Kiefernreizker *(L. deliciosus),* auch Austernseitlinge *(Pleurotus ostreatus)* und viele eßbare Täublinge können in der Pfanne mit etwas Fett und Kümmel gebraten werden. Für Soßen eignen sich die meisten eßbaren Pilze. Hühner, die man im Ofen oder über dem Feuer brät, erhalten einen ausgezeichneten Geschmack, wenn sie mit fein zerriebenen, getrockneten Steinpilzen bestreut werden.

Pilzkonservierung

Ein guter Pilzsammler findet fast das ganze Jahr über frische Pilze. Meistens wird er jedoch seinen Pilzertrag vom Herbst für den Winter und den nächsten Frühling mit Hilfe von Konservierungsmethoden aufbewahren wollen. In Frage kommen hierbei das Trocknen und das Einlegen in Essig oder Salz. Zum Trocknen eignen sich nur Pilze, die nicht viel Wasser enthalten. Sie werden am besten auf Sieben in trockener und warmer Umgebung vor- und dann in der Sonne schnell zu Ende getrocknet. Getrocknete Pilze sind hygroskopisch, d. h., sie nehmen sehr leicht Feuchtigkeit aus der Luft auf und verschimmeln dann. Es ist deshalb am besten, sie in gut verschlosse-

nen Gefäßen warm und trocken aufzubewahren und ihnen etwas Pfeffer beizumischen. Eine andere gute Konservierungsart ist das Einlegen der Pilze in Essig. Bei dem einfachsten Verfahren werden die Pilzstückchen nach dem Waschen nur mit wenig Wasser begossen, gesalzen und gekocht. Den Schaum und eventuelle Verunreinigungen beseitigen wir. In einem anderen Topf bereiten wir zur gleichen Zeit die Marinade vor aus Wasser, Essig, ein paar Pfefferkörnern, 1—2 Körnchen Piment, zwei Lorbeerblättern, Senfkörnern und dem Geschmack entsprechend Zwiebel. Das Ganze wird kurz aufgekocht. Von den gekochten Pilzen gießen wir über einem Sieb das Wasser ab und schütten sie in den kochenden Sud. Mit diesem werden sie dann noch heiß in Gläser gefüllt und gut verschlossen. Damit ist die Konservierung fertig und die Pilze werden, solange der Deckel des Glases fest verschlossen bleibt, nicht verderben. Die Konserven lagern wir kühl und trocken. Bei diesem Verfahren kann die oft empfohlene Sterilisation, wobei die Pilze meistens zerkocht werden, wegfallen. In nördlichen Ländern werden einige Pilze, vor allem Reizker, in Fässer eingelegt und der Milchgärung ausgesetzt. Beim Einlegen der Pilze in Salz werden die Fruchtkörper in dünne Scheiben geschnitten und diese schichtenweise abwechselnd mit Salz in ein Glas geschüttet. Vor dem Anrichten müssen wir diese Pilze dann gut waschen und vom Salz befreien. Das Konservieren der Pilze im eigenen Saft gelingt zu Hause meistens nicht, und sie verderben oft.
Pilze können wir auch sehr gut tiefgefrieren. Dazu werden die geputzten und zerschnittenen Pilze ohne Gewürze in Butter gedünstet und dann eingefroren. Blanchiert werden brauchen sie also nicht. Nach dem Auftauen eignen sich so eingefrorene Pilze für alle Zubereitungsarten.

Die Zucht von Pilzen

Schon seit langer Zeit werden einige Champignonarten *(Agaricus edulis, A. brunnescens* u. a.*)*, Trüffeln und neuerdings auch Austernseitlinge *(Pleurotus ostreatus)* oder die amerikanische Form *Pleurotus* ‚Florida' gewerblich gezüchtet. Im Garten oder in einem geeigneten Raum, in dem sich eine gleichmäßige Temperatur und Feuchtigkeit erhalten lassen, können wir zu Hause selbst Champignonkulturen aus gekauftem Pilzgeflecht anlegen. Ebenso können wir auf Stroh den Rotbraunen Riesenträuschling *(Stropharia rugosoannulata)* züchten, von dem einige Kultursorten oft große Ausmaße erreichen; manchmal ist es gut, die Kultur mit einer Kunststoff-Folie zu schützen. Auf eingegrabenen Pappel- oder Buchenscheiten gedeihen Austernseitlinge oder Stockschwämmchen *(Kuehneromyces mutabilis)*, auf Waldstreu wachsen Violette Rötelritterlinge *(Lepista nuda)* und andere Arten.

Pilze vom Frühling bis in den Winter

Kalender einiger typischer eßbarer und giftiger Pilze (giftige Arten sind mit +!, sehr giftige Arten sind mit + + +! gekennzeichnet.

Winter: Dezember, Januar, Februar:

auf Baumstümpfen, vor allem von Laubhölzern:
Samtfußrübling — *Flammulina velutipes*
Austernseitling — *Pleorotus ostreatus*

auf modernden Stämmen von Laubbäumen:
Austernseitling — *Pleurotus ostreatus*
Pleurotus pulmonarius

auf Holzresten, Ästchen u.ä.:
Wintertrompetenschnitzling — *Tubaria furfuracea*

auf dem Boden in der Waldstreu von Fichtengehölzen:
Bereifter Trichterling — *Clitocybe pruinosa*

Zeitiges Frühjahr: März, April:

in Kiefern- und Mischwäldern:
Märzschneckling — *Hygrophorus marzuolus*

auf dem Boden in Fichtengehölzen:
Bereifter Trichterling — *Clitocybe pruinosa*
Lärchentrichterling — *Clitocybe vermicularis*
Glänzender Schwarzborstling — *Pseudoplectania nigrella*

auf den Baumstümpfen von Nadelbäumen:
+! Riesenlorchel — *Neogyromitra gigas*
Schildförmige Scheibenlorchel — *Gyromitra perlata*
Graublättriger Schwefelkopf — *Hypholoma capnoides*

auf im Boden liegenden Kiefernzapfen:
Milder Kiefernzapfenrübling — *Strobilurus stephanocystis*

auf im Boden liegenden Fichtenzapfen:
Fichtenzapfenrübling — *Strobilurus esculentus*

auf den Stümpfen von Laubbäumen:
+ + +! Grünblättriger Schwefelkopf — *Hypholoma fasciculare*

im Gras außerhalb des Waldes und an Waldrändern:
+! Frühlings-Giftrötling — *Nolanea verna*
Speisemorchel — *Morchella esculenta*
Spitzmorchel — *Morchella conica*

im Laub von Laub- und Mischwäldern (vor allem unter Espen):
Böhmische Glockenmorchel — *Verpa bohemica*

Frühjahr: Mai, Juni:

in Eichen- und Mischwäldern:
Waldfreundrübling, Gemeiner Rübling — *Collybia dryophila*
Eichensteinpilz — *Boletus aestivalis*
Pokal-Rippenbecherling — *Helvella acetabulum*

in lichten Wäldern und an deren Rändern im Grase:
Maipilz — *Calocybe gambosa*
Falber oder Frühlings-Weichritterling — *Melanoleuca cognata*
Frühlingsschüppling — *Agrocybe praecox*
Großsporiger Champignon — *Agaricus macrosporus*
Schafegerling (Weißer Anischampignon) — *Agaricus arvensis*

in Kiefernwäldern:
Kiefernsteinpilz — *Boletus pinophilus*
+! Narzissengelber Knollenblätterpilz — *Amanita gemmata*

in Nadel- und Mischwäldern:
+ + +! Gemeiner Wirrkopf, Struppiger Rißpilz — *Inocybe lacera*

auf Baumstümpfen:
Lilablättriger Faserling — *Psathyrella candolleana*
(besonders auf Akazien)
Stockschwämmchen — *Kuehneromyces mutabilis*
(besonders auf Birken und Linden)
Brauner Dachpilz — *Pluteus cervinus*
Küchenschwindling — *Marasmius scorodonius*

auf absterbenden Stämmen von Laubbäumen:
Schuppiger Schwarzfußporling — *Polyporus squamosus*

auf Wiesen und Grasflächen:
Nelken- oder Feldschwindling — *Marasmius oreades*
Frühlingsschüppling — *Agrocybe praecox*
Wiesenchampignon — *Agaricus campestris*

in Gärten und unter Ostbäumen in Gras:
Frühlingsrötling — *Entoloma clypeatus*

Sommer: Juli, August:

in Wäldern verschiedener Art:
Riesenschirmling, Parasolpilz — *Lepiota procera*
Rötender Schirmling — *L. rhacodes*
Perlpilz — *Amanita rubescens*
Frauentäubling — *Russula cyanoxantha*
Fleischroter Speisetäubling — *R. vesca*
Gefelderter Grüntäubling — *R. virescens*
Rotfußröhrling — *Boletus chrysenteron*
Ziegenlippe — *B. subtomentosus*
Glattstieliger Hexenpilz — *B. erythropus*
Netzstieliger Hexenpilz — *B. luridus*

in Laubwäldern:
Kaiserling — *Amanita caesarea*
+ + +! Grüner Knollenblätterpilz — *A. phalloides*
+ + +! Pantherpilz — *A. pantherina*
+ + +! Riesenrötling — *Entoloma sinuatum*
+ + +! Satansröhrling — *Boletus satanas*
Königsröhrling — *Boletus regius*
+! Schwefelritterling — *Tricholoma sulphureum*
+ + +! Mairißpilz, Ziegelroter Rißpilz — *Inocybe patouillardii*

auf Eichenstümpfen:
+! Spindliger Rübling — *Collybia fusipes*
Eichhase — *Polyporus umbellatus*

unter Birken:
Birkenpilz — *Boletus scaber*
Heiderotkappe — *B. versipellis*
Grasgrüner Birkentäubling — *Russula aeruginea*
+ + + ! Kahler Krempling — *Paxillus involutus*

unter Espen:
Espenrotkappe — *Boletus aurantiacus*

in Nadelwäldern:
Pfifferling — *Cantharellus cibarius*
Rotfußröhrling — *Boletus chrysenteron*
+ ! Gallenröhrling — *Tylopilus felleus*
Kuhmaul — *Gomphidius glutinosus*
Kupferroter Gelbfuß — *G. rutilus*

in Fichtenwäldern:
Wieseltäubling — *Russula mustelina*
Herrenpilz, (Fichten-) Steinpilz — *Boletus edulis*

auf grasigen Waldwegen:
Mehlpilz, Pflaumenpilz — *Clitopilus prunulus*

unter Kiefern:
Brätling — *Lactarius volemus*
Schmerling, Körnchenröhrling — *Boletus granulatus*
Butterpilz — *B. luteus*

unter Lärchen:
Gold- oder Lärchenröhrling — *Boletus grevillei*

Herbst: September:

in Laubwäldern:
Herbsttrompete — *Craterellus cornucopioides*
+ + + ! Tigerritterling — *Tricholoma tigrinum*
+ + + ! Riesenrötling — *Entoloma sinuatum*
+ ! Gelbbräunlicher Ritterling — *Tricholoma sejunctum*
Nebelkappe — *Clitocybe nebularis*

in Nadelwäldern:
Maronenröhrling — *Boletus badius*
Reifpilz, Zigeuner — *Rozites caperata*
Apfeltäubling — *Russula paludosa*
Heringstäubling — *R. xerampelina*
Flaschenstäubling — *Lycoperdon perlatum*

in Kiefernwäldern:
Sandröhrling — *Boletus variegatus*
Kuhpilz — *B. bovinus*
+ ! Kartoffelbovist — *Scleroderma citrinum*

in Fichtengehölzen:
Echter Reizker oder Kiefernreizker — *Lactarius deliciosus*

auf Baumstümpfen, vor allem von Fichten:
+ ! Hallimasch — *Armillaria mellea*

unter Lärchen:
Hohlfußröhrling — *Boletus cavipes*

auf Wiesen und Weiden:
Jungfern-Ellerling — *Hygrophorus virgineus*

Herbst: Oktober, November:

in Fichtenwäldern:
Violetter Rötelritterling — *Lepista nuda*
+! Fuchsiger Trichterling — *Clitocybe inversa*

in Kiefernwäldern:
Grünling — *Tricholoma flavovirens*
Schneepilz, Rußkopf — *T. portentosum*
Graublättriger Erdritterling — *T. terreum*
Frostschneckling — *Hygrophorus hypothejus*

unter Lärchen:
Lärchenschneckling — *Hygrophorus lucorum*

auf Wiesen und Grasflächen:
Lilastieliger Rötelritterling — *Lepista personata*
Becherförmiger Korkstacheling — *Pseudoclitocybe cyathiformis*

auf abgestorbenen Stämmen (vor allem auf Erlen):
Später Zwergknäuling — *Panellus serotinus*

Das Studium der Pilze

In diesem Kapitel beschränken wir uns lediglich auf die höheren Pilze, das heißt auf die Ascomyceten und Basidiomyceten, auf die sich auch dieses Buch hauptsächlich bezieht.
Die Fruchtkörper der Ascomyceten sind meistens sehr klein, ihre Ausmaße liegen zwischen dem Bruchteil eines Millimeters und einigen Zentimetern und sind nur ausnahmsweise größer. Sie wachsen auf den vielfältigsten Substraten, vor allem als Saprophyte auf abgestorbenen Pflanzenteilen: auf Holz, Stengeln von Kräutern, Blättern, Rinde, Ästen usw.
Im Konidienstadium schmarotzen sie manchmal auf lebenden Pflanzen. Die Ascomyceten sind oft an einen bestimmten Wirt oder ein Milieu gebunden. Wie schon erwähnt, wachsen zum Beispiel die koprophilen Arten auf Exkrementen oder Mist, die anthrakophilen Pilze siedeln auf Feuerplätzen, verkohltem Holz und versengtem Boden. Die Ascomyceten fruktifizieren vom zeitigen Frühling an bis in den späten Herbst. Wir suchen sie vor allem an feuchteren Stellen. Sie wachsen besonders reichlich an Standorten, wo der Pflanzenwuchs große Artenvielfalt aufweist. Schon beim Sammeln im Gelände versuchen wir, das Substrat (die Wirtspflanze), auf dem die Fruchtkörper wachsen, genau zu bestimmen. Die einzelnen, gefundenen Pilze werden dann getrennt in Schachteln gelegt oder in Papiertüten verpackt und in einen Kunststoffbeutel gesteckt. Dadurch können die Fruchtkörper nicht austrocknen und bleiben so lange frisch, bis wir sie verarbeiten.
Zur Bestimmung der Pilze ist heute unbedingt ein Mikroskop nötig, das mit einem Immersionsobjektiv und einem Okularmikrometer ausgestattet ist. Es ist am vorteilhaftesten, frisches Material zu verarbeiten und zu bestimmen. Aus den Fruchtkörpern stellen wir entweder einfache, sogenannte gequetschte mikroskopische Präparate in Wasser her oder fertigen in der Hand mit einer Rasierklinge Schitte an, wobei auch ein Mikrotom verwendet werden kann. Die gequetschten Präparate erhalten wir einfach dadurch, daß wir ein Stückchen des Fruchtkörpers mit dem Skalpell oder der Präpariernadel in einem Tropfen Wasser auf dem Objektträger zerquetschen. An den vorbereiteten Präparaten studieren wir zum Beispiel Form und Bau des Fruchtkör-

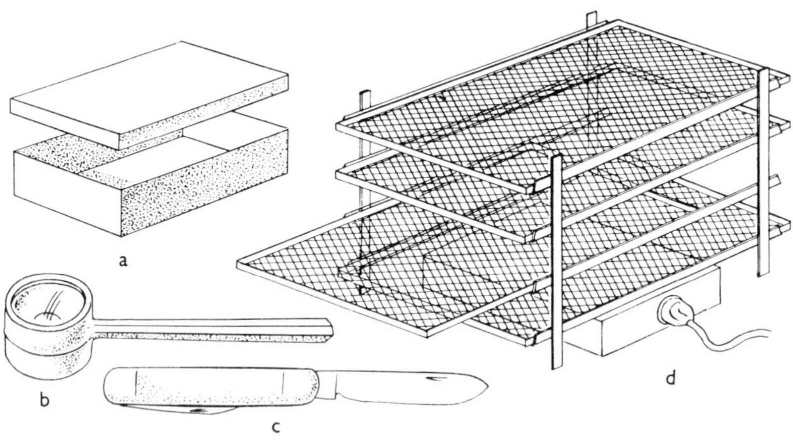

19 Einige Hilfsmittel zum Sammeln und Präparieren von Pilzen: a — Plexiglasbehälter, b — eine stärkere Lupe, c — Messer, d — Elektrotrockner

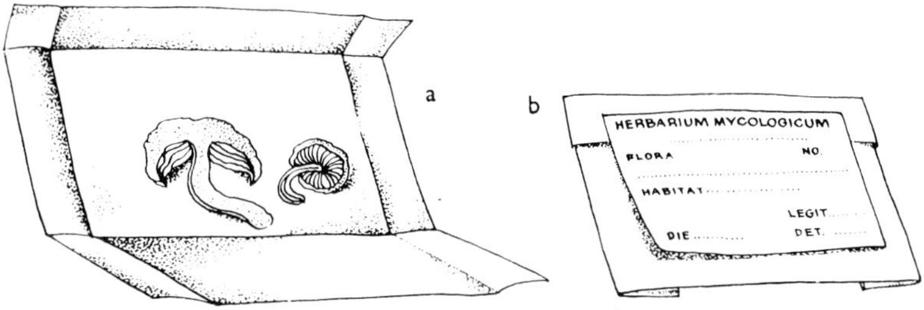

20 a — Herbartüte, b — Etikett.

pers und der Schläuche, die Amyloidität der Schlauchwände, Form, Größe, Ornamentik und Färbung der Ascosporen, den Aufbau der Hyphen usw.
Alle Beobachtungen schreiben wir auf lose Papiere. Jeder Fund wird dabei auf einem gesonderten Blatt vermerkt. Die Beschreibungen können wir mit farbigen Skizzen oder Fotos ergänzen. Selbstverständlich werden den einzelnen Notizen einfache Zeichnungen aller beobachteten Details und der Gesamterscheinung des Fruchtkörpers beigefügt (am besten mit Bleistift anzufertigen).
Nach Beendigung der mikroskopischen Untersuchungen und dem Aufzeichnen aller Anmerkungen, die für die Bestimmung unentbehrlich sind, trocknen wir das Material mit einem Teil des Substrats und legen es in Herbarbeutel aus Papier, die mit einem Zettelchen versehen werden, auf dem Angaben über den Fundort, den Wirt (Substrat), das Datum des Auffindens und der Name des Sammlers verzeichnet sind.
Die einzelnen Beutel mit den Exsiccaten (sogenannte Herbarposten) ordnen wir nach einem bestimmten System, entweder dem Alphabet folgend nach Gattungen und Arten oder systematisch, den Verwandtschaften entsprechend, in Kästen ein oder bilden aus ihnen Herbarpäckchen, ähnlich wie bei den Sammlungen getrockneter, höherer Pflanzen. Die Sammlung muß trocken gelagert und wenigstens 1 bis 2mal jährlich gegen Insekten desinfiziert werden.
Beim Studium der Basidiomyceten verfahren wir ähnlich wie bei den Ascomyceten, nur mit dem Unterschied, daß vom noch frischen Fruchtkörper genaue Beschreibungen der Makromerkmale des Pilzes angefertigt werden müssen. Das Material kann dann verarbeitet und erst nach dem Abtrocknen bestimmt werden. Das ist das üblichste Verfahren beim Studium dieser Pilze. Die fleischigen Fruchtkörper der Röhren- und Blätterpilze verändern durch das Trocknen oft wesentlich Form und Farbe, und würden die genauen Beschreibungen, die auch über diese vergänglichen Merkmale Bericht erstatten, fehlen, könnten wir in vielen Fällen die Art nicht richtig bestimmen.
Basidiomyceten sammeln wir vom Frühling bis in den Winter an den mannigfaltigsten Standorten im Wald, am Waldrand, auf Waldwegen und auch außerhalb des Waldes, dort vor allem nach ergiebigen Regenfällen. Pilze suchen wir sowohl auf dem Erdboden wie auch auf verschiedensten anderen Substraten (auf Baumstümpfen, Ästen, Baumstämmen, Exkrementen von Tieren, Feuerstellen, moderndem Laub, Resten von Kräutern usw.)
Die einzelnen Funde legen wir in kantige Blech- oder Plastikbüchsen. Kleine Fruchtkörper werden dabei in weicheres Papier gewickelt. Wir geben ihnen ein frisch abgerissenes Blatt irgendeiner Grünpflanze bei, das durch das Verdunsten seiner Feuchtigkeit in der Verpackung ein schnelles Austrocknen der zarten Fruchtkörperchen verhindert. Zu Hause verfahren wir so ähnlich, wie es bei den Ascomyceten beschrieben wurde.
In den Aufzeichnungen über die Makromerkmale müssen vor allem die Maße von

Hut und Stiel, die Farben des Huts, Stiels, der Lamellen und des Fruchtfleisches an Schnittstellen, gegebenenfalls die Verfärbungen an Schadstellen, Geruch und Geschmack enthalten sein. Die Sporen und der anatomische Aufbau des Fruchtkörpers, vor allem der Lamellen, des Hymeniums und der Huthaut, lassen sich am leichtesten am frischen Pilz beobachten, auch wenn wir sie jederzeit am gesammelten Material studieren können. Der Fruchtkörper muß gut und verhältnismäßig schnell getrocknet werden. Das geschieht bei einer mäßigen Temperatur von 40—60 °C ohne Unterbrechung, am besten auf Sieben in elektrischen Trockenanlagen. Wir trocknen die ganzen Fruchtkörper und halbieren nur große Exemplare. Die getrockneten, harten Pilze legen wir zusammen mit einem angefeuchteten Stück Papier einige Stunden lang in einen Kunststoffbeutel. Die Fruchtkörper nehmen ein wenig Feuchtigkeit auf und werden geschmeidiger, so daß wir sie unbeschädigt in die papiernen Herbarbeutel stecken und leicht drücken können. Die trockenen Fruchtkörper können auch in Büchsen aufbewahrt werden. So eine Sammlung ist aber raumaufwendiger. In Kästchen bringt man Bauchpilze und größere Fruchtkörper, zum Beispiel Porlinge, unter. Das Pilzherbarium (eine Sammlung von Pilzexsiccaten), muß in einem völlig trockenen Raum untergebracht sein und gegen Insekten desinfiziert werden. Am wirksamsten sind hierbei Schwefelkohlenstoffdämpfe; es können aber auch andere leicht beschaffbare Chemikalien verwendet werden. Bei der mikroskopischen Untersuchung beobachten wir ähnlich wie bei den Ascomyceten die Form und Größe der Sporen. Die Ornamentik der Sporenwände stellen wir (nach der Färbung mit Melzers Reagens oder Baumwollblau) mit Hilfe des Immersionsobjektivs fest. Wir untersuchen den Aufbau der Lamellen, der Huthaut und des Stiels an Schnittpräparaten. Die unscheinbaren Gewebestücke schneiden wir mit einer Rasierklinge von der Oberfläche des Fruchtkörpers. Ein kleines Lamellenbruchstück zeigt uns unter dem Mikroskop die Basidien mit den Sporen, eventuell auch Cystiden und andere im Hymenium enthaltene Gebilde und zugleich auch den Aufbau des Tramas. Präparate von frischem Material fertigen wir mit Wasser an, Präparate aus Exsiccaten mit einer zehnprozentigen Lösung von Ammoniak in Wasser. Bei den Blätterpilzen muß oft auch die Farbe des Sporenstaubs festgestellt werden. Dieser fällt aus den frischen, reifen Fruchtkörpern heraus, wenn wir unter die Lamellen ein Stück Papier legen und den ganzen Fruchtkörper einige Stunden in einem Kunststoffbeutel oder einer Blechbüchse in feuchter, aber nicht zu kühler Umgebung liegen lassen.
Die Bestimmung von Pilzen ist oft eine schwierige und zeitraubende Angelegenheit. Es irrt sich jeder, der annimmt, daß zur genauen, richtigen und sicheren Bestimmung der Pilzarten der Vergleich mit den farbigen Abbildungen irgendeines Pilzbuches ausreicht. Wir sollten nicht vergessen, daß die riesige Zahl der bisher beschriebenen, auf den ersten Blick oft recht ähnlichen Arten, die erst nach gründlicher mikroskopischer Untersuchung und der Bewertung aller Merkmale voneinander unterschieden werden können, alle stärker oder schwächer variieren.
Dann werden wir jede unmittelbare Pilzbestimmung im Gelände kritischer beurteilen. Auch bei der Pilzbestimmung muß man Erfahrungen sammeln, und für Anfänger ist es äußerst ratsam, ihre ersten selbst bestimmten Pilze von einem Spezialisten überprüfen zu lassen. Es ist überhaupt vorteilhaft, schon am Anfang des Mykologiestudiums Kontakt mit einem bekannten Mykologen zu suchen, der nicht nur ein Spezialist in der Gruppe der Pilze, die uns besonders interessiert, sondern auch bereit ist, uns zu helfen.

Erläuterungen der am meisten gebrauchten Fachausdrücke

Aethalium — polster- oder brotlaibähnlicher Fruchtkörper einiger Schleimpilze, der durch eine größere Anzahl ineinanderfließender, kleiner Fruchtkörperchen entsteht.

amyloid — Blaufärbung der Sporen- oder Hyphenwände in Lösungen, die Jod enthalten; in der Mykologie wird Melzers Reagens verwendet. Negative Reaktionen werden als nichtamyloid bezeichnet.

Annulus — Ring; Schleierrest (Velum partiale) an der Stieloberfläche in der Form eines häutigen Kragens oder Rings, ursprünglich verband der Schleier den Hutrand mit dem Stiel.

anthrakophil — werden Pilze genannt, die auf von Feuer versengten Böden und Feuerstellen fruchten.

Apikulus — kleiner Auswuchs (Stiel) an der Basis der Spore, mit dem die Spore an die Sterigma angewachsen ist.

Apothecium — Fruchtkörper der Scheibenpilze, meistens schüssel-, kelch- oder scheibenförmig, mit einer frei geöffneten Fruchtschicht, dem Thecium.

Ascosporen — siehe Ascus

Ascus — Schlauch — sackförmige Zelle, in der nach vorausgegangener Kernteilung Sporen entstehen (Ascosporen).

Basidie — Zelle von meist keulen- oder walzenförmiger Gestalt, die auf kleinen Fortsätzen (den Sterigmen) die Sporen (Basidiosporen) trägt.

Basidiosporen — siehe Basidie

Baumwollblau; eine Lösung von Baumwollblau in Milchsäure, mit der die Cyanophilität (Verfärbungsmöglichkeit der Wände von Hyphen und Sporen und vor allem der Sporenornamentik) geprüft wird.

Cheilocystiden — Cystiden an der Schneide der Pilzlamellen.

chemische Reagenzien — Stoffe, die bei der Pilzbestimmung unentbehrlich sind. Man verwendet sie einmal bei der Herstellung mikroskopischer Präparate, zum anderen stellt man damit die Farbreaktionen des frischen Fruchtkörpers fest, die für bestimmte Pilze oft typisch sind. Zur Erweichung und besseren Unterscheidbarkeit des Pilzgewebes (vor allem bei Exsiccaten) verwendet man meistens 3—10%ige Lösung von Ammoniak in Wasser oder 2—5%ige Kaliumlauge (KOH), manchmal auch Lactophenol oder Milchsäure. Zur Feststellung der Amyloidität ist Melzers Reagens unentbehrlich, zur Färbung der Ornamentik benötigt man Baumwollblau. Die Farbreaktionen der frischen Fruchtkörper von Blätterpilzen werden durch verschiedene Reagenzien hervorgerufen, die wichtigsten sind zum Beispiel 10%ige Lösung von Eisensulfat ($FeSO_4$) in Wasser, Phenol (Karbolwasser), Sulfovanillin, Benzidin u. a.

Chlamydosporen — dickwandige, vegetative Sporen, die aus Hyphenzellen entstanden sind.

Cortina — Haarschleier, faseriges Velum universale, das bei Jungpilzen den Hutrand mit dem oberen Stiel verbindet. Am Stiel hinterbleiben dann Reste als faseriger Überzug oder als Ring.

cyanophil — färbt sich in der Lösung von Baumwollblau. Färben sich die Wände der Sporen oder Hyphen nicht blau, sind sie acyanophil.

Cystide — größere unfruchtbare Zelle im Hymenium, die sich in Form und Funktion von den Basidien unterscheidet, sie entsteht meistens tiefer im Trama als die Basidien.

Dermatocystide — Cystide, die aus der Haut des Fruchtkörpers hervorwächst.

Detritus — Schicht aus zerfallenden Pflanzen- und Tierresten an der Erdoberfläche oder auf dem Grund von Tümpeln.

dextrinoid — reagiert gelbbraun bis rotbraun auf Jodreagenzien (z. B. Melzers Reagens); das gleiche wie pseudoamyloid.

exzentrischer Stiel — der Stiel wächst zwischen Rand und Mitte an den Hut.

Fruchtkörper — Teil des Pilzkörpers, der die Vermehrungsorgane und Sporen trägt.

Fruktifikation — Fähigkeit, Fruchtkörper zu bilden; Fruchtkörperbildung.

Gametangium — Organ, das Zellen produziert, die sich geschlechtlich fortpflanzen (Gameten).

geschlechtliche Fortpflanzung der Pilze — sie besteht in dem Verschmelzen des Plasma- und Kerngehalts zweier geschlechtlich verschiedener Zellen und der anschließenden Ausbildung von Sporen.

Gleba — Fruchtmasse — Gewebe, in dem sich bei den Bauchpilzen die Basidien mit den Sporen bilden.

heterotrophe Organismen — sie besitzen keine photosynthetischen Farbstoffe (Chlorophyll) und entnehmen die organischen Stoffe autotrophen Organismen (Grünpflanzen), deren abgestorbenen Resten und auch Tierkörpern.

Hut — besonders geformter Teil des Fruchtkörpers, der das Hymenophor trägt.

Hyphe — Pilzfaden aus hintereinander gereihten Zellen.

hygrophan — ist der Hut eines Pilzes, der sich durch Wasseraufnahme dunkler färbt und durch Austrocknen diese Färbung wesentlich verändert.

Hymenium — sporenbildende Fruchtschicht aus palisadenartig angeordneten Basidien (oder Schläuchen — hier heißt dann die Fruchtschicht Thecium).

Hymenophor — der Teil des Fruchtkörpers, der das Hymenium trägt (z. B. bei den *Agaricales* sind es die Lamellen oder Röhren).

Hypothallus — myzelartige Unterlage (auch Subiculum genannt), auf der Fruchtkörper entstehen.

Inkrustation — ein Vorgang, bei dem sich die Oberfläche der Zellwände mit Körnchen oder Kristallen bedeckt, die eine zusammenhängende Schicht bilden (inkrustierte Hyphen oder Cystiden).

Kapilicium — Haargeflecht; unfruchtbare Fasern, die zwischen den Sporen im Fruchtkörper der Bauchpilze liegen.

Konidie — ungeschlechtlich (vegetativ) auf dem Pilzgeflecht entstandene Spore.

Konidiophor — Pilzgeflecht, das Konidien erzeugt.

koprophil — wächst auf Exkrementen (oder auf Mist).

Lokalität — Fundort, Stelle an der ein Pilz oder eine Pflanze gesammelt wurde.

Meiose — Kernteilung; zwei Kernteilungen erfolgen nacheinander, eine davon ist reduzierend. Das Ergebnis sind haploide Kerne.

Melzers Reagens — Lösung von Chloralhydrat in Wasser unter Beimischung von Jodkali und Jod. Wird zur Feststellung der Amyloidität verwendet (Rezept: KJ 1,5 g; J 0,5 g; H_2O dest. 20 cm^3; Chloralhydrat 22 g). Wurde von dem tschechischen Mykologen V. MELZER das erste Mal zusammengestellt und bei Untersuchungen der Gattung *Russula* verwendet. Dieses Reagens gehört zu den unentbehrlichen und häufigsten Reagenzien beim taxonomischen Studium der Pilze.

Myzelium — Myzel, Pilzgeflecht, vegetativer Teil des Pilzkörpers, der das Substrat durchwächst und daraus Nährstoffe zieht.

Mykorrhiza — Zusammenleben (Symbiose) von Pilzhyphen mit den Wurzeln von Grünpflanzen.

Oidie — dünnwandige Vermehrungszelle, die durch den Zerfall des vegetativen Pilzkörpers entsteht.

Ornamentik — Auswüchse verschiedenster Form (warzig, stachlig, netzartig), die die äußeren Sporenwände bedecken.

Paraphysen — unfruchtbare Fasern, die den Raum zwischen den Schläuchen ausfüllen.

Parasit — Schmarotzer, parasitische Pilze leben auf anderen lebenden Organismen. Sie entnehmen aus diesen Nährstoffe, schädigen oder vernichten sie.

Peridie, Peridium — äußere, sterile (unfruchtbare) Hülle des Fruchtkörpers bei den Bauchpilzen.

Perithecium — geschlossener Fruchtkörper der Pyrenomyceten, der sich gewöhnlich nur am Scheitel mit einem kleinen Loch (Pore) öffnet.

pseudoamyloid — siehe dextrinoid

Pseudoparenchym — Pilzgeflecht, das aus mehr oder weniger kugelförmigen Zellen zusammengesetzt ist.

Pyknidie — geschlossener, meistens kugelförmiger Fruchtkörper, der dem Perithecium ähnelt, aber nur Konidien enthält, die im Inneren entstehen.

Receptaculum — bei den Schlauchpilzen eine andere Bezeichnung für das Apothecium oder dessen größten Teil. So heißt auch der stielförmige Träger bei der Stinkmorchel, der die Fruchtmasse trägt.

resupinat — flach auseinanderfließend (vor allem die Fruchtkörper vieler Nichtblätterpilze).

Saprophyt — lebt auf abgestorbenen Organismen, deren Resten und anderen Stoffen organischen Ursprungs.

Septum, Septa — Quer- oder Längswände in den Hyphen oder Sporen der Pilze.

Sklerotium — knolliges, zähes Gebilde aus festverflochtenen Hyphen, das auf dem Myzel entsteht. Daraus können Fruchtkörper hervorwachsen.

Spange — buckliges Gebilde auf den Trennwänden der Hyphen vieler Basidiomyceten.

Spore — ein- oder mehrzelliges Vermehrungskörperchen, das den Samen der höheren Pflanzen entspricht, aber keinen Embryo ausbildet.

Sterigma — Fortsatz an der Oberfläche der Basidie, der die Spore trägt.

Stroma — kissenförmiger Hyphenkörper, in den meistens zahlreiche Fruchtkörperchen oder Höhlungen mit Schläuchen, beziehungsweise Konidiophoren eingelassen sind.

Substrat — Unterlage, auf der der Pilz wächst und aus der er meistens auch seine Nährstoffe entzieht.

Thecium — Fruchtschicht der Diskomyceten aus palisadenartig angeordneten Schläuchen.

Thallus — Pilzkörper (Pilzgeflecht und Fruchtkörper).

Trama — Grundgewebe, das das Skelett der Lamellen oder Röhrenwände bei den *Agaricales* bildet.

ungeschlechtliche Vermehrung der Pilze — geschieht durch Zerfall des Pilzkörpers oder die Ausbildung neuer Zellen ohne vorherige Verschmelzung von Plasma- und Kerninhalt verschieden geschlechtlicher Zellen.

Velum — Hülle des Fruchtkörpers. Man unterscheidet eine äußere Hülle (Velum universale oder generale), die den jungen Fruchtkörper völlig umschließt und beim erwachsenen Pilz Reste auf dem Hut (z. B. die Flocken und Schollen bei den Knollenblätterpilzen) und an der Stielbasis (Scheide) hinterläßt, und eine innere Hülle, den Schleier (Velum partiale), der bei einigen Pilzen die Hutunterseite verdeckt und dann bei den ausgewachsenen Fruchtkörpern am Stiel einen Rest hinterläßt (Ring und Schleier bei den Schirmlingen, Knollenblätterpilzen, Schleierlingen usw.)

Volva — Scheide; hohes, häutiges Gebilde am unteren Teil des Stiels, Rest des Velum universale.

Bestimmungsteil

Erklärung der Symbole

 = Eßbar

 = Ungenießbar

 = Giftig

 = Tödlich giftig

Die schwarzen Quadrate im Text
weisen auf die dazugehörigen Fotos hin.

Schleimpilze — *Myxomycetes*

Gelbe Lohblüte Mai—Oktober ■□ □□
Fuligo septica (L.) WIGGERS
Fruchtkörper (Aethalium) polsterförmig, 2—20 cm breit, 1—3 cm hoch, breit aufsitzend auf dem hautartigen Hypothallum, mit zerbrechlicher, bröckeliger, stark verkalkter Rindenschicht, die pulverig zerfällt. An der Oberfläche anfangs weich, schaumartig, schleimig, reif meist weißlich oder ocker, im Inneren dunkelpurpurn oder schwarzviolett mit der Sporenmasse, Sporen 6—9 µm im Durchmesser, kugelförmig, fein stachelig, fast glatt, purpurbraun. Wächst nach stärkeren Regenfällen sehr zahlreich nicht nur auf moderndem Holz und faulenden Blättern, sondern auch auf anderen Substraten, z.B. den unteren Teilen lebender Pflanzen, Gerberlohe und besonders auf Rindenabfällen geschälter Bäume. Ungenießbar.

Blutmilchpilz Mai—Oktober □■ □□
Lycogala epidendron (L.) FR.
Fruchtkörper (Aethalium) fast kugelig oder polsterförmig, aufsitzend, 3—15 cm breit, an kleine Stäublinge oder Boviste erinnernd, einzeln oder in größerer Zahl dichtgedrängt wachsend, mit einer schalenartig dünnen Rindenschicht, jung weich, hellrosa, dann rötlichgrau, gelblichbraun bis schwärzlich, unregelmäßig platzend, innen mit staubiger, graurosa Masse des Sporenstaubes. Sporen 6—7,5 µm breit, kugelförmig, an der Oberfläche fein netzig, rosagrau, später blaß ocker. Dieser geläufigste Vertreter der Schleimpilze tritt sehr häufig auf Baumstümpfen und liegenden Stämmen verschiedenster Holzarten auf. Ungenießbar.

Kugelpilze — *Nectriaceae*

Grüner Kugelpilz August—September □□ ■□
Hypomyces viridis BERK. et BR.
Parasitischer Hartpilz, der ein filziges oder wattiges gelbgrünes bis dunkelgrünes Stroma bildet, in dem zahlreiche, dicht nebeneinander angeordnete Perithecien eingelassen sind. Diese sind eiförmig, 0,2—0,3 mm groß, anfangs blaß, verfärben sich später braun bis fast schwarz. Schläuche zylindrisch, dünnwandig, mit acht Sporen. Ascosporen 27—45 × 5—6 µm, schmal spindelförmig, an den Polen zugespitzt, im ganzen feinwarzig, einzellig, farblos. Das Stroma überzieht die Lamellen der lebenden Fruchtkörper einiger Täublingsarten *(Russula)* und Milchlingsarten *(Lactarius)* und deformiert sie, so daß an Stelle der Lamellen nur niedrige Rippen ausgebildet werden oder diese vollkommen fehlen. Die befallenen Pilze sind auffallend hart. Ungenießbar.

Holzkeulenpilze — *Xylariaceae*

Geweihförmige Holzkeule Januar—Dezember □□ □■
Xylaria hypoxylon (L. ex HOOK.) GREV.
Stromatischer, holzbewohnender Hartpilz. Stroma aufgerichtet, sehr zäh, elastisch, 3—8 cm hoch, einerseits steril, ohne Perithecien, geweihförmig verzweigt, abgeflacht, an den Enden mit dem weißen Staub von Konidien überzogen, der an deren Oberfläche entsteht, in den unteren Teilen schwarz und behaart; anderseits nicht verzweigt oder nur kurze Ästchen, fruchtbar, mit kugelförmigen Perithecien an der Oberfläche. Ascosporen 11—15 × 5—6 µm, bohnenförmig, undurchsichtig, glatt, einzellig. Wächst sehr häufig und gesellig auf Baumstümpfen und abgebrochenen Ästen der verschiedenster Laubhölzer. Ungenießbar.

Sklerotienbecherlinge — *Sclerotiniaceae*

Anemonenbecherling April—Mai ■□ □□
Sclerotinia tuberosa (Hedw. ex Mérat) Fuckel
Fruchtkörper (Apothecium) 1—3 cm im Durchmesser, tief kelchförmig, langstielig, ganz dunkel, satt kastanienbraun, wächst aus knollenförmigen Sklerotien hervor, diese sind zäh, außen schwarz gefärbt, innen weißfleischig, 1—2 cm groß, sie schmarotzen auf den Wurzelstöcken der Buschwindröschen *(Anemone nemorosa)*. Das Apothecium ist außen kahl, der Stiel ist verhältnismäßig dünn, geschlängelt, zäh, bis zu 10 cm lang; er wächst einzeln oder mehrfach aus den Sklerotien hervor. Sporen 12—17 × 6—9 µm, eiförmig-elliptisch, farblos, glatt, entstehen zu acht in langen, walzenförmigen Schläuchen. Der Pilz wächst oft in Beständen von Buschwindröschen, die er vernichtet. Ungenießbar.

Gallertpilze — *Helotiaceae*

Grüngelbes Gallertkäppchen August—September □■ □□
Leotia lubrica (Scop.) ex S. F. Gray
Scheibenpilz, mit aufgerichteten, 3—8 cm hohen Fruchtkörpern, die in Stiel und fruchtbaren Kopfteil unterteilt werden. Der Kopfteil ist 1—2 cm breit, gewölbt, durchgebogen, an den Rändern eingerollt und kappig, zäh gallertig, trüb gelb bis olivgrün gefärbt. Stiel 3—6 mm dick, walzenförmig, unten verjüngt, hellgelb, locker mit grünlichen Körnchen bestäubt. Ascosporen 20—25 × 5—6 µm, walzenförmig spindelig, mit 5—7 Querteilungen, farblos, zu acht in Schläuchen angeordnet. Wächst auf dem Boden in feuchteren Wäldern, vor allem in Laubgehölzen, manchmal in dichten Haufen. Ungenießbar.

Erdzungen — *Geoglossaceae*

Sumpfhaubenpilz Juni—August □□ ■□
Mitrula paludosa Fr.
Fruchtkörper aufrecht stehend, 1—4 cm hoch, in Fruchtträger und Stiel unterteilt. Fruchtträger keulen-, birnen-, oder walzenförmig, oft sehr unregelmäßig, gebogen, lappig, lebhaft orange- oder dottergelb, zerbrechlich und wäßrig, der Stiel ist scharf abgesetzt, dünn, walzenförmig, weiß, durchsichtig, unten meist haarig, 2—5 cm lang, 1—3 mm dick. Ascosporen 10—15 × 2,5—3 µm, schmal walzenförmig spindelig, mit Tröpfchen gefüllt, einzellig, farblos, entstehen zu acht in länglichen, keulenförmigen Schläuchen. Wächst meistens gesellig auf moderndem Gras, Nadeln, Laub und Zweigen, die in sauberes Wasser von Waldtümpeln und Sümpfen getaucht sind. Ungenießbar.

Kelchbecherlinge — *Sarcoscyphaceae*

Zinnoberroter Kelchbecherling Oktober—Mai □□ □■
Sarcoscypha coccinea (Jacq. ex S. F. Gray) Lamb.
Fruchtkörper (Apothecium) 2—7 cm breit, tief kelchförmig, später schüsselförmig, dünnfleischig, aber ledern zäh, Innenscheibe scharlachrot, außen weißlich oder rosa, feinseidig. An das Substrat mit herabgezogener Basis oder 1—2 cm langem, weißem, filzigem Stiel angewachsen. Ascosporen 24—32 × 12—14 µm, walzenförmig elliptisch, mit 2 Tröpfchen, glatt, farblos. Die Schläuche haben nichtamyloide Wände und enthalten acht Sporen. Wächst auf liegenden modernden Zweigen und umgestürzten Stämmen von Laubgehölzen, vor allem auf Linden und Ahorn, nur in einigen Gegenden häufig. Die jungen Fruchtkörper werden schon im Herbst angelegt, sie reifen dann oft schon während der Schneeschmelze am Ende des Winters und im zeitigen Frühjahr. Ungenießbar.

Schüsselbecherlinge — *Humariaceae*

Orangeroter Becherling September—November

Aleuria aurantia (PERS. ex HOOK.) FUCKEL

Fruchtkörper (Apothecium) 2—10 cm breit, anfangs kelchförmig, dann schüsselförmig, allmählich fast ausgebreitet, recht breit aufsitzend, dünn und sprödfleischig, mit leuchtend orangefarbener Scheibe, außen leicht weißlich bereift. Ascosporen, 17—24 × 9—11 µm, elliptisch, mit zwei großen Tropfen, ihre Oberfläche ziert eine Ornamentik, die von einem hohen Netz mit kantigen, meist regelmäßigen, sechseckigen Maschen gebildet wird und die sich unter Einwirkung von Baumwollblau intensiv blau färbt. Schläuche zylindrisch, mit nichtamyloiden Wänden, achtsporig. Paraphysen oben keulenförmig erweitert und mit orangefarbenem Pigment gefüllt. Wächst auf feuchten, sandig-lehmigen Böden vor allem an den Rändern von Waldwegen und Gräben. Ungenießbar.

Schleierbecherling Juni—September

Pustulina velata (QUÉL.) SVR.

Fruchtkörper (Apothecium) 10—18 mm breit, 10—15 mm hoch, gestielt, tief kelchförmig, außen grau getönt, ockergelb bis blaß bräunlich, angedrückt filzig, zum Rande hin braun oder graubraun flockig. Die aufsitzende, ockerfarbene Scheibe ist anfangs mit einem weißlichen, spinnwebenartigen Schleier bedeckt, später frei geöffnet mit Schleierresten am Rande. Stiel 1—3 cm lang, weißlich bis gelblich. Schläuche zylindrisch mit nichtamyloiden Wänden und mit acht Sporen. Sporen 20—25 × 12—14,5 µm, breit elliptisch, zu den Polen hin verengt, mit zwei großen Tropfen, glatt, farblos. Wächst auf nackten Lehmböden in Gärten und in Wäldern. Ungenießbar.

Öhrlinge — *Otideaceae*

Hasenohr September—Oktober

Otidea leporina (BATSCH ex S. F. GRAY) FUCKEL

Fruchtkörper (Apothecium) 2—5 cm hoch, 1—3 cm breit, aufgerichtet, wie ein Hasenohr geformt, nach unten kurz stielförmig verengt, weißfilzig, spitztütenartig eingerollt, an einer Seite bis unten hin ausgeschnitten. Scheibe rostbraun, an der Außenseite ocker, kahl, glatt, dünnfleischig, ledern. Am Stiel weißlich filzig. Schläuche zylindrisch, mit nichtamyloiden Wandungen, achtsporig, Paraphysen am Gipfel hakenförmig gebogen. Sporen 12—15 × 6—8 µm, elliptisch, mit zwei Tropfen, glatt, farblos. Wächst zwischen Nadelstreu und Moos auf sauereren Böden in Nadelwäldern. Ungenießbar.

Wurzelöhrling August—November

Sowerbyella radiculata (SOW. ex FR.) NANNF.

Fruchtkörper 2—5 cm breit, kelch-, dann schüsselförmig, regelmäßig rundlich, später durchgebogen, unten zu einem zähen, langen, tief im Boden wurzelnden Stiel verjüngt, außen weiß filzig mit einer hell zitronen- oder dottergelben, glatten Scheibe, auf der Innenseite weiß, sehr fein filzig, dann kahl, gelblich. Fruchtfleisch recht dünn, weiß. Schläuche zylindrisch, mit acht einreihig angeordneten Sporen und nichtamyloiden Wandungen. Paraphysen oben stark gebogen. Ascosporen 12—14 × 7—7,5 µm, breit elliptisch, mit 2 großen Tropfen, warzig, farblos. Wächst überwiegend unter Nadelbäumen, oft in Ringen. Ungenießbar.

Becherpilze — *Pezizaceae*

Kastanienbrauner Becherling Juni—September

Peziza badia Pers. ex Mérat

Fruchtkörper (Apothecium) 2—8 cm breit, aufsitzend, anfangs kugelig geschlossen, später tiefkelchig schüsselförmig, allmählich fast flach ausgebreitet, zerbrechlich, dünnfleischig, Scheibe dunkelbraun, meist mit olivgrünen Tönen, Außenfläche blaß rotbraun mit kleinen rostbraunen Flocken. Fleisch saftig, an den Bruchstellen quillt farblose Flüssigkeit hervor. Ascosporen 17—20 × 9—12 µm, länglich elliptisch mit zwei Tropfen, die Oberfläche zieren dünne, unregelmäßig verästelte Rippen, die untereinander verbunden sind und stellenweise ein unvollständiges Netz bilden. Schläuche mit Wandungen, die an den Spitzen stark amyloid sind. Wächst auf nackten, vor allem sandig-lehmigen Böden, auf Waldungen und an Gräben. Eßbar.

Kurzstieliger Becherling Mai—Oktober

Peziza micropus Pers. ex Pers.

Fruchtkörper 2—4 cm breit, anfangs kelchförmig, die stielartig verjüngte Basis sitzt auf, bald schüsselförmig, allmählich flach ausgebreitet oder fast gewölbt, Rand oft ausgebogen, zerbrechlich, wäßrig fleischig, Scheibe mit verschiedenen ockergelben oder ockerbraunen Tönen, Innenfläche weißfilzig und mehlig bereift, vor allem an den Rändern felderig aufplatzend oder fein warzig, Rand gekerbt oder aufgerissen. Fruchtfleisch im Querschnitt 2—4 mm dick, weißlich, mit einer faserigen Mittelschicht. Schläuche zylindrisch, mit acht Sporen und oben stark amyloiden Wandungen. Ascosporen 14—18 × 8—10 µm, elliptisch, glatt, farblos. Wächst auf moderndem Holz von Laubbäumen, vor allem auf Buchen, in Bergwäldern. Ungenießbar.

Wurzellorcheln — *Rhizinaceae*

Wellige Wurzellorchel August—Oktober

Rhizina undulata Fr. ex Pers.

Syn.: *Rhizina inflata* (Schaeff.) ex P. Karst.

Fruchtkörper 2—10 cm breit, bis zu 5 mm dick, gewölbt, am Rande durchgebogen, verhältnismäßig zäh, unterseits weißlich und mit zahlreichen, wurzelartigen, gelblichen Fasern an die Unterlage angewachsen. Scheibe kastanienbraun bis schwarzbraun, am Rande breit und dick weiß umsäumt. Schläuche zylindrisch, mit acht in einer Reihe angebrachten Sporen, Wandungen nichtamyloid. Paraphysen farblos, oben keulenförmig und mit einer braunen Masse bedeckt. Ascosporen 22—40 × 8—11 µm, spindelförmig, an beiden Polen in einer Spitze auslaufend, mit einigen großen Tropfen, ein wenig angerauht, farblos. Wächst auf den Wurzeln von Nadelbäumen an Brandstellen. Wird als Schädling der samentragenden Kiefern angesehen. Ungenießbar.

Lorcheln — *Helvellaceae*

Riesenlorchel April—Juni

Gyromitra gigas (Krombh.) Cooke

Syn: *Neogyromitra gigas* (Krombh.) Imai

Fruchtkörper 8—25 cm hoch, gleichbreit, hohl. Der Hut ist unregelmäßig kugelförmig, lappig und gehirnartig gewunden, am Rande mehr oder weniger zum Stiel gewachsen, ockergelb bis hellbraun. Stiel kurz, bis zu 5 cm breit, eingedrückt grubig, weiß, im Alter angegraut, körnig. Fleisch angenehm schmeckend und duftend, weiß. Sporenstaub weiß, Sporen 28—36 × 12—14 µm, leicht spindelförmig, an den Polen mit Kappen und mit Netzornamentik. Wächst auf alten Baumstümpfen und deren Wurzeln. Bedingt giftig. Nicht sammeln!

Lorcheln — *Helvellaceae*

Zipfellorchel April—Mai

Discina fastigiata (Krombh.) Svr. et J. Mor.
Syn.: *Gyromitra fastigiata* (Krombh.) Rehm
Hut 3—12 cm breit, 2—8 cm hoch, sattelförmig, mit zwei bis drei, selten vier freien, zipfeligen Lappen. Scheibe durchgebogen und aderig, rosafarben bis rötlich, sattbraun oder rötlich schokoladenbraun, außen cremefarben. Stiel an der Basis oft verbreitert, bis 6 cm dick, weiß, bereift, mäßig runzlig. Schläuche zylindrisch. Wandungen nichtamyloid, achtsporig. Paraphysen oben mäßig erweitert und mit braunem Pigment gefüllt. Sporen 24,5—32,5 × 11—15 µm, elliptisch, mit einem großen Tropfen in der Mitte und zwei kleineren Tropfen an den Polen, kleinteilig warzig und flachnetzig, an beiden Polen mit einigen ungleich langen Warzen. Wächst auf dem Boden in warmen Laubwäldern. Ungenießbar.

Frühjahrslorchel März—Juni

Gyromitra esculenta (Pers. ex Pers.) Fr.
Fruchtkörper 3—15 cm hoch und breit, hohl. Hut unregelmäßig kugelförmig, gehirnartig gefurcht mit rundlichen Windungen an der Spitze, kastanien- oder rötlichbraun, aber auch weiß oder schwarzbraun. Stiel bis zu 3 cm hoch und bis zu 4 cm breit, grubig eingedrückt, zart körnig, weiß bis weißlich. Fleisch weiß, mit angenehmem Geruch und Geschmack nach Pilzen. Sporenstaub weiß. Sporen 18—22 × 9—12 µm, glatt, mit zwei Öltröpfchen, durchscheinend. Wächst auf dem nackten Boden in sandigen Kieferngehölzen, aber auch unter Laubbäumen. Bedingt giftig. Nicht sammeln!

Morcheln — *Morchellaceae*

Speisemorchel April—Mai

Morchella esculenta Pers. ex St.-Am.
Fruchtkörper aufgerichtet, innen hohl. Hut 3—10 cm hoch, 3—7 cm breit, kugelig, ei- bis walzenförmig; mit tiefen Gruben, die von unregelmäßig gebogenen, rippenartigen Leisten umschlossen werden, am ganzen unteren Rand mit dem Stiel verwachsen, bräunlich, ocker-, grau- oder olivgetönt. Stiel 3—7 cm lang, unten gewöhnlich erweitert, weißlich oder ockertönig, stellenweise grubig. Fleisch recht zerbrechlich. Ascosporen 18—23 × 11—15 µm, elliptisch, an den Polen mit einigen kleinen Körnchen, glatt, gelblich. Sporenstaub hellocker. Wächst zwischen Gräsern in Gärten, Parks und lichten Laubwäldern. Eßbar. Schmackhaft.

Morcheln — *Morchellaceae*

Spitzmorchel April—Mai

Morchella conica PERS.

Fruchtkörper aufgerichtet, innen hohl. Hut 2—6 cm breit, 2—7 cm hoch, eiförmig zugespitzt bis kegelförmig, braun bis schwarzbraun, Wabenstruktur mit langgezogenen, vierkantigen, tiefen Gruben, die einerseits von parallellaufenden Hauptrippen, die vom Hutgipfel zu dessen unterem Rand führen, andererseits von dünnen Querrippen begrenzt werden. Der Stiel ist schmaler als der Hut, unten meist verbreitert, weißlich-ocker, schwach runzelig. Sporenstaub ocker. Sporen 18—21 × 12—15 µm, elliptisch, an den Polen mit einigen Körnchen besetzt, gelblich, glatt. Wächst an grasigen Stellen, auf Schuttplätzen in Städten, in Gärten und Hainen. Eßbar. Schmackhaft.

Prager Morchel Mai—Juni

Morchella pragensis SMOTL.

Fruchtkörper 6—28 cm hoch, 4—8 cm breit, lang kegelförmig und oben verengt (turmartig) oder auch abgeflacht in der Form eines Tischtennisschlägers; der untere Hutrand reicht 2—4 cm über den Stiel hinaus, gelblich bis olivbraun, mit Längs- und Querrippen und länglichen bis rundlichen Gruben. Stiel 4—9 cm lang, 2—4 cm dick, zylindrisch, oft grubig oder gerippt, weiß bis ockergelblich. Sporenstaub hellocker. Sporen 19,5—25,5 × 12—13,5 µm, lang elliptisch, mit Körnchen an den Polen, glatt, blaßocker. Wächst auf Schutthalden und verschiedenen anderen Stellen, die von menschlicher Tätigkeit beeinflußt werden (Höfe, Lagerplätze, Baugruben, zwischen Pflaster). Eßbar.

Böhmische Glockenmorchel März—Mai

Verpa bohemica (KROMBH.) SCHROET.

Hut 2—6 cm breit, 3—8 cm hoch, glockenförmig, nur ganz oben an den hohlen Stiel angewachsen, langlappig gerippt, hell ocker, gelbbraun bis braun. Stiel 7—14 cm lang, 1—2,5 cm dick, walzenförmig, weiß oder weißlich, feinkörnig, zerbrechlich. Sporenstaub ockergelb. Sporen 55—80 × 15—22 µm, auffallend groß, lang elliptisch, glatt. Sie entstehen in zylindrischen Schläuchen, meist nur zwei Stück; Schlauchwandungen sind nichtamyloid. Wächst in wärmeren Gebieten in Laubwäldern und Hainen, zwischen gefallenem Laub, vor allem unter Erlen, manchmal gesellig. Eßbar. Schmackhaft.

Weißtrüffel — *Terfeziaceae*

Weiße Trüffel Juli—September

Choiromyces venosus (FR.) TH. FR.

Syn.: *Choiromyces meandriformis* VITT.

Fruchtkörper unterirdisch, unregelmäßige Knollenform, 5—15 cm breit, an der Oberfläche weißlich, grauweiß, gelblich bis hellbraun, von sehr zäher bis harter Konsistenz, schwer (erreicht manchmal bis zu 500 g). Fleischige Masse, anfangs weißlich, dann grau, von feinen gelblichen oder gelblichbraunen, vielfältig verschlungenen Äderchen durchwebt. Verbreitet zur Reifezeit starken, fast unangenehm würzigen Geruch. Schläuche dick keulenförmig; sie enthalten zwei, vier oder acht Sporen. Sporen 16—22 µm (einschließlich der Stacheln), kugelig, kurz und stumpf stachelig, farblos, später gelblich. Wächst in Wäldern aller Art dicht unter der Erdoberfläche und dringt teilweise über diese hinaus. Eßbar nur als Gewürz.

Gallertpilze — *Tremellaceae*

Goldgelber Zitterling September—April

Tremella mesenterica Retz. ex Hook.

Fruchtkörper 2—8 (10) cm breit, aufsitzend, kreisförmig, in zahlreiche gehirnartig gewundene Lappen aufgegliedert, goldgelb, in Feuchtigkeit elastisch gallertig, im Trocknen hart und eingeschrumpft, Geruch recht angenehm. Hymenium überzieht die gesamte Oberfläche des Fruchtkörpers. Sporenstaub weiß. Sporen 10—12 µm breit, kugelförmig, glatt, farblos. Die Basidien werden von zwei senkrecht aufeinanderstehenden Flächen in vier Teile unterteilt. Wächst auf abgestorbenen, zu Boden gefallenen Ästen von Laubbäumen, besonders häufig von Oktober bis Dezember, auf Eichen und Weißbuchen. Ungenießbar. Der verwandte Blattartige oder Rotbraune Zitterling *(T. foliacea)* ist größer, bis zu 15 cm breit, braungelb, manchmal mit violetten Tönen.

Judasohr, Ohrlappenpilz April–Dezember

Hirneola auricula-judae (Bull. ex St.-Am.) Berk.

Fruchtkörper 3–12 cm breit, zunächst becherförmig, später schüsselförmig, mit enger angewachsener Basis, zunehmend ohrförmig ausgehöhlt und gebogen, in frischem Zustand weich und gallertartig elastisch, bei Trockenheit hornartig verhärtet und fast schwarz, in Wasser wieder auflebend, außen feinhaarig, samtig beflaumt, graubraun, Hymenium aderig faltig, hell- bis dattelbraun, von Sporen weiß bestaubt. Sporen 13–20 × 4–6 µm, eng elliptisch, farblos. Wächst auf abgestorbenen Stämmen und Ästen, die häufig noch aus Sträuchern emporragen, am häufigsten auf Holunder *(Sambucus nigra)*, häufiger auch auf der Akazie *(Robinia pseudacacia)*, seltener auf anderen Laubhölzern. Eßbar.

Warziger Drüsling, Hexenbutter September—April

Exidia plana (Wigg. ex Schleich.) Donk

Syn.: *Exidia glandulosa* Fr. sensu Neuhoff

Fruchtkörper 3—10 cm breit, 0,5—1 cm hoch, mit der breiten Basis an das Substrat angedrückt, oliv-schwarz bis ganz schwarz, gehirnartig dicht gewunden, mit lockerverteilten, stumpfkegeligen schwärzlichen Warzen bedeckt, im Feuchten weich elastisch gallertig, bei Trockenheit zu einem glasigen oder harzigen Überzug einschrumpfend. Das Hymenium überzieht nur die Oberseite des Fruchtkörpers. Ohne besonderen Geruch, Sporenstaub weiß. Basidien in vier längliche, flaschenförmige Teile unterteilt. Sporen 10—16 × 4—5 µm, länglich walzenförmig, gebogen, farblos. Wächst sehr häufig auf abgestorbenen Ästen und Baumstümpfen von Laubhölzern, meistens auf Buchen und Eichen. Ungenießbar.

Gallertartiger Zitterzahn, Eispilz Juli—Oktober

Pseudohydnum gelatinosum (Scop. ex Fr.) P. Karst.

Fruchtkörper 1—8 cm breit, 1—2 cm dick, zungig, mit einem kurzen seitlichen Stiel an das Substrat angewachsen, zäh gallertartig und elastisch, ganz milchweiß, bläulich, grautönig, aber auch dunkelbraun, auf der Oberfläche fein, filzig. An der Unterseite des Fruchtkörpers befinden sich dichte Stacheln; sie sind bis zu 1 cm lang und mit dem Hymenium überzogen. Die Basidien sind durch zwei senkrecht aufeinanderstehende Trennwände in vier Teile unterteilt, die sich flaschenhalsartig verlängern und am Ende jeweils eine Spore absondern. Sporenstaub weiß. Sporen 5—8 × 4,5—6,5 µm, fast kuglig, glatt, farblos. Wächst auf Baumstümpfen und gestürzten Stämmen von Nadelhölzern, vor allem auf Fichten und Kiefern, besonders in Vorgebirgs- und Gebirgswäldern. Genießbar.

Tränenpilze — *Dacrymycetaceae*

Klebriger Hörnling, Schönhorn Juni—Oktober ■□ □□

Calocera viscosa (PERS. ex FR.) FR.

Fruchtkörper 3—10 cm hoch, aufgerichtet, strauchartig verzweigt in zylindrische, an den Enden gabelig gespaltene Ästchen, schlüpfrig, elastisch, zäh, an der Basis tief im Substrat wurzelnd, ganz goldgelb oder orange. Das Hymenium überzieht die Oberfläche der Ästchen. Die Basidien sind gabelförmig in zwei Arme aufgespalten, an deren Enden sich Sporen bilden. Sporenstaub weiß. Sporen 8—12 × 3,5—4,5 µm, walzenförmig, krumm, farblos. Wächst sehr zahlreich auf alten Baumstümpfen von Nadelbäumen, vor allem auf Kiefern. Eßbar, doch sehr zäh und deshalb ungenießbar. Auf Laubgehölzen tritt nur der 1—1,5 cm hohe, einfache *C. cornea* auf.

Rindenpilze — *Corticiaceae*

Kreisförmiger Reibeisenpilz Januar—Dezember □■ □□

Hyphoderma radula (FR. ex FR.) DONK

Syn.: *Radulum orbiculare* (FR. ex FR.) FR.

Fruchtkörper in weißen, später gelblichen Überzügen, die fest mit dem Substrat verwachsen sind, auseinanderfließend (resupinat), am Rande faserig weiß gesäumt, rundlich oder von unregelmäßiger Gestalt, 2—8 cm breit, dünn, lebend fleischig wächsern, an der Oberfläche einzelne oder gruppenweise angeordnete Stacheln, die walzenförmig, oft abgeflacht und an der Spitze pinselförmig zugespitzt oder aufgespalten und bis zu 5 mm lang sind. Sporenstaub weiß. Sporen 8—13 × 3—3,5 µm, walzenförmig, ein wenig gebogen, glatt, farblos. Wächst auf abgestorbenen Ästen von Laubbäumen, vor allem auf Kirschen, Birken, Espen, Weiden. Ungenießbar.

Fichten-Schichtpilz Januar–Dezember □□ ■□

Amylostereum areolatum (FR.) BOIDIN

Fruchtkörper flach ausgebreitet, am Rand in kurzen (0,5–2 cm breiten), dicken, stumpf abgeschlossenen Hütchen abstehend, korkig zäh, bis 10 cm breit, 1 bis 1,5 mm dick, an der Oberfläche braun filzig, Hymenium glatt, ockerbraun bis graubraun, in frischem Zustand oft violett angehaucht. Sporen 5–8 × 2,5–4 µm, elliptisch, glatt, farblos, amyloid. Häufig auf Baumstümpfen der Fichte *(Picea abies)*. Große Ähnlichkeit mit *A. chailletii* (Pers.) Boidin, der überwiegend auf Tannen *(Abies alba)* wächst, jedoch dünnere (nur 0,5–0,7 mm dicke), an der Oberfläche fast kahle Fruchtkörper hat, die nur in ganz kurzen Hütchen (höchstens 1 cm breit) abstehen. Ungenießbar.

Gelber oder **Striegliger Schichtpilz** Januar—Dezember □□ □■

Stereum hirsutum (WILLD. ex FR.) S. F. GRAY

Fruchtkörper bis zu 5 cm breit, hutförmig, manchmal nur flächig auseinanderfließend oder nur am Rande angehoben, seitlich angewachsen, zäh, ledern, an der Oberfläche fellartig behaart, gelblich, grau oder bräunlich. Manchmal Ausbildung von scheibenartigen Fruchtkörpern wie beim Schmetterlings-Porling *(Trametes versicolor)*, immer jedoch am gelblichen Rande erkennbar. Hymenium glatt und kahl, dottergelb bis orangegelb, im Alter verblassend, am Rande des Fruchtkörpers bleibt die Gelbfärbung erhalten. An Schadstellen ändert sich die Farbe nicht. Sporenstaub weiß. Sporen 5—8 × 2,5—3,5 µm, walzenförmig, glatt, farblos, amyloid. Wächst sehr zahlreich auf lebenden und abgestorbenen Laubhölzern. Ungenießbar.

Rindenpilze — *Corticiaceae*

Gallertfleischiger Fältling April–Dezember
Merulius tremellosus FR.
Fruchtkörper hütchenförmig vom Substrat abstehend, gelappt, weich gallertartig lederig, bis zu 10 cm breit, 3–4 mm dick, an der Oberfläche weiß oder grau filzartig bis behaart, Hymenium semmelbräunlich, runzelig wabenartig, stark äderig runzelig, teilweise bis orange- oder rötlichgelb. Sporen 3,5–5 × 1–1,5 µm, dünn zylindrisch, gebogen, farblos. Wächst auf Baumstümpfen, modrigen Stämmen und Ästen von Laub-, seltener von Nadelbäumen, an feuchten Stellen. Ungenießbar.

Korallenpilze — *Gomphaceae*

Hahnenkamm, Bärentatze August—September
Ramaria botrytis (PERS. ex FR.) RICKEN
Fruchtkörper 5—12 cm breit, 5—20 cm hoch, fast kuglige Gestalt, mit vielen Ästchen, die aus einem kurzen, dicken, fleischigen weißen Stiel hervorwachsen und rundlich oder längsgerieft, blaß bis hellocker, an den Spitzen wein- bis fleischrot, später bräunlich sind. Fruchtfleisch weiß, zerbrechlich, fast geruchlos, mild schmekkend, später leicht bitter bis sauer. Sporenstaub blaßgelblich. Ssporen 11—18 × 4—6 µm, walzenförmig, schräg angespitzt, blaß ocker, sehr fein gestreift. Wächst auf dem Boden in Laubwäldern, besonders unter Buchen, seltener in Nadelwäldern. Eßbar.

Schwefelgelbe Koralle Juni—September
Ramaria flava (SCHAEFF. ex FR.) QUÉL.
Fruchtkörper 10—20 cm hoch und 6—15 cm breit. Aus einem gemeinsamen Stiel entspringen strauchartige Ästchen. Der Stiel ist fleischig, weißlich, bei Verletzungen braunrot. Die Zweige verästeln sich nach oben in immer kleinere, stumpf abschließende Auswüchse, sie sind im Jugendstadium schwefel- oder zitronengelb, erwachsen ockerfarben. Fruchtfleisch des Stiels recht zerbrechlich, weiß, Geruch und Geschmack angenehm. Sporenstaub blaß cremefarben. Sporen 11—15 × 4—6,5 µm, zylindrisch, gelblich, warzig. Wächst vor allem in Laubwäldern, mit Vorliebe in Buchengehölzen. Eßbar, ältere Fruchtkörper sind zäh und enthalten abführende Stoffe.

Ockergelbe Koralle, Kiefernkoralle Juni—Oktober
Ramaria invalii (COTT. et WAKEF.) DONK
Fruchtkörper 4—8 cm hoch, einzeln oder büschelig, unten mit einem kurzen Stämmchen, an der Basis von einem weißen Mycelium eingehüllt, das in viele dünne, weiße Rhizomorphen übergeht. Das Stämmchen spaltet sich in zahlreiche, aufrecht stehende recht dünne Ästchen auf, die dunkelocker, später gelblich zimtfarben bis ockerbraun sind. Fruchtfleisch weiß, recht fest, leicht bitter, ohne besonderen Geruch. Sporenstaub ockergelb. Sporen 6—10,5 × 3,5—6 um, zylindrisch elliptisch, dicht stachelig, ockergelb. Wächst zwischen abgefallenen Nadeln und Blättern meistens in Fichten- und Kiefernwäldern, aber auch unter Lärchen und in Mischwäldern. Ungenießbar. Ähnlich ist die Gelbgrüne Koralle *(R. ochraceo-virens),* deren Zweige an Druckstellen grün werden.

Keulenpilze — *Clavariaceae*

Zungenkeule August—Oktober

Clavariadelphus ligula (Schaeff. ex Fr.) Donk

Fruchtkörper 3—8 cm hoch, 5—12 mm breit, aufrecht stehend, einfach, keulig oder walzenförmig, nach unten stielartig langgezogen, am unteren Ende meist von Nadeln umhüllt, die mit dem weißen Pilzgeflecht verbunden sind, ganz hell ocker, seltener rosagelb, runzlig, von weicher elastischer Konsistenz. Fruchtfleisch weiß, geruchlos, bitter schmeckend. Das Hymenium überzieht die gesamte Außenfläche des keulig erweiterten Fruchtkörperteils. Sporenstaub weiß. Sporen 10—15 × 5—6 µm, zylindrisch, glatt, farblos. Wächst häufig in Fichtenwäldern, bildet dort oft ausgedehnte, dichte Gruppen oder Streifen auf der modernden Nadelstreu, an Wegrändern und an Baumstümpfen. Ungenießbar.

Runzlige Keule Juli—Oktober

Clavulina rugosa (Bull. ex Fr.) Schroet.

Fruchtkörper 4—10 cm hoch, keulenförmig, gewöhnlich längs gedrückt, an der Oberfläche stark runzlig, faltig bis bucklig, oft fast deformiert, einfach oder unregelmäßig in einige kürzere, stumpf endende, aufrecht stehende Äste aufgespalten, ganz weiß, hellgrau bis violettgrau. Fruchtfleisch zerbrechlich, weißlich. Sporenstaub weiß, Sporen 9—14 × 8—12 µm, eiförmig kuglig, glatt, farblos. Wächst auf dem nackten Boden in Nadelwäldern, besonders häufig an feuchten und schattigen Stellen, wie den Rändern von Waldwegen und Gräben. Eßbar.

Kammförmige Koralle Juli—Oktober

Clavulina cristata (Holmskj. ex Fr.) Schroet.

Fruchtkörper 3—10 cm hoch, meistens mit einem Stiel, der sich strauchartig in zahlreiche Ästchen verzweigt, deren Enden ungerade kammartig, zugespitzt und flachgedrückt sind. Gesamtfärbung recht veränderlich von reinweiß über schmutziggelblich bis zu hellgrau. Fruchtkörper spröde und brüchig. Sporenstaub weiß. Sporen 7—11 × 6,5—10 µm, fast kuglig, glatt, mit einem großen, inneren Tropfen, farblos. Von ähnlichen Arten an den meist kammartig zerschlitzten, scharfspitzigen Wipfelchen der Äste unterscheidbar. Wächst sehr zahlreich auf feuchter, nackter Erde, vor allem an Rändern von Waldungen, Gräben u. ä., aber auch direkt im Walde, oft gesellig. Eßbar.

Violette Koralle August—September

Clavaria purpurea Fr.

Fruchtkörper 3—12 cm hoch, einfach, zylindrisch oder bandartig, oft gedrückt oder mit einer Längsriefe, an den Enden meistens zugespitzt, hellamethystfarben-violett, aber auch fliederfarben-purpurn, später grau oder braunpurpurn, unten weißflockig, sonst kahl, glatt, leicht brechbar, hohl. Das Hymenium überzieht die gesamte Oberfläche des Fruchtkörpers, zwischen den Basidien treten dünnwandige lange Cystiden hervor. Sporenstaub weiß. Sporen 5,5—9 × 3—5 µm, länglich glatt, farblos, mit Tröpfchen gefüllt. Wächst an feuchten Stellen von Kiefernwäldern meist in Vorgebirgslagen. Eßbar.

Gluckenpilze — *Sparassidaceae*

Krause Glucke, Fette Henne Juli—September ■□ □□
Sparassis crispa (WULF.) ex FR.
Fruchtkörper 10—35 cm im Durchmesser, fast kuglig, weißlich, hell cremefarben, später fleischfarben bräunlich, mit festem, im Boden versenktem Stiel, über dem Boden vielfältig und reich verästelt, in flach schuppige Zweigen mit gekräuselten Enden auslaufend. Fruchtfleisch zerbrechlich, weiß, angenehm würzig aromatisch. Das Hymenium überzieht die Oberfläche der Ästchen auf beiden Seiten. Sporenstaub weiß. Sporen 6—7, 5 × 4—5 µm, elliptisch, glatt, farblos. Wächst am Grunde der Stämme von Kiefern oder auf deren Wurzeln. Der erste Anblick erinnert an den Meereswaschschwamm. Man kann die Fette Henne in einer Schüssel mit wenig Wasser erhalten und nach Bedarf abschneiden. Eßbar. Sehr schmackhaft.

Erdwarzenpilze — *Thelephoraceae*

Stinkende Lederkoralle, Juli—September □■ □□
Stinkender Warzling, Stinkender Kreiselpilz
Thelephora palmata (SCOP.) ex FR.
Fruchtkörper bis 10 cm hoch, von unten an strauchartig dicht verzweigt, mit aufrecht stehenden Ästchen, die gedrückt, dicht zusammengedrängt, an den Enden schuppenartig verbreitert und unregelmäßig zahnig ausgeschnitten, oft längsgerieft, dunkelbraun und an den Spitzen weißlich sind. Das Hymenium überzieht die gesamte Oberfläche der Ästchen. Der ganze Pilz ist zäh ledern, elastisch, riecht äußerst widerlich wie altes, faulendes Kraut. Sporenstaub braun. Sporen 8—12 × 7—9 µm, unregelmäßig kantig, kurzstachelig, braun. Wächst auf dem Boden und im Moos in Nadelwäldern, oft auf grasigen Waldwegen und an Waldrändern. Sehr verbreitet. Ungenießbar.

Erdlederpilz, Erdwarzenpilz, August—Oktober □□ ■□
Nierenförmiger Wärzling
Thelephora terrestris EHRH. ex FR.
Fruchtkörper entweder ganz auseinanderfließend, sich nur teilweise ausbreitend oder hutförmig, flach trichterförmig und abgerundet, unten mittig verengte Basis, die an das Substrat angewachsen ist, manchmal auch pinselförmige Ausbildung, manchmal findet man alle Formvariationen zusammen vor. Am häufigsten sind abgerundete Fruchtkörper von 3—10 cm Breite, ledern, dunkelbraun, am Rande heller und ausgefranst, auf der Oberfläche behaart, fein warzig oder runzelig, graubraun. Sporenstaub braun. Sporen 7—12 × 5—9 µm, unregelmäßig kantig und fein stachelig, gelbbraun. Wächst sehr zahlreich auf nackten, vor allem sandigen Böden in Nadelwäldern. Ungenießbar.

Blauer Korkstacheling Juli–Oktober □□ □■
Hydnellum caeruleum (HORNEM. ex PERS.) KARST.
Fruchtkörper einzeln oder mehrere verwachsen. Hut bis zu 11 cm breit, gewölbt, rasch abflachend, später vertieft, zunächst glatt, samtig, später uneben, höckerig und grubig, filzartig, blau, aber rasch verblassend bis fast weißlich; Fruchtfleisch graublau, später weißlich bis hell orangebräunlich, an der Schnittstelle bläulich gestreift (gezont). Stiel 1,5–6 cm lang, 1–2,5 cm dick, filzig, gelborange bis orangebraun. Stacheln bis zu 5 mm lang, am Stiel herablaufend, bläulich, später weiß, bräunlich, purpurbraun. Sporen 5–6 × 3,5–4,5 µm, bräunlich, grob höckerig. Auf dem Boden in Nadelwäldern, selten in Laubwäldern (speziell unter Buchen – Fagus) vorkommend. Ungenießbar.

Erdwarzenpilze — *Thelephoraceae*

Rotbrauner Korkstacheling August–Oktober ■□ □□
Hydnellum ferrugineum (FR.) KARST.
Fruchtkörper einzeln stehend oder mehrere verwachsen. Hut bis 10 cm breit, flach gewölbt bis leicht ausgehöhlt, uneben, höckerig oder gefurcht, an der Oberfläche samtig bis haarig verfilzt, anfangs weiß, später weißlichrosa, sondert in frischem Zustand rote Tropfen ab, später gelb- bis rotbraun, allmählich dunkelbraun verfärbend. Stiel 0,5–6 cm lang, 0,7–3 cm dick, zylindrisch oder spindelförmig, samtig, von ähnlicher Färbung wie der Hut. Stacheln bis zu 6 mm lang, am Stiel herablaufend, weißlich, später purpurbraun. Fruchtfleisch an der Schnittstelle mehlig riechend. Sporen 5,5–6 × 3,5–4,5 µm, bräunlich, höckerstumpfförmig. Wächst auf dem Boden von Nadelwäldern. Ungenießbar.

Gallen-Stachling August—Oktober □■ □□
Hydnum scabrosum FR.
Syn.: *Sarcodon scabrosus* (FR.) P. KARST.
Hut 4—10 cm breit, unregelmäßig rundlich, flach gewölbt, dann ausgebreitet, in der Mitte breit flach eingedrückt, kastanienbraun, glatt, später vielteilig aufgeplatzt in kleine Schuppen, festfleischig. Stacheln recht lang, dicht, braungrau, an den Spitzen weißlich, am Stiel hinablaufend. Stiel kurz, stark, unten verengt, weißlichgrau oder bräunlich, unten schwärzlich bis schwarzgrünlich. Fruchtfleisch weißlich im Stielunterteil schwärzlich, schmeckt scharf bitter und kratzend. Sporenstaub braun. Sporen 5—6 µm breit, kantig kuglig, fein bucklig stachlig, bräunlich. Wächst recht selten in Nadelwäldern. Ungenießbar.

Habichtspilz, Rehpilz, Hirschling August—Oktober □□ ■□
Hydnum imbricatum L. ex FR.
Hut 6—20 cm breit, unregelmäßig rundlich, flach gewölbt, dann flächig ausgebreitet, mittig recht tief eingedrückt, dunkelbraun, mit großen, abstehenden, groben, dicken, schwarzbraunen, konzentrisch angeordneten Schuppen bedeckt, dick und festfleischig. Stiel kurz, dick, fest, hellgraubraun. Stacheln lang, dicht, am Stiel hinablaufend, anfangs aschfarben, dann hellgraubraun. Fruchtfleisch weißlichgrau, Geschmack bitter. Sporenstaub braun. Sporen 5—7 µm breit, kantig kuglig, fein bucklig, bräunlich. Wächst gesellig, vor allem in Kiefern- und Fichtenwäldern auf saueren Böden. Nur junge Pilze sind eßbar; ältere sind sehr bitter und zäh.

Stachelpilze — *Dentinaceae*

Semmelstoppelpilz August—Oktober □□ □■
Dentinum repandum (L. ex FR.) S. F. GRAY
Hut 6—10 cm breit, ausgebreitet, unregelmäßig gebogen, in Gestalt und der semmelgelben bis weißlichen Färbung an den Pfifferling *(Cantharellus cibarius)* erinnernd, von dem der Pilz sich aber durch das Hymenophor unterscheidet, das bei ihm lange nadelförmige Stacheln bildet, die die Hutunterseite dicht bedecken. Stiel kurz, 1—3 cm dick, oft exzentrisch. Fruchtfleisch weiß, brüchig, geruchlos, mild schmeckend. Sporenstaub weiß. Sporen 6—9 µm im Durchmesser, fast kugelig, glatt, farblos. Wächst auf dem Boden in Nadel- und Laubwäldern, meistens in größerer Anzahl zusammen. Eßbar, aber alt ziemlich bitter.

Ohrlöffelpilze — *Auriscalpiaceae*

Ohrlöffelpilz Januar—Dezember ◻■
Auriscalpium vulgare S. F. Gray ◻◻
Hut 1—2 cm breit, halbkreis- oder nierenförmig, ganz braun oder schwarz, mit dichten aufrecht stehenden Borsten besetzt, zäh, elastisch, das Hymenophor an der Hutunterseite bildet graubraune, lange, dichtstehende und zähe Stacheln. Stiel 5—8 cm lang, dünn seitlich oder fast mittig, schwarzbraun und ähnlich wie die Hutoberfläche borstig. Sporenstaub weiß. Sporen 4—5 × 3,5—4 µm im Durchmesser, fast kuglig, fein warzig, farblos, amyloid. Wächst recht häufig das ganze Jahr über auf abgefallenen Kiefernzapfen, meistens unter der Waldstreu oder der Humusschicht verborgen. Ungenießbar.

Leberpilze — *Fistulinaceae*

Leberpilz, Ochsenzunge Juli—September ◻◻
Fistulina hepatica (Schaeff.) ex Fr. ■◻
Hut 5—20 cm breit, meistens seitlich angewachsen, zungen- oder halbkreisförmig, dick, saftig fleischig, rot bis braunrot, grob kurzborstig, später kahl werdend. Röhren weißlich oder gelblich, durch Druck und Alter braunrot färbend, frei, einzeln abteilbar, in zusammenhängender Schicht nebeneinander angeordnet. Fruchtfleisch dunkelfleischrot, faserig, heller geädert, auffalend saftig mit ausfließender roter Flüssigkeit, Geruch und Geschmack säuerlich. Sporen 4—5,5 × 3—4 µm, fast kugelförmig bis eiförmig, glatt, farblos, dextrinoid. Wächst recht häufig an der Basis lebender Eichenstämme oder an deren Stümpfen. Eßbar.

Leistenpilze — *Cantharellaceae*

Herbsttrompete, Kraterpilz, Totentrompete August—Oktober ■◻
Craterellus cornucopioides (L. ex Fr.) Pers. ◻◻
Fruchtkörper 4—10 cm hoch, trompetenförmig, ganz hohl, in der Mitte tief trichterförmig, am Rande ausgebogen, braunschwarz oder dunkelgrau, schuppig, dünn und zähhäutig fleischig. Hymenophor an der Außenfläche des Fruchtkörpers glatt oder runzlig, graubraun, bläulich bereift. Sporenstaub weiß. Fruchtfleisch graubraun, von mildem Geschmack. Sporen 12—16 × 7—10 µm, eiförmig elliptisch, glatt, farblos. Wächst in großen Gruppen büschelweise auf dem Boden zwischen gefallenem Laub in Laubwäldern, vor allem in Buchengehölzen. Die Fruchtkörper sind an den Standorten relativ haltbar. Eßbar, sehr gut, würzig.

Pfifferling,Eierschwamm Juni—September ◻◻
*Cantharelluscibarius*Fr. ◻■
Hut 3—9 cm breit, gewölbt, später umgekehrt kegelig, trichterförmig, am Rande lappig und gebogen, an der Unterseite mit niedrigen, quer verbundenen stumpfen Blättern, die sich gablig aufspalten und lang am Stiel hinablaufen. Stiel oft kurz, unten verengt. Der ganze Fruchtkörper ist dottergelb, seltener weißlich. Fruchtfleisch gelblich, angenehm duftend, Geschmack manchmal schwach brennend (Pfefferling!) Sporenstaub weiß. Sporen 7—10,5 × 4—6,5 µm, elliptisch, glatt, farblos. Wächst gesellig in allen Wäldern, am häufigsten in feuchten Fichten- und Kieferngehölzen, vor allem im Moos. Wird fast nie von Insekten befallen. Eßbar, leicht erkennbar und gern gesammelt.

Leistenpilze — *Cantharellaceae*

Trompeten-Pfifferling August—Oktober ■■ □□

Cantharellus tubaeformis Fr.
Syn.: *Cantharellus infundibuliformis* (Scop.) ex Fr.
Fruchtkörper 2—6 cm breit, bis zu 10 cm hoch. Hut mittig tief eingedrückt bis trichterförmig, dünn, am Rande lappig kraus oder gebogen, auf der Oberseite faserig bis schuppig, in Feuchtigkeit dunkel gelbbraun, in Trockenheit schmutzig ocker. Das Hymenium überzieht niedrige Blätter an der Hutunterseite, die weit am Stiele hinablaufen, strahlenförmig verzweigt, quer verbunden, graugelblich und grau bereift sind. Stiel unten verengt, gelblich, hohl. Sporenstaub weiß. Sporen 8—9,5 × 7—8 µm, fast kuglig, glatt. Fruchtfleisch ohne besonderen Geruch, mild schmeckend. Wächst gesellig auf dem Boden und im Moos an feuchten Stellen in Nadelwäldern. Eßbar. Ähnlich ist der Goldstielige Leistling *(C. lutescens)*, der sich durch sein lebhaft rot-orange Hymenium unterscheidet, das fast glatt ist oder nur schwach entwickelte Blätter aufweist. Dieser Pilz wächst in Gruppen recht häufig in feuchten Vorgebirgs- und Gebirgswäldern. Manchmal wird die *C. tubaeformis* Fr. (Blätter hell- bis blaßorange, später graubräunlich, Stielorange) von der *C. infundibuliformis* Fr. (Blätter hellgelblich, später grau bereift, Stiel hellgelb), unterschieden.

Spaltblätterpilze — *Schizophyllaceae*

Gemeiner Spaltblättling Januar—Dezember □□ ■■

Schizophyllum commune Fr. ex Fr.
Hut 1—3 cm breit, fächer- oder muschelartig, seitlich ansitzend, weich ledern, in Feuchtigkeit elastisch, an der Oberfläche weißlich oder grau borstig, dünn. Das Hymenophor hat die Form unechter Lamellen, deren Schneide gespalten und nach zwei Seiten eingerollt ist. Diese Blätter sind blaß violettgrau oder fleischgrau. Sporenstaub weiß. Sporen 3—4 × 1—1,5 µm, schmal zylindrisch, glatt, farblos. Wächst gewöhnlich auf abgestorbenen, meistens auf dem Boden liegenden Ästen und Stämmen von Laubbäumen, seltener auf Nadelhölzern, manchmal auch auf noch lebendem Material, oft in Gruppen. Zersetzt das Splintholz in eine filzige Masse. Ungenießbar.

Porlinge — *Polyporaceae*

Derber Korkporling Januar—Dezember ■□ □□
Phellinus robustus (P. KARST.) BOURD. et GALZ.
Hut 5—30 cm breit, seitlich angewachsen, anfangs ausgebeult, später unregelmäßig halbkreisförmig, sehr dick, am Rande abgerundet, graubraun und samtig, später kahl und bis auf den grauen Rand schwärzlich, an der Oberseite aufgeplatzt. Röhren 3—5 cm lang, geschichtet, gelbbraun, mit sehr feinen rundlichen Poren. Fruchtfleisch hart wie Holz, safran gelbbraun, seidig faserig. Sporenstaub weiß. Sporen 6—8 × 5,5—7 µm, fast kuglig, glatt, farblos, dextrinoid. Fruchtkörper sind dauerhaft, mehrjährig. Wächst auf lebenden Stämmen von Laubbäumen, vor allem auf alten Eichen. Ungenießbar.

Zimtfarbiger Weichporling, Nistender Porling Juli—Oktober □■ □□
Hapalopilus nidulans (FR.) P. KARST.
Syn.: *Phaeolus rutilans* (PERS. ex FR.) PAT.
Hut 2—10 cm breit, halbkreis- oder nierenförmig, seitlich an das Substrat angewachsen, dick, frisch weichfleischig, trocken brüchig, hell-kakaobraun oder korkfarben, samtig, später kahl. Röhren wie der Hut gefärbt, ihre Mündungen sind abgerundet kantig, ungleich groß. Fruchtfleisch ähnlich gefärbt wie der Hut, bei Druck rotbräunlich färbend. Reaktion auf Ammoniak oder überhaupt auf alkalische Lösungen (Kalilauge, Natronlauge) durch augenblickliche lebhafte Violettfärbung. Sporen 3—5,5 × 2—3,5 µm, elliptisch, glatt, gelblich. Wächst auf den Ästen von Laubbäumen, vor allem auf Eichen, Linden, Eschen und Birken, selten auf Nadelbäumen. Ungenießbar.

Borstenpilze — *Hymenochaetaceae*

Dauerporling Mai—November □□ ■□
Coltricia perennis (L. ex FR.) MURR.
Hut 3—10 cm breit, trichterförmig, dünn ledern, zimt-rostfarben, konzentrisch gestreift, erst samtig, dann kahl. Porenschicht dünn, rostfarben, Mündungen klein, rund bis eckig. Stiel mittig oder außermittig, dünn zylindrisch, 2—6 cm lang, ähnlich wie der Hut gefärbt, samtig. Fruchtfleisch ledern, braun. Sporen 6—9 × 3,5—5 µm, elliptisch, dickwandig, gelblich, dextrinoid. Dieser einjährige Porlingspilz wächst stellenweise sehr häufig auf dem Waldboden, vor allem an sandigen Rändern von Waldwegen oder zwischen Heidekraut in Nadelwäldern. Ungenießbar.

Lackpilze — *Ganodermataceae*

Flacher Lackporling Januar—Dezember □□ □■
Ganoderma applanatum (PERS. ex S. F. GRAY) PAT.
Hut 5—50 cm breit, halbkreisförmig, seitlich angewachsen, verhältnismäßig dünn, flach, an der Oberfläche halbkreisförmig gefurcht und bucklig, graubraun, oft mit kakaobraunem Sporenstaub bestreut. Röhren weiß, durch Druck braun färbend. Fruchtfleisch fest, sattbraun. Sporen 7—9 × 5,5—6,5 µm, eiförmig kuglig, doppelhäutig (äußere Haut glatt, farblos, am Sporengipfel abgestumpft, Innenhaut ornamentiert, warzig, braun); außer den Sporen werden 8 µm große, eiförmig elliptische, braune Konidien ausgebildet. Wächst häufig auf lebenden und abgestorbenen Buchen, Birken, Weißbuchen und anderen Laubhölzern, seltener auf Nadelbäumen. Ungenießbar.

Porlinge — *Polyporaceae*

Blauender Saftporling Juli—Oktober

Tyromyces caesius (SCHRAD. ex FR.) MURR.

Hut 1—6 cm breit, seitlich angewachsen, samtig, anfangs weiß, aber im Alter und an Berührungsstellen auffallend blaufärbend, ähnlich wie die Röhren, die weißlich und recht lang sind. Die Hüte wachsen meistens mehrfach übereinander. Fruchtfleisch weiß oder grau getönt, recht weich, ausgetrocknet hart. Sporenstaub bläulich. Sporen 3,5—5,5 × 1—1,5 um, schmal zylindrisch, schwach gebogen, glatt, farblos. Wächst auf Baumstümpfen und auf umgestürzten Stämmen von Nadelbäumen, vor allem auf Kiefern und Fichten, seltener auf Laubbäumen und dann meist auf abgefallenen Buchenästen. Ungenießbar.

Weißer Polsterpilz August—September

Tyromyces ptychogaster (LUDWIG)DONK

Bildet gewöhnlich nur ein Chlamydosporen-Stadium, das 4—10 cm breit ist und aus halbkugeligen bis kissenförmigen Gebilden besteht, deren Oberfläche stachlig borstig, weiß, später hellbraun ist. Im Querschnitt werden konzentrisch gestreifte Hyphenschnüre sichtbar, die von der Mitte ausgehende, radial angelegte Hohlräume abschließen, die wiederum mit einer pulvrigen Masse angefüllt sind. Diese Masse besteht aus 3,5—6 × 3,5—4,5 µm großen, elliptischen, glatten, dickwandigen, goldgelben Chlamydosporen. Sporen 4—4,5 × 2,5—3,5 µm, elliptisch, glatt, farblos. Wächst verhältnismäßig selten auf Baumstümpfen oder Wurzeln von Fichten und Kiefern. Ungenießbar.

Rauchgrauer Porling, Angebrannter Porling Januar—Dezember

Bjerkandera adusta (WILLD. ex FR.)P. KARST.

Hut 1—5 cm breit, seitlich angewachsen, dünn, halbkreisförmig, aschfarben oder grau, angedrückt faserig, am Rande weiß, später schwarzfärbend. Gewöhnlich wächst eine größere Anzahl von Hüten dachartig übereinander oder bildet nur teilweise ausgebreitete (ephusoreflexe) bis völlig auseinanderfließende (resupinate) Fruchtkörper. Röhren niedrig, bis graurot, vom Fruchtfleisch des Hutes durch eine dünne, dunkle Linie abgetrennt, die im Querschnitt des Fruchtkörpers sichtbar ist. Röhren färben sich unter Druck schwarz. Sporenstaub weiß. Sporen 4—6 × 2—3 µm, zylindrisch, farblos. Wächst häufig auf Stämmen und Baumstümpfen von Laubbäumen, vor allem auf Weißbuchen, Buchen und Ahorn. Ungenießbar.

Nadelholzporling Januar—Dezember

Hirschioporus fuscoviolaceus (EHRENB. ex FR.)DONK

Fruchtkörper 2—20 cm breit, auseinanderfließend oder halbauseinanderfließend mit abstehendem Rand, der graugetönten Hütchen ähnelt, die 1—3 cm breit, dünn und oft in übereinanderliegenden Reihen angebracht sind. Das Hymenophor hat die Gestalt von gezähnten, unregelmäßig eingerissenen Leisten, die anfangs leuchtend violett, später bräunlich gefärbt sind. Fruchtfleisch in Feuchtigkeit weich gelatineartig, im Trocknen pergamentartig ledern, angegraut, dünn. Das Hymenium überzieht die gesamte Oberfläche der Leisten. Sporenstaub weiß. Sporen 6—8 × 3—4 µm, zylindrisch, glatt, farblos. Die Cystiden sind dickwandig, inkrustiert. Wächst häufig auf Ästen, Stämmen und Baumstümpfen von Nadelbäumen, vor allem auf Kiefern. Ungenießbar.

Porlinge — *Polyporaceae*

Schwefelporling Mai—August

Laetiporus sulphureus (Bull. ex Fr.)Murr.
Hüte 5—30 cm breit, meistens in größerer Anzahl übereinander seitlich angewachsen, jung saftig fleischig, dick, weißlichgelb, schwefelgelb bis orange, im Alter brüchig und verblassend. Röhren lebhaft schwefelgelb, später blaßocker. Fruchtfleisch im lebendigen Zustand weich saftig, gelblich, trocken brüchig krümlig, säuerlich riechend. Sporenstaub weiß. Sporen 5—7 × 3,5—4,5 μm, elliptisch, glatt, farblos. Dieser einjährige Porling wächst sehr häufig auf lebenden und abgestorbenen Stämmen von Laubbäumen, vor allem auf Eichen, Weiden, Pappeln. Er ruft die rotbraune Würfelfäule des Holzes hervor. Junge Fruchtkörper sind eßbar.

Zinnoberrote Tramete Juli—Oktober

Pycnoporus cinnabarinus (Jacq. ex Fr.)P. Karst.
Hut 2—10 cm breit, halbkreisförmig, seitlich angewachsen, an der Oberseite uneben, am Rande dünner, im Jugendstadium lebhaft zinnoberrot, später dunkelnd, kahl, Röhren 2—6 mm lang, zinnoberrot, Röhrenmündung recht klein, rundlich oder leicht kantig. Fruchtfleisch zinnoberrot, korkartig, geruchlos. Sporenstaub weiß. Sporen 4,5—6,5 × 2—3 μm, elliptisch, glatt, farblos. Wächst auf abgestorbenen Stämmen und Ästen von Laubbäumen, vor allem auf Buchen, Eschen, Eichen, Kirschbäumen und anderen. Durch seine Färbung gehört der Pilz zu den schönsten, wenn auch nicht sehr häufigen Porlingen. Ungenießbar.

Birkenporling Juni—September

Piptoporus betulinus (Bull. ex Fr.)P. Karst.
Hut 5—20 cm breit, halbkreisförmig, mit dem schmalen Rand angewachsen, dick hufeisenförmig gewölbt, am Rande von einem breiten, sterilen Wall umgeben, die Oberfläche ist mit einer glatten, papierartigen, aber festen Haut überzogen, die im Alter aufplatzt und hellocker oder graubraun, später weiß ist. Röhren 2—8 mm lang, weißlich, im Alter vom Fruchtfleisch des Hutes ablösbar, Röhrenmündungen sehr klein, rundlich, weiß, graugetönt, allmählich ocker verfärbend. Fruchtfleisch anfangs weich, dann trocken, fest, weiß, Geschmack und Geruch säuerlich. Sporenstaub weiß. Sporen 5—6,5 × 1,5—2 μm, zylindrisch, glatt, farblos. Dieser einjährige Porling tritt sehr häufig ausschließlich an den Stämmen der Birken auf, die er vernichtet. Ungenießbar.

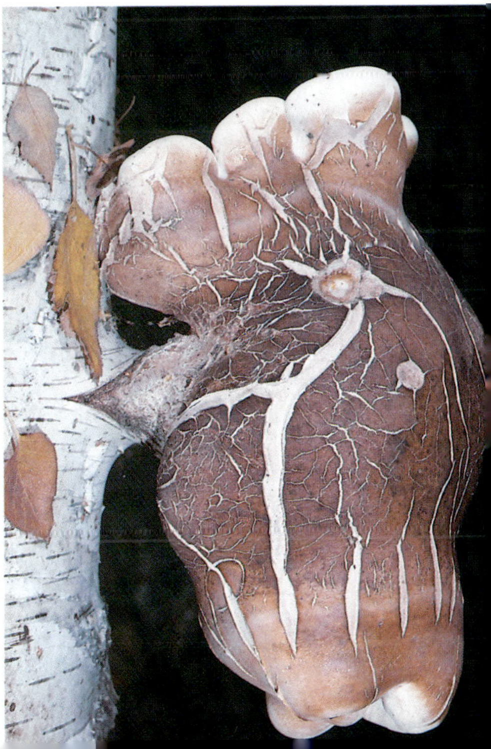

Porlinge — *Polyporaceae*

Schmetterlingsporling, Bunte Tramete Januar—Dezember
Trametes versicolor (L. ex Fr.)Lloyd
Hut 2—8 cm breit, halbkreisförmig, seitlich angewachsen. Im Schnitt über die ganze Fläche gleichmäßig dünn, am Rande scharf, lederige Konsistenz, im Jugendzustand weiß oder gelblich gesäumt, sonst betont grau, braun, blau und gelblich, kreisförmig gestreift. Die Hüte stehen meistens in Gruppen dicht übereinander, Röhren weiß, später gelblich. Fruchtfleisch zähfaserig, weiß, mit Pilzgeruch und -geschmack. Sporenstaub weiß. Sporen 6—7 × 1,5—2,5 µm, schmal zylindrisch, farblos. Wächst sehr häufig auf Baumstümpfen und abgestorbenen Stämmen verschiedener Holzarten, vor allem auf Laubgehölzen. Ungenießbar.

Reihige Tramete Januar—Dezember
Trametes serialis Fr.
Fruchtkörper teilweise flächig ausgebreitet (resupinat), teilweise zusammengesetzt aus waagerechten, abstehenden, 2—3 cm breiten Hüten, die seitlich zum Substrat gewachsen und in Reihen übereinander angeordnet sind und oft ineinander übergehen, weiß, dann hell-cremefarben bis hell falb, später umbrabraun; Oberfläche der Hüte fein filzig, bucklig und fein gestreift, Rand stumpf, blaß. Poren der Röhren klein, rundlich, stumpf, weiß. Fruchtfleisch elastisch, ledern, weiß, unveränderlich, ohne besonderen Geruch. Sporen 7—10 × 3—4 µm, länglich, farblos. Wächst auf Baumstümpfen von Nadelbäumen, besonders Kiefern, sowie an totem und auch an verarbeitetem Holz. Völlig ausgebreitete Fruchtkörper wurden als *Poria callosa* beschrieben. Ungenießbar.

Striegelige Tramete Januar—Dezember
Trametes hirsuta (Wulf. ex Fr.)Lloyd
Hut 3—12 cm breit, seitlich ansitzend, halbkreisförmig, recht dick, im Schnitt fast gleich stark, an der Oberfläche grob mit aufrecht stehenden Haaren besetzt, halbkreisförmig gefurcht, hell gelblich oder hellgrau, einfarbig, am Rande abgerundet. Röhren weiß oder weißlich, später vergilbend oder hellgrau, Mündungen klein, rund. Fruchtfleisch weiß, fest faserig, ledern zäh. Sporenstaub weiß. Sporen 5—8 × 1,5—2,5 µm, zylindrisch, farblos, glatt. Wächst häufig auf lebenden und auch abgestorbenen Stämmen und Ästen verschiedenster Laubhölzer, vor allem auf Birken, Salweiden und Espen. Ungenießbar.

Rötliche Tramete, Rotbraune Tramete Januar—Dezember
Daedalea confragosa (Bolt. ex Fr.)Fr.
Hut 3—15 cm breit, seitlich angewachsen, halbkreisförmig, am Rande scharf, auf der Oberfläche bucklig, halbkreisförmig gestreift und strahlenförmig gerieft, hellbräunlich. Das Hymenophor ist formveränderlich, entweder bildet es Röhren mit langgezogenen Mündungen oder Lamellen mit weißlichen Wänden, die sich durch Druck rosa und später braun färben, bei alten Fruchtkörpern sind sie hölzern braun gefärbt. Fruchtfleisch bräunlich, korkartig, elastisch. Sporenstaub weiß. Sporen 7—10 × 2—2,5 µm, zylindrisch, glatt, farblos. Wächst an feuchten Stellen in lebenden Stämmen und Ästen von Laubbäumen, vor allem auf Salweiden, Erlen und Birken. Ungenießbar.

Porlinge — *Polyporaceae*

Eichenwirrling Januar — Dezember ■□ □□
Daedalea quercina (L.) ex Fr.
Hut 5—20 cm breit, 2—5 cm dick, mit der breiten Seite zum Substrat gewachsen, halbkreis- oder hufeisenförmig, einzeln oder mehrfach dachartig übereinander angebracht, am Rande dünn, flach oder bucklig, ocker oder grau, im Alter bis zu schwarzbraun. Die Röhren haben langgezogene Mündungen, diese sind breit gebogen, seltener kantig rundlich, die Wandungen sind dick, blaß-hölzern gefärbt. Das Fruchtfleisch ist wie Kork elastisch, schmutzig gelb bis hellocker. Sporenstaub farblos. Sporen 5—7 × 2,5—3,5 µm, elliptisch zylindrisch, glatt, farblos. Wächst fast ausschließlich auf Eichen, vor allem auf Baumstümpfen. Die Fruchtkörper sind mehrjährig. Ungenießbar.

Fencheltramete Januar — Dezember □■ □□
Osmoporus odoratus (Wulf. ex Fr.)Sing.
Fruchtkörper hutförmig, seitlich angewachsen oder halb auseinanderfließend, dauerhaft, 3—12 cm breit, gelblich bräunlich bis rostbraun, später fast schwarz, samtig oder filzig, bucklig. Röhren recht lang, bräunlich ocker, Mündungen groß, rundlich oder länglich. Fruchtfleisch frischer Fruchtkörper saftig, korkig weich, später fest bis hölzern, rostbraun. Fruchtkörper duften stark nach Anis oder Fenchel. Sporenstaub weiß, Sporen 6—7,5 × 3—4 µm, länglich elliptisch, glatt, farblos oder leicht gelblich. Wächst sehr häufig auf Stümpfen von Fichten und Tannen, seltener auf anderen Nadelbäumen. Ungenießbar.

Zaunblättling Januar — Dezember □□ ■□
Gloeophyllum sepiarium (Wulf. ex Fr.)P. Karst.
Hut 2—10 cm breit, seitlich ansitzend, halbkreis- oder scheibenförmig, rostbraun. Am Rande im jungen Zustand gelb gesäumt, völlig bucklig, dicht behaart bis borstig, zäh. Das Hymenophor ist aus dicken, häutigen, radial angeordneten Lamellen zusammengesetzt, die anfangs gelblich, dann rostfarben sind. Das Fruchtfleisch ist rostbraun, lederig zäh. Sporenstaub weiß. Sporen 7—12 × 3—4,5 µm, zylindrisch, farblos. Wächst sehr oft auf Stämmen und Stümpfen von Nadelbäumen, äußerst unempfindlich gegenüber Trockenheit, deshalb sehr oft auf bearbeitetem Holz, wie auf Zäunen, Balken, hölzernen Brücken. Ungenießbar.

Wurzelschwamm Januar — Dezember □□ □■
Heterobasidion annosus (Fr.)Bref.
Syn.: *Fomitopsis annosa* (Fr.) P. Karst.
Syn.: *Fomes annosus* (Fr.) Cooke
Fruchtkörper 5—20 cm breit, 1—3 cm dick, ausgebreitet oder halbausgebreitet oder auch seitlich angewachsen, unregelmäßig geformt, holzig, auf der Oberfläche gebukkelt, mit einer verharzten Rinde bedeckt, kastanien-rotbraun bis schwarzbraun. Röhren mehrschichtig, weiß oder hellocker, Mündungen klein. Fruchtfleisch fest, holzig, weißlich bis holzfarben gelblich. Sporenstaub weiß. Sporen 4—6 × 3,5—4,5 µm, breit elliptisch, rauh, farblos. Wächst meistens in Hohlräumen von Baumstümpfen und auf Wurzeln von Nadelbäumen, selten auch auf Laubgehölzen. Dieser Pilz ist sehr schädlich, vor allem in Fichtenmonokulturen. Ungenießbar.

Porlinge — *Polyporaceae*

Fichtenporling, Rotrandiger Schichtporling Januar—Dezember ■■ □□
Fomitopsis pinicola (Sow. ex Fr.)P. Karst.
Hut 5—30 cm breit, 2—8 cm dick, halbkreisförmig, seitlich angewachsen, halbkreisförmig gefurcht, an der Oberfläche grauschwarz und mit einer harzigen, harten Rinde bedeckt, zum Rande hin braunrot und glänzend; Rand abgerundet, weiß oder gelblich gefärbt. Röhren hoch, geschichtet, gelblich, mit sehr kleinen rundlichen Mündungen, an denen wäßrige Tropfen haften. Fruchtfleisch von korkartiger Konsistenz, gelblich, in frischem Zustand sauer riechend. Sporenstaub weiß. Sporen 6—8 × 3—4,5 µm, elliptisch, glatt, farblos. Die Fruchtkörper dieses Pilzes überdauern einige Jahre und vergrößern sich allmählich. Sie siedeln sehr zahlreich auf lebenden und abgestorbenen Stämmen und Stümpfen von Laub- und Nadelbäumen. Kommt am häufigsten auf Fichten und Birken vor. Sein Pilzgeflecht ruft einen typischen Verfall des Holzes, die sogenannte Würfelfäule hervor, die auch an ihrer rötlichen Färbung erkennbar ist. *F. pinicola* tritt auch an Obsthölzern auf und kann in einigen Obstbaumgebieten die Ursache für das massenhafte Absterben nicht geschützter Bäume, vor allem von Kirsch- und Apfelbäumen, sein. Ungenießbar.

Echter Zunderschwamm Januar—Dezember □□ ■□
Fomes fomentarius (L. ex Fr.)Kickx
Fruchtkörper 5—50 cm breit, anfangs hufeisenförmig, allmählich flächig auseinanderwachsend, an der Oberfläche grau oder graubraun, mit einer harten, glatten Rinde bedeckt. Röhren schichtweise angeordnet, bräunlich. Mündungen klein, rundlich. Fruchtfleisch ocker-rostfarben, fest wattig, trocken. Sporenstaub weiß, Sporen 14—20 × 5—8 µm, walzenförmig, glatt, farblos. Wächst häufig auf lebenden und abgestorbenen Stämmen von Laubbäumen, üblicherweise vor allem auf Buchen in Bergwäldern, wo er zu den häufigsten Parasiten dieser Gehölze gehört und deren intensive Fäulnis bewirkt. Ungenießbar.

Eichhase, Ästiger Büschel-Porling Juli—September □□ □■
Polyporus umbellatus (Pers.)ex Fr.
Syn.: *Grifola umbellata* (Pers. ex Fr.)Pil.
Fruchtkörper büschelig, 10—40 cm breit, mit vielen, allmählich zahlreich verzweigten Stielen, die zu einem knolligen Stamm verwachsen. Die Hüte an den Spitzen der Stiele sind 1—4 cm breit, rundlich, dünnfleischig, schuppig, flach gewölbt, in der Mitte eingedrückt, blaßbräunlich oder semmelfarben. Die Röhren sind sehr niedrig, am Stiel weit hinablaufend, weiß, mit kleinen Poren. Stiel mittig ansitzend, weiß. Fruchtfleisch weiß, saftig fleischig, angenehm nach Fenchel duftend. Sporenstaub weiß. Sporen 7—10 × 2,5—4 µm, fast zylindrisch, glatt, farblos. Wächst an der Basis alter Laubbäume, vor allem an Eichen, bildet bis zu 50 cm große, manchmal bis zu 4 kg schwere Büschel. Eßbar.

Porlinge — *Polyporaceae*

Schwarzfußporling, Süßriechender Schwarzfuß Mai—August ■□ □□
Polyporus badius (Pers. ex S. F. Gray) Schw.
Syn.: *Polyporus picipes* Fr.
Hut 2—15 cm breit, trichterförmig bis einseitig muschelförmig, fleischig ledern, am Rande dünn, im Trocknen recht brüchig, lappig ausgebuchtet, braun oder rotbraun, fettig glänzend, im Alter kahl. Röhren am Stiel hinablaufend, kurz, weiß oder gelblich, Mündungen klein, rundlich. Stiel mittig oder seitlich ansetzend, sehr kurz, schwarzbraun bis schwarz, samtig, oben blasser. Fruchtfleisch weiß oder gelblich, fest. Sporenstaub weiß. Sporen 6—8 × 3,5—4 µm, elliptisch, glatt, farblos. Wächst auf Stämmen von Laubbäumen, besonders auf alten Weiden und Pappeln in Auwäldern. Ungenießbar.

Maiporling, Winterporling März—Dezember □■ □□
Polyporus ciliatus Fr. ex Fr.
Syn.: *Polyporus brumalis* (Pers.) ex Fr.
Hut 2—10 cm breit, flach, in der Mitte leicht eingedrückt, zäh ledern, rundlich, ockergelb, gelbbraun oder graubraun, angedrückt faserig-schuppig, am Rande filzig bis haarig, im Alter kahl. Röhren laufen leicht am Stiel hinab, sie sind niedrig, weißlich, dann gelblich, Mündungen höchstens 0,5 mm im Durchmesser, länglich. Stiel zentral, 3—6 cm lang, dünn zylindrisch, in der ganzen Länge grau, fein braunschuppig. Sporenstaub weiß. Sporen 5—7,5 × µm, walzenförmig, glatt, farblos. Wächst zahlreich auf am Boden liegenden Ästen und auf Stümpfen von Laubbäumen, vor allem auf Birken und Buchen. Ungenießbar.

Schuppiger Porling Mai—August □□ ■■
Polyporus squamosus (Huds.) ex Fr.
Hut 10—60 cm breit, halbkreis- oder fächerförmig, Rand abgeschwächt, zähfleischig, ockergelb, mit großen, angedrückten braunen Schuppen. Röhren niedrig, gelblich, Mündungen auffallend groß, länglich, netzartig bis wabenförmig, fein sägeartig. Stiel meist seitlich oder außermittig ansetzend, kurz und dick, gelblich, an der Unterseite braunschwarz. Fruchtfleisch weiß, gurkig mehlig schmeckend und riechend. Sporenstaub weiß. Sporen 9—14 × 4—5,5 µm, zylindrisch, glatt, farblos. Wächst zahlreich und oft büschelig auf abgestorbenen und lebenden Stämmen von Laubbäumen, manchmal auch auf Baumstümpfen, besonders auf Weiden und Nußbäumen. Jung eßbar.

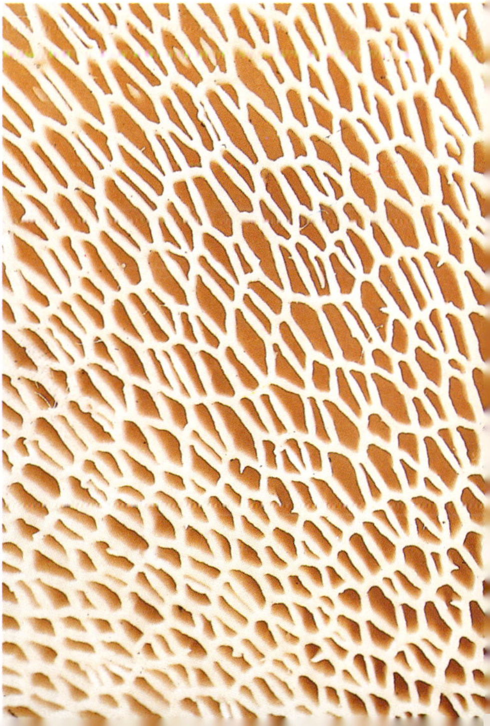

Porlinge — *Polyporaceae*

Schafporling, Schafeuter August — Oktober
Albatrellus ovinus (SCHAEFF. ex FR.) QUÉL.
Am Boden wachsender, einjähriger, fleischiger Porling, einzeln oder in mehreren Exemplaren an einer Stelle auftretend. Hut 3 — 10 cm breit, flach gewölbt, unregelmäßig geformt, weißlich oder gelblich, oft aufgeplatzt. Röhren sehr niedrig (1 — 2 mm), am Stiel hinablaufend, weiß, an Druckstellen zitronengelb färbend, Poren sehr klein. Stiel mittig, außermittig bis seitlich ansetzend, kurz, 1 — 3 cm dick, recht unregelmäßig und bucklig, fest, unten gewöhnlich verjüngt und gebogen. Fruchtfleisch weiß, dann zitronengelb, festfleischig, recht zäh. Sporenstaub weiß. Sporen 3,5 — 4,5 × µm, fast kugelförmig, glatt, nichtamyloid, farblos. Wächst auf dem Boden in Fichtenwäldern, vor allem in Vorgebirgen. Eßbar.

Semmelporling August — September
Albatrellus confluens (ALB. ET SCHW. ex FR.) KOTL. et POUZ.
Die Fruchtkörper bilden meistens verwachsene, lappige Büschel, die manchmal fast bis zu 0,5 m im Durchmesser erreichen, sie bestehen aus 3 — 8 cm breiten Hüten, die ockergelb, semmelgelb bis rötlich sind und an der Unterseite niedrige Röhren tragen. Diese sind weiß, sehr dicht und laufen am kurzen, weißen Stiel hinab. Das Fruchtfleisch ist weiß, saftig, brüchig, in Eisensulfat ziegelrot färbend. Sporenstaub weiß. Sporen 4,4 — 5 × 3 — 3,5 µm, breit elliptisch, glatt, farblos, amyloid. Wächst auf dem Boden in Nadelwäldern auf sauerem Untergrund. Eßbar.

Zählinge — *Lentinellaceae*

Aniszähling Juli — September
Lentinellus cochleatus (PERS. ex FR.) P. KARST.
Hut 3 — 8 cm breit, unregelmäßig, tief trichterförmig, auf einer Seite gespalten, glatt, ocker bis rotbraun. Lamellen weit am Stiel hinablaufend, schmal, weißlich, an der Schneide gezähnt. Stiel exzentrisch oder seitlich ansetzend, an der Basis mit anderen Stielen verwachsen, gerieft, rotbraun. Fruchtfleisch bräunlich, zäh, stark nach Anis riechend, süß schmeckend. Sporenstaub weiß, Sporen fast kugelförmig, 4 — 5 µm, rauh (fein warzig), farblos, amyloid. Wächst in dichten Büscheln auf Baumstümpfen und Wurzeln verschiedener Laubgehölze. Jung eßbar, aber zäh.

Knäulinge — *Pleurotaceae*

Getigerter Knäuling Juni–Oktober
Panus tigrinus (BULL. ex FR.) SING.
Hut 2–10 cm breit, gewölbt, in der Mitte tief trichterförmig eingedrückt, dünn lederartig fleischig, weiß, cremigblaßocker, von schwärzlichen haarigen Schüppchen bedeckt. Lamellen dichtstehend, weiß, später hellocker, an der Schneide fein gezähnt. Stiel 3–5 cm lang, 3–6 mm dick, elastisch, fast exzentrisch, weiß, weißgelblich, schwärzlich faserig geschuppt. Fruchtfleisch weiß, geruchlos. Sporen 6–8 × 2,5–3,5 µm, elliptisch, farblos. Wächst auf Stämmen, Ästen und Baumstümpfen von Laubbäumen, vor allem der Weide (Salix), vorwiegend in Auwäldern. Ungenießbar.

Knäulinge — *Pleurotaceae*

Austernseitling, Austernpilz Januar—Dezember
Pleurotus ostreatus (Jacq. ex Fr.) Kumm.
Fruchtkörper gewöhnlich büschelartig, dachziegelartig übereinander, selten einzeln. Hut 5—15 cm, manchmal bis zu 30 cm breit, rundlich, zungig bis schaufelförmig, mehr oder weniger waagerecht abstehend, gewölbt, später ausgebreitet, jung am Rande eingerollt, in der Färbung sehr wechselhaft: dunkel grau bis olivschwarz, manchmal auch blaß bis weißlich, jung gewöhnlich dunkler als ausgewachsen, glatt, kahl, nur am Stiel weißfilzig. Lamellen herablaufend, dicht, weiß bis angegraut, im Alter oft violett getönt. Stiel meistens stark exzentrisch bis seitlich, kurz, manchmal stark reduziert, 1—4 cm lang, 0,5—2 cm dicht, weiß oder grau getönt, an der Basis oft borstig filzig. Fruchtfleisch weiß, recht zäh, aber saftig, Geschmack süßlich, Geruch unauffällig. Sporenstaub weiß bis violett getönt, Sporen 9—11 × 3—4 µm, elliptisch walzenförmig, farblos. Wächst auf den Stämmen von Laubbäumen, seltener auf Nadelhölzern. Eßbar, schmackhaft. Diese kumulative Art wird heute meistens in vier selbständige Arten unterteilt *(P. ostreatus, P. pulmonarius, P. columbinus* und *P. cornucopiae).*

Wachsblätterpilze — *Hygrophoraceae*

Rötlicher Schneckling September—Oktober ■□ □□
Hygrophorus leucophaeus (Scop. ex Fr.) Fr.
Hut 4—7 cm breit, dann ausgebreitet, in der Mitte ausgebuckelt, dünnfleischig, am Rande weiß seidig, zur Mitte hin gelblich bis orange-bräunlich, schlüpfrig. Lamellen weit herablaufend, schütter, gelblich oder cremefarben mit Rosatönen. Stiel 5—8 cm lang, 2—4 mm dick, dünn walzenförmig, blaßgelblich oder orange-bräunlich, fein längsgefasert, trocken. Fruchtfleisch weißlich, ohne besonderen Geruch und Geschmack. Sporenstaub weiß. Sporen 6—8 × 3,5—4 µm, elliptisch, glatt, farblos. Wächst in Buchen- und Hainbuchenwäldern im Laub, vor allem auf kalkiger Unterlage. Eßbar.

Wald- oder Hainschneckling September—Oktober □■ □□
Hygrophorus nemoreus (Pers. ex Fr.) Fr.
Hut 4—8 cm breit, gewölbt, dann ausgebreitet, in der Mitte rundlich gebuckelt, allmählich bis eingedrückt, festfleischig, blaßorange bis ziegelrot oder bräunlich-orange, verwachsen dunklerfaserig, trocken, manchmal bereift. Lamellen dick, schütter, breit angewachsen und kurz herablaufend, blaß-cremefarben, orange angehaucht. Stiel 4—8 cm lang, 1—1,5 cm dick, unten verjüngt, voll, an der Oberfläche längsfaserig und fein geschuppt, weißlich oder ockerfarben. Fruchtfleisch blaßorange, geruchlos, Geschmack mild. Sporenstaub weiß, Sporen 6—7 × 3—5 µm, zylindrisch elliptisch, farblos. Wächst in Laubwäldern, selten. Eßbar.

Gelbblättriger Frostschneckling Oktober—November □□ ■□
Hygrophorus hypothejus (Fr.) Fr.
Hut 3—5 cm breit, gewölbt, dann ausgebreitet, in der Mitte eingedrückt, am Rande eingerollt, dünnfleischig, mit sehr schleimiger abziehbarer Haut, kakaobraun mit trüboliven Schattierungen. Lamellen schütter, biegsam, lang herablaufend, dottergelb. Stiel 5—10 cm lang, 3—7 mm dick, dünn walzenförmig, oft gebogen, gelb mit farblosem Schleim überzogen, am oberen Teil unter den Lamellen mit Resten eines schleimigen Schleiers. Fruchtfleisch ohne besonderen Geruch und Geschmack. Sporenstaub weiß. Sporen 7—9 × 4—5 µm, elliptisch, farblos. Wächst nach den ersten Herbstfrösten gesellig in Kiefernwäldern. Eßbar.

Rasiger Purpurschneckling Juli—Oktober □□ □■
Hygrophorus erubescens (Fr.) Fr.
Hut 4—8 cm breit, gewölbt, am Rande stark eingerollt, später flach gewölbt, abgerundet, recht fleischig, weißlich, bald mit roten und zitronengelben Tupfen, allmählich ganz purpurn oder rotschuppig, schleimig. Lamellen schütter, herablaufend, recht dick, weiß, an der Schneide rötlich, manchmal völlig rot getupft. Stiel lang walzenförmig, festfleischig, weiß, feinschuppig, unter den Lamellen mit roten Tröpfchen bedeckt. Fruchtfleisch weiß, später rot und gelb färbend, Geschmack bitter. Sporenstaub weiß. Sporen 8—10 × 4—5 µm, elliptisch, farblos. Wächst vor allem in Nadelwäldern. Ungenießbar.

Wachsblätterpilze — *Hygrophoraceae*

Natterstieliger oder **olivbrauner Schneckling** September—Oktober ■□ □□

Hygrophorus olivaceoalbus (Fr.) Fr.

Hut 2—7 cm breit, gewölbt, in der Mitte gebuckelt, allmählich ausgebreitet bis flach eingedrückt, dunkelbraun mit olivgrünen Schattierungen, mit einer dicken Schleimschicht bedeckt. Lamellen herablaufend, schütter, reinweiß. Stiel 8—12 cm lang, 8—12 mm dick, schlank zylindrisch, unten dünner, auf weißem Grund mit einem olivbraunen, schleimigen Überzug bedeckt, der beim Strecken des Stieles zackig aufreißt, so daß der Stiel natterartig gebändert ist. Fruchtfleisch weiß, ohne besonderen Geruch und Geschmack. Sporenstaub weiß. Sporen 10—15 × 6—8 µm, elliptisch, farblos. Wächst in Nadelwäldern, vor allem in höheren Lagen. Eßbar.

Schwarzflockiger Pustel-Schneckling September—Oktober □■ □□

Hygrophorus pustulatus (Pers. ex Fr.) Fr.

Hut 3—6 cm breit, flach gewölbt, in der Mitte ausgebuckelt, grau bis graubraun, in der Mitte dunkler, mit kleinen körnigen Warzen bedeckt, in Feuchtigkeit schleimig, dünnfleischig. Lamellen schütter, herablaufend, weiß. Stiel 4—8 cm lang, 5—10 mm dick, zylindrisch, weiß, trocken, ganz oder teilweise fein grau bis schwarzgrau getupft oder fein gekörnt. Fruchtfleisch weiß, unveränderlich, geruch- und geschmacklos. Sporenstaub weiß. Sporen 7—10 × 4,5—6 µm, elliptisch, farblos. Wächst häufig in alten Wäldern, vor allem in Fichtengehölzen. Eßbar.

Märzschneckling, Märzellerling Februar—Mai (Juni) □□ ■□

Hygrophorus marzuolus (Fr.) Bres.

Hut 4—12 cm breit, fest und dickfleischig, gewölbt, später ausgebreitet, oft unregelmäßig und ausgebuchtet, trocken, nicht schleimig, anfangs weiß, dann perlgrau oder grauschwarz getupft, allmählich ganz grauschwarz, matt oder fein bereift. Lamellen schütter, dick, kurz herablaufend, weiß, weißlich, dann bläulichgrau getönt bis grau. Stiel 3—6 cm lang, 1,5—4 cm dick, kurz, unten verjüngt, weiß, dann grau getönt, fein faserig, trocken. Fruchtfleisch fest, weiß, etwas süßlich riechend, Geschmack angenehm mild. Sporenstaub weiß. Sporen 6—8 × 4—4,5 µm, eiförmig-elliptisch, farblos. Wächst nur stellenweise, vor allem in Weißtannenwäldern, seltener in Misch- und Laubwäldern (dann meist unter Buchen). Die Fruchtkörper wachsen aus größeren Tiefen hervor und sind deshalb lange mit Erde überdeckt. Eßbar.

Jungfern-Ellerling, Rissigweißer Ellerling August—Oktober □□ □■

Camarophyllus virgineus (Wulf. ex Fr.) Karst.

Syn.: *Hygrophorus virgineus* (Wulf. ex Fr.) Kumm.

Hut 2—6 cm breit, flach gewölbt, dann ausgebreitet, in der Mitte ausgebuckelt, recht fleischig, rein weiß, trocken, glatt, später aufplatzend, im Alter manchmal mit roten Tupfen. Lamellen recht dicht, lang herablaufend, weiß. Stiel 3—7 cm lang, 3—7 mm dick, zylindrisch, unten verjüngt, weiß, trocken, kahl. Fruchtfleisch weiß, unveränderlich, geruch- und geschmacklos. Sporenstaub weiß. Sporen 7,5—10 × 5—6 µm, walzenförmig-elliptisch, farblos. Wächst zahlreich im Grase von Waldwiesen, Weiden, grasigen Hängen, lichten Wäldern und Heideland. Eßbar.

Wachsblätterpilze — *Hygrophoraceae*

Wohlriechender Schneckling August—Oktober ■□ □□

Hygrophorus agathosmus (FR. ex SECR.) FR.

Hut 4—7 cm breit, anfangs schwach gewölbt, bald ausgebreitet mit leicht eingerolltem Rand, jung schleimig, grau bis graubräunlich. Lamellen bogenförmig, kurz herablaufend, weiß und leicht angegraut. Stiel zylindrisch, weiß, oben weiß, angegraut bis goldgelblich körnig oder schuppig. Fruchtfleisch weiß, stark nach bitteren Mandeln duftend, Geschmack süß. Sporenstaub weiß, Sporen 7—10 × 5—6 µm, elliptisch, farblos, glatt, nichtamyloid. Wächst in kleineren Gruppen in moosigen Wäldern, vor allem in Fichtenbeständen. In kleinen Mengen genießbar.

Starkriechender Schneckling August—Oktober □■ □□

Hygrophorus cossus (SOW. ex FR.) FR.

Hut 3—6 cm breit, jung gewölbt, bald ausgebreitet mit eingerolltem Rand, schleimig, bald trocken, kahl, glänzend, weiß. Lamellen bogenförmig, kurz herablaufend, lebend weiß, abgetrocknet ocker. Stiel walzenförmig, unten zugespitzt, weiß, lange schleimig, oben weiß flockig. Fruchtfleisch weiß, nach der Weidenbohrerraupe riechend, süß schmeckend. Sporenstaub weiß, Sporen 8—9 × 5—6 µm, elliptisch, glatt, farblos, nichtamyloid. Wächst in kleinen Gruppen auf dem Boden von Laubwäldern. In kleinen Mengen genießbar.

Elfenbein- oder **Fichten-Schneckling** August—Oktober □□ ■□

Hygrophorus eburneus (BULL. ex FR.) FR.

Hut 3—6 cm breit, anfangs gewölbt, bald ausgebreitet mit abgerundetem Rand, Huthaut jung schleimig, dann trocken, glatt, kahl, reinweiß. Lamellen bogenförmig, leicht herablaufend, auch nach dem Abtrocknen reinweiß. Stiel zylindrisch, unten schwach verjüngt, weiß, oben weiß körnig. Fruchtfleisch weiß, riecht schwach nach der Weidenbohrerraupe. Sporenstaub weiß, Sporen 8—9 × 5—6 µm, elliptisch, glatt, farblos, nichtamyloid. Wächst in kleinen Gruppen auf dem Boden von Buchengehölzen. Ähnelt sehr *H. cossus,* für den der Pilz auch oft gehalten wird. Guter Mischpilz.

Purpur-Schneckling September—Oktober □□ □■

Hygrophorus russula (SCHAEFF. ex FR.) QUÉL.

Hut 5—15 cm breit, jung gewölbt, erwachsen ausgebreitet und lange am Rande eingerollt, mittig leicht eingedrückt, fleischig, jung schleimig, bald trocken, glatt, Ränder ausgebleicht, weißfilzig, in der Mitte fein schuppig, Blätter anfangs weiß, bald rosa bis rot getupft. Stiel zylindrisch, weiß, rot getupft. Fruchtfleisch weiß, im Schnitt rosafarben, manchmal leicht bitter schmeckend. Geruch angenehm süßlich, manchmal an Rettich erinnernd. Sporenstaub weiß, Sporen 6—7 × 4—6 µm, breit elliptisch, farblos, nichtamyloid. Wächst in warmen Eichen- und Buchengehölzen, gewöhnlich kleine Anhäufungen bildend. Eßbar.

Wachsblätterpilze — *Hygrophoraceae*

Lärchen-Schneckling Oktober—November ■□ □□
Hygrophorus lucorum KALCHBR.
Hut 2—6 cm breit, glockenförmig gewölbt, dann ausgebreitet, ausgebuckelt, allmählich mittig eingedrückt, dünnfleischig, ganz zitronengelb, schleimig. Lamellen am Stiel herablaufend, schütter, dick, weißlich, dann gelb bis zitronengelb färbend. Stiel dünn zylindrisch, lang, blaßgelb, oben weißlich und oft schleimig flockig. Fruchtfleisch weiß, geschmack- und geruchlos. Sporenstaub weißlich. Sporen 7—10 × 4—6 µm, elliptisch, glatt, farblos. Wächst im Spätherbst, gewöhnlich nach den ersten Frösten, ausschließlich unter Lärchen, oft gesellig. Eßbar.

Kegliger oder **Schwärzender Saftling** Juni—Oktober □■ □□
Hygrocybe conica (SCOP. ex FR.) KUMM.
Hut 2—6 cm breit, kegelig glockenförmig, dann ausgebreitet, in der Mitte zugespitzt, mittelmäßig fleischig, brüchig, orange bis rot, feucht schleimig, trocken seidig glänzend, radial aufreißend. Lamellen schütter, breit, ausgebuchtet, hellgelb. Stiel zylindrisch, lang, blaßgelb, faserig, trocken, nicht schleimig, von unten her schwarz färbend, kahl. Fruchtfleisch gelb, geruch- und geschmacklos. Der Fruchtkörper färbt sich an Druckstellen und im Alter auffallend schwarz, so daß alte oder getrocknete Fruchtkörper völlig kohlschwarz sind. Sporenstaub weiß. Sporen 7—10 × 4—6 µm, elliptisch, farblos. Wächst oft auf Rasenflächen, Wiesen, Weiden. Ungenießbar.

Papageigrüner Saftling Juli—September □□ ■□
Hygrocybe psittacina (SCHAEFF. ex FR.) WUENSCHE
Hut 1—3 cm breit, gewölbt, dann ausgebreitet, in der Mitte ausgebuckelt, dünnfleischig, zerbrechlich, am Rande scheinen die Lamellen durch, grün, meistens mit gelben bis orange Tupfen, manchmal völlig gelbrot und nur stellenweise grünlich. Lamellen schütter, dick, ausgebuchtet, grünlich, gelb bis hellorange. Stiel dünn zylindrisch, oft durchgebogen, schlüpfrig, grünlich oder hautfarben, unten gelb bis orange. Fruchtfleisch geruch- und geschmacklos. Sporenstaub weiß. Sporen 8—10 × 4—5,5 µm, elliptisch, farblos. Wächst im Grase und im Moos an Waldrändern, auf Rasenflächen, Weiden, Waldwiesen. Ungenießbar.

Ritterpilze — *Tricholomataceae*

Trichterförmiger Muschel-Seitling Juni—September □□ □■
Hohenbuehelia petaloides (BULL. ex FR.) SCHULZER
Hut 3—12 cm hoch und 2—6 cm breit, fächer- oder schaufelförmig, unten zum Stiel gezogen, ocker bis braun, glatt, kahl, gelatinös. Lamellen am Stiele weit herablaufend, schmal, weißlich bis bräunlich. Stiel kurz, seitlich, fein flockig, kahl werdend. Fruchtfleisch dünn, gelblich, süß schmeckend. Sporenstaub weiß. Sporen 5—6,5 × 3,5—4,5 µm, kurz eiförmig, farblos, glatt, nichtamyloid, das Hymenium weist charakteristisch stachelförmige Cystiden auf. Wächst nicht sehr häufig auf moderndem Holz von Laubbäumen. Eßbar, aber nicht sehr ergiebig.

Rußiger Rasling, Geselliger Ritterling September–Oktober
Lyophyllum fumosum (PERS. ex FR.) KÜHN. ET ROMAGN.
Bildet mächtige, an der Basis zusammengewachsene Büschel. Hut 4–10 cm breit, fleischig, flach gewölbt, hell- bzw. dunkelbraun oder graubraun, glatt, kahl. Lamellen nicht dicht, angewachsen bis kurz herablaufend, weißlich. Stiel 5–8 cm lang, 1–1,5 cm dick, fleischig, weiß, leicht faserig. Fruchtfleisch mehlig riechend, weiß. Sporen 5–6 µm, fast kugelförmig, glatt, farblos. Wächst in und außerhalb von Wäldern, häufig in Ringen zusammenstehend. Ungenießbar.

Weißer Rasling, Weißer Büschelritterling August—Obtober
Lyophyllum connatum (SCHUM. ex FR.) RICKEN
Hut 3—15 cm breit, gewölbt, Rand eingerollt, Haut glatt, kahl weiß oder weißlich. Lamellen bogenförmig, mäßig am Stiele hinablaufend, weiß, im Alter gelblich. Stiel zylindrisch, unten mit den anderen Stielen zu einem knolligen Gebilde verwachsen, weiß. Fruchtfleisch weiß, Geruch und Geschmack nach Gurke, in Eisensulfatlösung erst violett, dann rosa färbend. Sporenstaub weiß, Sporen 6—8 × 3,5—4,5 µm, zylindrisch, glatt, nichtamyloid, farblos, in den Basidien basophyle Körnchen. Wächst in Büscheln, die oft recht dicht sind, in allen Wäldern. Eßbar, gut.

Knorpeliger oder **Gepanzerter Büschelritterling** August—September
Lyophyllum loricatum (FR.) KUEHN.
Hut 5—10 cm breit, flach gewölbt, dann ausgebreitet, kastanienbraun, sepia bis rußig, mit auffallend dicker, knorpeliger Haut, kahl, zäh und dickfleischig. Lamellen ausgebuchtet, mit einem Zähnchen angewachsen, nicht sehr dicht, biegsam, weißlich, dann schmutzig gelblich. Stiel 5—10 cm lang, 10—15 mm dick, faserig, blaß bräunlich, oben flockig bestäubt. Fruchtfleisch weiß, ein wenig knorpelig, fast geruchlos, Geschmack bitter. Sporenstaub weiß. Sporen 6—8 µm, breit, kugelig, glatt, farblos. Wächst einzeln oder in Büscheln auf dem Boden in Wäldern aller Art, vor allem aber in Buchengehölzen. Wird oft als Abart des Braunen Raslings *(L. decastes)* angesehen. Eßbar.

Kohlen-Graublatt Juni–Oktober
Tephrocybe anthracophila (LASCH) P. D. ORTON
Syn.: *Tephrocybe carbonaria* (VELEN.) DONK
Hut 1–3 cm breit, flach gewölbt, in der Mitte leicht eingedrückt, bei Feuchtigkeit schwarzbraun, mit durchscheinenden Lamellen, bei Trockenheit graubraun, glatt, kahl. Lamellen nicht dicht, mit der gesamten Breite angewachsen bis kurz herablaufend, weißlich bis hellgrau. Stiel 1–5 cm lang, 1–2 mm dick, dunkelgrau, nach unten hin zunehmend schwärzlicher, oben heller und bestaubt. Fruchtfleisch stark mehlig riechend. Basidien mit karminophilen (siderophilen) Körnchen. Sporen 4,5–5,5 µm, kugelförmig, glatt, farblos. Auf Brandstellen (Feuerstelle). Ungenießbar.

Sumpfgraublatt Juni—Juli ■□ □□
Tephrocybe palustris (Peck) Donk
2—2,5 cm breit, anfangs halbkuglig, dann gewölbt, manchmal mittig ausgebuckelt, später eher eingedrückt, sehr zerbrechlich, jung recht hell rußfarben, zum Rande hin fein bereift, später kahl werdend, stark hygrophan, die Lamellen scheinen bis zur Hutmitte durch. Farben: braun oder braungelblich, trocken heller, manchmal fast weißlich. Lamellen ausgebuchtet, kurz angewachsen, breit, schütter, weißlich, dann blaß-braungelblich. Stiel sehr zerbrechlich, schlank und dünn, bis 11 cm lang, 1,5—2 mm dick, bräunlich bis rußfarben, sehr feinfaserig, an der Basis mit spinnwebenartigen Hyphen an lebendes Torfmoos angewachsen. Fruchtfleisch fast farblos, Geschmack und Geruch stark gurkig mehlig. Sporenstaub weiß. Sporen 6—9 × 4—5 µm, elliptisch, glatt, farblos. Wächst meistens gesellig auf lebenden Teppichen von Torfmoos. Ungenießbar.

Maipilz, Mairitterling April, Mai und Oktober, November □■ □□
Calocybe gambosa (Fr.) Donk
Hut 3—10 cm breit, flach gewölbt, abgerundet, dann ausgebreitet, am Rande stark eingerollt, meistens weiß oder cremefarben angehaucht, seltener bis hell zitronengelb, glatt, kahl, dickfleischig. Lamellen stark gedrängt, am Stiel ausgebuchtet und mit einem Zahn kurz herablaufend, schmal, weiß. Stiel kurz zylindrisch, dick, zäh, weiß. Fruchtfleisch weiß, stark mehlig gurkig riechend und ähnlich schmeckend. Sporenstaub weiß. Sporen 4—7 × 2—4 µm, elliptisch, glatt, farblos. Basidien karminophyl. Wächst gewöhnlich gesellig im Gras, an sonnigen Waldrändern und unter Gebüschen, auch außerhalb des Waldes. Eßbar, schmackhaft.

Violetter Lacktrichterling Juli—Oktober □□ ■□
Laccaria amethystina (Huds. ex Hook.) Cooke
Syn.: *Laccaria amethystea* (Bull. ex Mérat) Murr.
Hut 2—6 cm breit, gewölbt, dann ausgebreitet, mittig eingedrückt, stark hygrophan, in Feuchtigkeit satt-dunkelviolett, im Trocknen ausgebleicht, blaßviolett, fliederfarben oder violettgrau bis weißlich, dünnfleischig. Lamellen schütter, breit, kurz herablaufend, verhältnismäßig dick, hellviolett, von Sporenstaub weiß bestäubt. Stiel schlank zylindrisch, lang, längsfaserig, violett. Fruchtfleisch violett getönt, ohne besonderen Geruch und Geschmack. Sporenstaub weiß. Sporen 8—10 µm breit, kugelförmig, stachelig, farblos. Wächst recht häufig in allen Wäldern, vor allem an feuchten Stellen, manchmal auch auf moderndem Holz. Eßbar.

Rötlicher Lacktrichterling Juni—Oktober □□ □■
Laccaria laccata (Scop. ex Fr.) Cooke
Hut 2—6 cm breit, gewölbt, dann ausgebreitet, mittig eingedrückt, dünnfleischig, in Feuchtigkeit fleischfarben, rotbraun oder rosa. Am Rande gerieft, durchscheinend, trocken ausgebleicht, hautfarben. Lamellen schütter, kurz herablaufend, breit, verhältnismäßig dick, blaß fleischig rot oder rosa, von Sporenstaub weiß bestäubt. Stiel schmal walzenförmig, faserig, ähnlich wie der Hut gefärbt. Fruchtfleisch rosagetönt, ohne besonderen Geschmack und Geruch. Sporenstaub weiß. Sporen 7—10 µm breit, kugelförmig, kurz stachlig, farblos. Wächst sehr zahlreich in allen Wäldern, vor allem an feuchten Stellen. Eßbar.

Zweifarbiger Lacktrichterling Juli—Oktober

Laccaria bicolor (R. Maire) P. D. Orton

Hut 1—4 cm breit, breit rundlich gewölbt, dünn, glatt, später an der Spitze leicht geschuppt, fleischrot bis rotbraun. Lamellen breit angewachsen und auch mäßig herablaufend, recht dick, entfernt stehend, fliederfarben. Stiel zylindrisch, zäh, faserig, rotbraun, an der Basis mit fliederfarbenem Filz umgeben. Fruchtfleisch bräunlich, süß schmeckend. Sporenstaub hell fliederfarben, Sporen 6—10 × 5—8 µm, breit elliptisch, stachelig, farblos, nichtamyloid. Wächst verhältnismäßig selten in kleinen Grüppchen in Kiefernwäldern aber auch in reinen Eichengehölzen. Wahrscheinlich eßbar.

Rötlicher Holzritterling Juni—Oktober

Tricholomopsis rutilans (Schaeff. ex Fr.) Sing.

Hut 5—15 cm breit, flach gewölbt, in der Mitte gewöhnlich ausgebuckelt, dann ausgebreitet, mäßig fleischig, gelb, anfangs zusammenhängend, purpurrot, später purpurfilzig mit durchscheinender gelber Grundfarbe. Lamellen am Stiel ausgebuchtet mit Häkchen (Zähnchen) herablaufend, breit, recht gedrängt, goldgelb oder hellgelb. Stiel zylindrisch, 6—10 cm lang, 10—15 mm dick, goldgelb, stellenweise rötlich samtig. Fruchtfleisch hellgelb, schwach harzig duftend. Sporenstaub weiß. Sporen 6—8 × 4,5—5,5 µm, eiförmig elliptisch, glatt, farblos. Große Cheilocystiden. Wächst häufig auf Stümpfen und abgestorbenen Wurzeln von Nadelbäumen, vor allem auf Kiefern und Fichten. Jung eßbar, aber von minderer Qualität.

Hübscher Holzritterling Juli—Oktober

Tricholomopsis decora (Fr.) Sing.

Hut 3—8 cm breit, ausladend gewölbt, regelmäßig aber auch exzentrisch, Huthaut goldgelb filzig mit dunkeloliven, in der Mitte fast braunschwarzen Schuppen. Lamellen leicht bogenförmig angeheftet, schwefelgelb, an der Schneide bereift. Stiel gerade oder hervortretend, faserig bis fein schuppig, goldgelb. Fruchtfleisch gelb, bitterlich. Sporenstaub weiß, Sporen 6—7 × 4—5 µm, eiförmig, farblos, glatt, nichtamyloid. Wächst auf Stümpfen und liegenden Ästen von Fichten, Kiefern und Tannen. Ungenießbar.

Fuchsiger Trichterling August—Oktober

Lepista inversa (Scop. ex Fr.) Quél.

Hut 4—8 cm breit, trichterförmig, mit dünnem oft lappigem Rand, verhältnismäßig dünn- und elastisch-fleischig, rotgelb, orangegelb, ocker-orange-gelb, kahl. Lamellen lang herablaufend, recht gedrängt, schmal, ähnlich gefärbt wie der Hut, aber etwas heller als dieser. Stiel kurz zylindrisch, 3—5 cm lang, 4—6 mm dick, heller als der Hut, kahl, an der Basis vom filzigen Myzel umhüllt. Fruchtfleisch hell ocker, ohne besonderen Geruch und Geschmack. Sporenstaub weiß. Sporen 3—5 µm breit, kugelförmig, fein warzig. Wächst meistens in Büscheln oder in Gruppen in humusreichen Wäldern, vor allem in Fichtengehölzen. Junge Stadien genießbar, doch wird es empfohlen, diesen Pilz nicht zu sammeln.

Violetter Rötelritterling September—Dezember
Lepista nuda (BULL. ex FR.) W. G. SMITH
Syn.: *Tricholoma nudum* (BULL. ex FR.) KUMM.
Hut 5—14 cm breit, flach gewölbt, mäßig ausgebuckelt, am Rand stark eingerollt, fleischig, glatt, kahl, bei Feuchtigkeit sattviolett oder bräunlichviolett, bei Trockenheit und im Alter verblassend zu hautfarbig-braun. Lamellen mit einem Zähnchen zum Stiel gewachsen, gedrängt stehend, leicht vom Hutfleisch abtrennbar, violett, später braunviolett. Stiel verhältnismäßig kurz, zylindrisch, unten verbreitet, violett, feinfaserig, zähfleischig. Fruchtfleisch hellviolett, dann angegraut bis weißlich, angenehm duftend. Sporenstaub schmutzig rosafarben. Sporen 6—8 × 4—5 µm, elliptisch, fein warzig, hell-rosafarben. Wächst häufig in humusreichen Wäldern, vor allem in Fichtengehölzen, oft büschelig oder in großen Hexenringen. Nur junge Fruchtkörper eßbar, sehr gut und ergiebig.

Lilastieliger oder **Zweifarbiger Rötelritterling** September—Dezember
Lepista personata (FR. ex FR.) COOKE
Syn.: *Lepista saeva* (FR.) P. D. ORTON
Hut 6—15 cm breit, flach gewölbt, ohne Buckel, am Rand eingerollt, glatt, kahl, fleischig, schmutzig gelblich oder gräulich ockertönig, niemals mit violetten Schattierungen. Lamellen mit einem Zähnchen zum Stiel gewachsen, gedrängt, gelblichgräulich. Stiel kurz zylindrisch, unten meistens verbreitet, hellviolett und auffallend, verhältnismäßig grob, längs, blauviolett faserig, zähfleischig. Durch den Stiel vom Violetten Rötelritterling *(L. nuda)* unterschieden. Fruchtfleisch weißlich, angenehm duftend. Sporenstaub schmutzig rosafarben. Sporen 6—8 × 4—5 µm, elliptisch, fein warzig, hellrosa. Wächst im Gras auf Weiden, Wiesen und an Waldrändern, vor allem in wärmeren Gebieten. Eßbar.

Fleischbrauner Rötelritterling Juli—September
Lepista sordida (FR.) SING.
Hut 3—7 cm breit, ausladend glockig, bald ausgebreitet, allmählich fast vertieft, mittig mit einem niedrigen Buckel, am Rande dünn, im ganzen dünnfleischig, hygrophan, bei Feuchtigkeit hellviolett, grauviolett oder fliederfarben braun bis bräunlich, bei Trockenheit verblassend, wobei bräunliche Schattierungen überwiegen, glatt, kahl. Lamellen ausgebuchtet, mit einem Zähnchen angewachsen, gedrängt, violett, blaß-fliederfleischfarbig, dann gräulich, vom Fleisch des Hutes leicht ablösbar. Stiel 3—7 cm lang, 5—10 mm dick, kurz zylindrisch, unten oft gebogen, längsfaserig. Fruchtfleisch grauviolett, angenehm duftend, mild schmeckend. Sporenstaub schmutzigrosa. Sporen 6—8 × 3—4,5 µm elliptisch, fein warzig, blaßrosa getönt. Ähnelt dem kleinen Violetten Rötelritterling *(L. nuda)*, dessen junge Fruchtkörper jedoch lebhaft violett sind und der immer in Wäldern wächst. Wächst außerhalb des Waldes auf alten verwachsenen Komposthaufen und im Gras auf feuchten, gedüngten Böden, an Wegen und auf Feldern, gewöhnlich in Büscheln. Eßbar.

Nebelgrauer Trichterling, Nebelkappe September—November
Lepista nebularis (BATSCH ex FR.) KUMM.
Stattlicher, fleischiger Pilz. Hut 7—15 cm breit, gewölbt, mittig mit niedrigem Buckel, dann ausgebreitet, am Rande eingerollt, dickfleischig, aschgrau, graubraun, jung weißlich bereift. Lamellen gedrängt, kurz herablaufend, weiß, dann gelblich. Stiel 5—15 cm lang, 2—4 cm dick, walzenförmig, unten keulenartig verdickt, weiß, angegraut. Fruchtfleisch weiß, aufdringlich aromatisch (eher unangenehm parfümiert) riechend. Sporenstaub hell cremegelb. Sporen 6—8 × 3—4 µm, elliptisch, glatt. Wächst in allen Wäldern, meistens gesellig und zahlreich. Wegen des starken Geruchs und Geschmacks nicht besonders gut, in verschiedenen Gegenden, bes. Bayern, aber sehr geschätzt. Jung eßbar.

Ritterpilze — *Tricholomataceae*

Ockerbrauner Trichterling Juni—September

Clitocybe infundibuliformis (Schaeff. ex Weinm.) Quél.
Syn.: *Clitocybe gibba* (Pers. ex Fr.) Kumm.
Hut 3—8 cm breit, trichterförmig, mittig mit kleinem Buckel, verhältnismäßig dünnfleischig, am Rande kerbig gerieft, ganz blaß-ockergelb, hell semmelfarben bis weißlich, faserig, filzig, Lamellen lang herablaufend, gedrängt, weiß. Stiel schlank zylindrisch, weißlich, an der Basis von dem weißen, filzigen Myzel umhüllt. Fruchtfleisch weißlich, angenehm schwach nach bitteren Mandeln duftend. Sporenstaub weiß. Sporen 5—7 × 3—4 µm, fast kugelförmig, glatt, farblos. Wächst häufig in Nadelwäldern, vor allem in Moos und Gras. Ähnelt sehr dem Kerbrandigen Trichterling *(C. incilis)*, mit dem er oft als gleichartig angegeben wird. Eßbar.

Bleiweißer Firnistrichterling August—Oktober

Clitocybe cerussata (Fr.) Kumm.
Hut 5—10 cm breit, breit gewölbt mit einem Buckel auf dem Gipfel, später flächig bis eingedrückt, wie lackiert glänzend, ausgewachsen mit konzentrischen Ringen, weiß, im Alter leicht grau werdend. Lamellen gedrängt, leicht herablaufend, weiß, grau werdend. Stiel zylindrisch, weißlich bräunlich, unten leicht verbreitert und weiß filzig. Fruchtfleisch angegraut, geschmacklos, Geruch nach grünen Kohlstrünken, Sporenstaub weiß, Sporen 4—5 × 3—4 µm, breit elliptisch, glatt, farblos. Wächst in Kreisen oder Haufen im Laub, seltener in der Nadelstreu. Giftig.

Mönchskopf Oktober–November

Clitocybe geotropa (Bull. ex Fr.) Quél.
Hut 8–20 cm breit, gewölbt, am Rand eingerollt, flach, breit trichterförmig, in der Mitte stumpf gebuckelt, weißlich-gelblich, lederig falb bis hell bräunlich, leicht seidig gefasert bis fein schuppig. Lamellen gedrängt, herablaufend, weißlich, falb bis bräunlich. Stiel 8–15 cm lang, 2–4 cm dick, anfangs länger als der Hutdurchmesser, faserig, an der Basis weiß filzig, von derselben Färbung wie der Hut. Fruchtfleisch blaß, geruch- und geschmacklos. Sporen 6–7 × 5–6 µm, fast kugelförmig, glatt, farblos. Wächst im Gras auf Waldwiesen, seltener in lichten Wäldern, teilweise in Ringen. Eßbar.

Nadeltrichterling August—Oktober

Clitocybe pithyophila (Secr.) Gill.
Syn.: *Clitocybe nivea* Velen.
Hut 3—10 cm breit, bald flächig ausgebreitet, später in der Mitte flach vertieft, am Rande gebogen, ganz rein weiß, mit am Rande wattig filziger Haut, im Alter konzentrisch aufplatzend, dünnfleischig, weich. Lamellen kurz herablaufend, schütter, recht breit, weiß mit buttergelben Tönen. Stiel 5—8 cm lang, 8—10 mm dick, weiß, glatt, kahl, an der Basis filzig. Fruchtfleisch weiß, geruchlos, mild schmeckend. Sporenstaub weiß, Sporen 6—9 × 4—5,5 µm, elliptisch, glatt, farblos. Wächst gesellig und manchmal auch büschelig in Fichtenwäldern auf modernden Nadeln. Giftig.

Gedrechselter Firnistrichterling August—September

Clitocybe tornata (Fr.) Quél.

Hut 3—6 cm breit, am Rand regelmäßig abgerundet, flach gewölbt und mittig niedrig ausgebuckelt, weiß, in der Mitte ledern bräunlich, bereift, trocken, am Rande eingerollt, im Alter aufgeplatzt. Lamellen kurz herablaufend, sehr gedrängt, weißlich, dann mit graubraunen Schattierungen. Stiel 2—4 cm lang, 4—8 mm dick, weiß. Fruchtfleisch weiß, ohne besonderen Geruch, mild schmeckend. Sporenstaub weiß. Sporen 4—6 × 2,5—4 µm, elliptisch, glatt, farblos. Wächst in Nadel- und Laubwäldern, selten. Ungenießbar.

Mehltrichterling Juli—Oktober

Clitocybe ditopa (Fr. ex Fr.) Gill.

Hut 2—5 cm breit, flach gewölbt, bald ausgebreitet, mittig eingedrückt bis trichterförmig, dünnfleischig, hygrophan, in Feuchtigkeit dunkel braungrau, in Trockenheit blaßgrau, glatt, jung am Rand weiß bereift. Lamellen herablaufend, mäßig gedrängt, hell-braungrau. Stiel schlank zylindrisch, innen hohl, längsgefasert, hellgrau oder braungrau, unter den Lamellen bestäubt. Fruchtfleisch grau, Geschmack und Geruch sehr stark mehlig gurkig. Sporenstaub weiß. Sporen 3—3,5 × 2,5—3 µm, auffallend klein, fast kugelförmig, glatt, farblos. Wächst in der Nadelstreu in Kiefern- und Fichtenwäldern, manchmal gesellig. Ungenießbar.

Blättertrichterling August—Oktober

Clitocybe phyllophila (Fr.) Kumm.

Hut 4—8 cm breit, beulig gewölbt, später flach, nur unbedeutend eingedrückt, glatt, seidig glänzend, weiß, von der Mitte her gilbend. Lamellen mäßig gedrängt, angewachsen, kurz herablaufend, schmal, cremeweiß bis gelblich. Stiel zylindrisch oder leicht gedrückt, unten fast spitz, elastisch, bald hohl, gilbend. Fruchtfleisch weiß, riecht schwach nach Anis, schmeckt angenehm. Sporenstaub cremefarben, Sporen 4—5 × 3—4 µm, fast kugelförmig, farblos, nichtamyloid. Wächst zwischen Laub und Nadeln in Gruppen, Streifen und Ringen. Giftig.

Giftiger Wiesentrichterling August—Oktober

Clitocybe rivulosa (Pers. ex Fr.) Kumm.

Hut 2—6 cm breit, anfangs flach gewölbt, bald leicht eingedrückt, Rand eingerollt, später recht gewellt, Huthaut hygrophan, bei Feuchtigkeit rötlich, bei Trockenheit weißlich bereift, am Rande fast weiß. Lamellen angeheftet, gedrängt, weißlich. Stiel zylindrisch, elastisch, oben weißlich, in der Mitte fleischfarben, unten bräunlich mit weißen Myzelhärchen. Fruchtfleisch weiß, Geruch schwach erdig. Sporenstaub weiß, Sporen 4—5 × 2—3 µm, elliptisch, farblos, nichtamyloid. Wächst außerhalb des Waldes, höchstens an dessen Rändern, auf Wiesen und Weiden im Grase, wird manchmal als Abart von *C. dealbata* angesehen. Äußerst giftig!

Ritterpilze — *Tricholomataceae*

Grüner Anistrichterling August—Oktober

Clitocybe odora (Bull. ex Fr.) Kumm.

Hut 3—7 cm breit, gewölbt, mittig gebuckelt, bald ausgebreitet und in der Mitte breit trichterförmig, dünnfleischig, in Feuchtigkeit grünspanfarbig oder blaugrün, im Trocknen bis weißlich ausbleichend, blaß graugrünlich, glatt, fein seidig. Lamellen kurz herablaufend, gedrängt, graugrünlich, dann verblassend. Stiel kurz zylindrisch, unten verjüngt und filzig, grünlich. Fruchtfleisch blaß, angenehm nach Anis riechend. Sporenstaub weiß. Sporen 6—7 × 3—4 µm, elliptisch, farblos. Wächst recht häufig in Nadelwäldern, vor allem in Fichtengehölzen, wo man ihn nach seinem Duft suchen kann. Dieser Duft verliert sich gewöhnlich beim Abtrocknen. Eßbar.

Hallimasch September—November

Armillaria mellea (Vahl. ex Fr.) Kumm.

Hut 3—10 cm breit, bucklig gewölbt, bei Feuchtigkeit schlüpfrig, gelb, orange bis kastanienbraun mit gelbbraunen bis gelbgrünlichen, faserigen Schuppen. Lamellen keilförmig, ausgebuchtet, lang herablaufend, sahnefarben, schwefelgelb, bei ausgewachsenen Fruchtkörpern mit Rosatönen, bald mit weißen Sporen bestäubt. Stiel rundlich, schlank, bis zu 25 cm lang, faserig, glänzend, sahnefarben, bald fleischig rosa mit schwefelgelber filziger Basis. Ring hoch befestigt, trichterförmig, von oben weiß, von unten gelb. Fruchtfleisch dünn, sahnefarben, langsam rosa färbend, nach Pilzen duftend, Geschmack zusammenziehend nach Alaun. Sporenstaub weiß, Sporen 7—9 × 5—6 µm, eiförmig, glatt, farblos. Wächst in Büscheln auf den Stümpfen, Wurzeln und auch lebenden Stämmen verschiedener Nadel- und Laubbäume. Eßbar, gut, vor allem zum Einlegen in Essig, aber auch zum Trocknen, Braten, Kochen, als Suppeneinlage usw. geeignet. Manchmal schwach giftig, besonders in rohem Zustand.

A. mellea wird in mehrere Kleinarten gegliedert, z. B. *A. polymyces* Pers. ex Gray und *A. bulbosa* Barla

Halsbandritterling September — November

Tricholoma focale (Fr.) Ricken

Hut 5 — 12 cm breit, breit gewölbt mit eingerolltem Rand, an dem lange die Hüllreste verbleiben, jung klebrig, orange- bis rotbraun, radial gefasert, später aufplatzend. Lamellen an den Stiel angeheftet, sahnefarben, im Alter rötlich getupft. Stiel dick, über dem fleischigen Ring weiß, darunter rötlich bestiefelt. Fruchtfleisch zäh, weiß, leicht rotfärbend. Geruch und Geschmack nach Gurken. Sporenstaub weiß, Sporen 4 — 5 × 3 — 3,5 µm, eiförmig, farblos. Wächst in sandigen Nadelwäldern, vor allem in Kieferngehölzen. Ungenießbar.

Getropfter Ritterling August–September

Tricholoma pessundatum (Fr.) Quél.

Hut 6–12 cm breit, zäh fleischig, halbkugelförmig, später flach gewölbt bis flach, am Rand eingerollt, rotbraun, zum Rand hin heller, mit dunkelrotbraunen Flecken zwischen dem Rand und der Hutmitte, bei Feuchtigkeit schleimig oder klebrig. Lamellen ausgerandet, gedrängt, weißlich, hellcremefarben, später rostig gefleckt. Stiel 4–7 cm lang, 2–3,5 cm dick, zylindrisch, fest, voll, blaß, weißlichcremefarben, von unten her braun werdend. Fruchtfleisch hart, weißlich, Geschmack und Geruch stark gurkig-mehlig. Sporen 4–6 × 2,5–3 µm, elliptisch, glatt, farblos. Wächst in Nadel-, vor allem in Fichtenwäldern. Nicht sammeln! Fälle von leichten Vergiftungen sind bekannt.

Gelbblättriger Ritterling August — Oktober

Tricholoma fulvum (Bull. ex Fr.) Sacc.

Syn.: *Tricholoma flavobrunneum* (Fr. ex Pers) Kummer

Hut 3 — 10 cm breit, ausladend gewölbt, mit abgerundetem Gipfel, rotbraun, bei Feuchtigkeit klebrig, bei Trockenheit glänzend. Lamellen gedrängt, am Stiel ausgebuchtet und mit einem Zähnchen herablaufend, hellgelb, im Alter rostig gefleckt. Stiel zylindrisch, verhältnismäßig dünn und lang, erwachsen hohl, gelblich, mit braunen Fasern. Fruchtfleisch im Hut weiß, im Stiel gelb, duftet und schmeckt schwach gurkig mehlig. Sporenstaub weiß, Sporen 5 — 7 × 3 — 4 µm, elliptisch, farblos, glatt. Wächst unter Birken in Wäldern und auch außerhalb in kleinen Gruppen. Schwach giftig.

Pappelritterling August — Oktober

Tricholoma populinum Lange

Hut 5 — 18 cm breit, ständig ausladend gewölbt, fleischig, glatt, kahl, braun, jung klebrig. Lamellen gedrängt, ausgebuchtet und über einen kleinen Zahn herablaufend, weißlich, rostig färbend. Stiel walzenförmig, unten oft angeschwollen, bis zu 2,5 cm breit, voll, mit kleinen blaß-rostfarbenen Schuppen. Fruchtfleisch fleischig, dicht, weiß, Geruch und Geschmack gurkig mehlig, herbbitterlich. Sporenstaub weiß, Sporen 5,5 — 6 × 3,5 µm, elliptisch, glatt, farblos. Wächst in Büscheln oder Haufen ausschließlich unter Pappeln. Eßbar, jedoch leicht verwechselbar mit dem Weißbraunen Giftritterling *(Tr. albobrunneum)* und dem Getropften Ritterling *(Tr. pessundatum)*, die beide schwach giftig sind.

Weißbrauner Giftritterling August—Oktober ■□ □□

Tricholoma albobrunneum (PERS. ex FR.) KUMM.

Hut 4—10 cm breit, weit ausladend, dann flach gewölbt, bei Feuchtigkeit klebrig, bei Trockenheit glänzend, fein schuppig, kastanienbraun. Lamellen ausgebuchtet, weiß, braun färbend. Stiel zylindrisch, oben weiß mit schleimigem Stiefel, unten fein schuppig, braun. Fruchtfleisch fest, weiß, leicht rosafärbend, riecht und schmeckt gurkig mehlig, bald bitter. Sporenstaub weiß, Sporen 5—6 × 4—5 µm, breit elliptisch, farblos, glatt. Wächst in Nadelwäldern aber auch unter Eichen oder Birken. Ungenießbar bis schwach giftig.

Zottiger Ritterling September—November □■ □□

Tricholoma vaccinum (PERS. ex FR.) KUMM.

Hut 3—9 cm breit, gewölbt, mit rundlichem Buckel und eingerolltem, zottigem Rand, schuppig, rotbraun. Lamellen buchtig angeheftet, weißlich, bald fleischfarben getupft, schließlich ganz rötlich. Stiel zylindrisch, hohl, unter dem Hut weiß und flockig, rotbraun, faserig. Fruchtfleisch weiß, rötlich anlaufend, Geruch erdig, Geschmack bitter. Sporenstaub weiß, Sporen 4—5,5 × 4—4,5 µm, fast kugelförmig, glatt, hyalin. Wächst häufig in Nadelwäldern, vor allem auf kalkigen Böden. Unschädlich, ungenießbar.

Feinschuppiger Ritterling September—Dezember □□ ■□

Tricholoma imbricatum (FR. ex FR.) KUMM.

Hut 4—10 cm breit, breit glockig, später flach, Rand eingerollt, fein filzig, trocken, bald schuppig mit glatter Mitte, rotbraun. Lamellen weiß, an Druckstellen bräunend, rostfleckig. Stiel zylindrisch, unter dem Hut weiß, unten rotbraun. Fruchtfleisch weiß, von der Stielbasis später rostfarbig getönt, Geruch und Geschmack nicht besonders ausgeprägt. Sporenstaub weiß, Sporen 5—5,5 × 3,5—4 µm, breit eiförmig bis kugelförmig, glatt, farblos. Wächst in wärmeren Lagen, vor allem auf Sandböden unter Kiefern. Mild schmeckende Exemplare eßbar.

Schneepilz, Rußkopf, August—Oktober □□

Grauer oder Schwarzfaseriger Ritterling □■

Tricholoma portentosum (FR.) QUÉL.

Hut 3—10 cm breit, ausladend ausgebuckelt, oft unregelmäßig, im Alter strahlenförmig einreißend, klebrig, faserig, grau mit violetten oder oliven Schattierungen. Lamellen ausgebuchtet und mit einem kleinen Zahn herablaufend, nicht besonders gedrängt, weiß, immer zitronengelb überhaucht. Stiel zylindrisch, voll, im Alter faserig und zäh, weiß bis gelb. Fruchtfleisch weiß, nach Haselnüssen schmeckend, Geruch mehlig. Sporenstaub weiß, Sporen 5—7 × 4—5 µm, elliptisch, glatt, farblos. Wächst in Nadelwäldern, vor allem in sandigen Kieferngehölzen. Ausgezeichneter eßbarer Pilz.

Grünling September—November

Tricholoma flavovirens (PERS. ex FR.) LUND.

Hut 4—10 cm breit, anfangs glockenförmig gewölbt, dann flach ausgebreitet, mittig, meistens niedrig gebuckelt, recht dickfleischig, am Rand eingerollt und oft durchgebogen, ganz grünlich braun, bräunlichgelb bis grüngelb, dunkler eingewachsen, radial faserig, bei Feuchtigkeit schlüpfrig. Lamellen breit, nicht besonders gedrängt, am Stiel tief ausgebuchtet und mit einem Zähnchen herablaufend, lebhaft schwefelgelb. Stiel kurz, zylindrisch, zähfleischig, grüngelb, manchmal bräunlich getönt, längsfaserig. Fruchtfleisch weiß, im Hut unter der abziehbaren Haut zitronengelb, Geruch und Geschmack angenehm mehlig, an Schadstellen unverändert. Sporenstaub weiß, Sporen 6—8 × 3,5—5 µm, eiförmig elliptisch, glatt, farblos. Wächst in Kiefernwäldern, spät im Herbst bis zu den ersten Frösten, vor allem auf sandigen Böden, oft gesellig. Eßbar, sehr gut. An ähnlichen Stellen tritt auch die verwandte Art, der Graue Ritterling *(T. portentosum)* auf. Er ist ebenfalls eßbar, unterscheidet sich aber durch seinen rötlichgrauen Hut und die weißen Lamellen, die lediglich zitronengelb angehaucht sind.

Rotblättriger Ritterling August–September

Tricholoma orirubens QUÉL.

Hut 5–8 cm breit, flach gewölbt, hell- bis dunkelgrau, trocken, dicht schwärzlich faserig geschuppt, fleischig. Lamellen anfangs weiß oder gräulich, später hellrosa, stellenweise gefleckt, dicht, ausgerundet. Stiel 5–12 cm lang, 10–15 mm dick, weiß, später rötlich gefleckt, leicht faserig, unten teilweise mit blauen Flecken. Fruchtfleisch weiß, geschmacklos. Sporen 5–7 × 5–6 µm, breit elliptisch, glatt, farblos. Wächst in Laubwäldern, vor allem auf Kalksteinböden. Ungenießbar.

Schwefelritterling Juli—Oktober

Tricholoma sulphureum (BULL. ex FR.) KUMM.

Hut 2—6 cm breit, im Jugendstadium breitglockig, später ausgebreitet gewölbt mit niedrigem Buckel, glatt, eingewachsene Haarfäden, schwefelgelb, in der Mitte bräunend, Blätter mit Zahn angeheftet, entfernt wachsend, dickfleischig, brüchig, schwefelgelb. Stiel walzenförmig, schwefelgelb mit bräunlichen Fasern. Fleisch im Unterschied zum Grünling schwefelgelb, riecht widerlich nach Leuchtgas, schmeckt widerlich. Sporenstaub weiß, Sporen 9—11 × 5—6 µm, elliptisch, farblos. Wächst verstreut vor allem unter Laubgehölzen, aber auch unter Nadelhölzern, manchmal haufenweise. Schwach giftig.

Seifenritterling August—November

Tricholoma saponaceum (FR.) KUMM.

Hut 5—10 cm breit, rundlich gewölbt, bald unregelmäßig ausgebreitet, sehr variabel, teils schmierig, teils trocken, bereift, schuppig oder rissig, während der Trockenheit kahl, grau oliv mit weißen, braunen und rötlichen Tönen. Lamellen dick, mit kleinem Zähnchen angewachsen, weiß, dann gräulich bis rötlich getupft, Stiel walzenförmig, zäh, weißlich, oft grau geschuppt. Fleisch weiß, rötend, Geruch und Geschmack nach Seife. Sporenstaub weiß, Sporen 5—6 × 3—4 µm, elliptisch, farblos. Wächst in kleinen Haufen, unter Nadelbäumen, seltener unter Laubgehölzen. Schwach giftig.

Silbergrauer Erdritterling September—November

Tricholoma argyraceum (BULL. ex ST.-AM.) SACC.

Hut 3—8 cm breit, stark gewölbt mit rundlichem Buckel, trocken, nur wenig geschuppt, faserig, hellgrau, Lamellen ausgebuchtet, weiß bis leicht grau, bei Druck und mit fortschreitendem Alter zitronenfarben vergilbend. Stiel zylindrisch, oben bestäubt, unten faserig, weiß bis grau, bei Druck und im Alter gelb färbend. Fleisch angegraut, spröde, Geruch und Geschmack mehlig-gurkig. Sporenstaub weiß, Sporen 7—9 × 4—5 µm, glatt, farblos. Wächst haufenweise an den Rändern von Fichtengehölzen in Gras und Nadelstreu. Eßbar, jedoch sehr zerbrechlich.

Graublättriger Erdritterling September—Dezember

Tricholoma terreum (SCHAEFF. ex FR.) KUMM.

Hut 3—8 cm breit, weit ausgebreitet mit niedrigem Buckel, schwarzgrau, im Trocknen hellgrau, filzig mit Schuppen bedeckt. Lamellen ausgebuchtet, an der Schneide gezähnt, weißlich, ergrauend, spröde. Stiel walzenförmig, weißlichgrau, oben weiß und faserig. Fleisch dünn und spröde, im Hut grau, im Stiel weiß, Geruch leicht nach rohen Kartoffeln, fast ohne Geschmack. Sporenstaub weiß, Sporen 5—7 × 4—5 µm, glatt, farblos. Wächst haufenweise in allen Wäldern, vor allem auf kalkigen Böden unter Kiefern. Ähnelt dem Grauen oder Schwarzfaserigen Ritterling *(T. portentosum)*, zeigt aber am Stiel keine gelblichen Tönungen und besitzt auch nicht den mehligen Geruch und Geschmack. Eßbar.

Widerlicher Ritterling, Strohblasser Ritterling Juli—Oktober

Tricholoma album (SCHAEFF. ex FR.) KUMM.

Hut 5—12 cm breit, breit gewölbt, später rundlich gebuckelt, Rand lange eingerollt, trocken, glänzend, seidig, weiß, später vergilbt, auf dem Scheitel bräunlich. Lamellen ausgebuchtet mit einem Zähnchen herablaufend, weiß, später cremefarben. Stiel zylindrisch, unten gebogen, weiß, schwach ocker. Fleisch zäh, weiß, anfangs mehliger, später unangenehmer ranziger Geruch, Geschmack bitter und gleichzeitig brennend. Sporenstaub weiß, Sporen 4,5—6 × 3—4,5 µm, elliptisch, glatt, farblos. Wächst vor allem unter Birken an Waldrändern und in Baumreihen. Ungenießbar.

Brennender Erdritterling August—Oktober

Tricholoma virgatum (Fr. ex Fr.) Kumm.

Hut 3—7 cm breit, zugespitzt, später ausgebreitet mit spitzem Gipfel, glatt, glänzend, grau, durch graubraune oder violett getönte Fasernbündel strahlenförmig gestreift. Lamellen weiß, mit einem Zähnchen angeheftet, im Alter grau färbend. Stiel zylindrisch, unten leicht verdickt, weiß bis gräulich. Fruchtfleisch weißlich, Geschmack stark und langanhaltend brennend. Sporenstaub weiß, Sporen 6—8 × 5—6 µm, breit elliptisch, glatt, farblos, nichtamyloid. Wächst in kleineren Haufen unter Nadelbäumen. Achtung auf Verwechslungen mit dem Rußkopf *(T. portentosum)*! Schwach giftig.

Grüngelber Ritterling August—September

Tricholoma viridilutescens Mos.

Hut 3—6 cm breit, gewölbt mit abgerundetem Buckel, jung mäßig schlüpfrig, glatt und kahl, grün bzw. gelbgrün, in der Mitte fast schwarz, durch olivbraune Fasernbündel strahlenförmig gestreift. Lamellen mit einem Zähnchen angeheftet, an der Schneide sägeartig, weiß, am Hutrand gelblich. Fruchtfleisch weißlich, süß. Stiel walzenförmig, faserig, weiß, gelb verfärbend. Sporenstaub weiß, Sporen 6—7 × 4,5—5,5 µm, farblos, glatt, nichtamyloid. Wächst in Nadelwäldern höherer Lagen, vor allem in Fichtengehölzen. Über die Eßbarkeit dieses Pilzes ist nichts bekannt.

Gefalteter Nabling Juli—Oktober

Omphalina ericetorum (Pers. ex Fr.) M. Lange

Syn.: *Omphalina umbellifera* (L. ex Fr.)

Hut 1—2 cm breit, flach aber breit vertieft, in Randnähe gerieft, Huthaut verschieden gefärbt, meist weißliche Töne, in der Mitte bräunlich bis grünlich. Lamellen weit am Stiel herablaufend, entfernt stehend aber recht dick, weißlich. Fruchtfleisch dünn, weißlich, ohne besonderen Geruch und Geschmack. Sporenstaub weiß, Sporen 7—8 × 6—7 µm, breit elliptisch, glatt, farblos, nichtamyloid. Wächst in Wäldern auf Stümpfen und dem Holz von Nadelbäumen, auf Moorland, bis in die Berge. Klein, zum Sammeln bedeutungslos.

Heftelhelming Mai—November

Gerronema fibula (Bull. ex Fr.) Sing.

Hut 5—15 mm breit, gewölbt, mittig eingedrückt bis nabelförmig, lebhaft orangegelb, verblassend, dünnhäutig, gerieft, kahl. Lamellen weit am Stiel herablaufend, mäßig gedrängt, weiß, dann blaßorange. Stiel 2—6 cm lang, 1—1,5 mm dick, dünn, orange, kahl, glatt. Fruchtfleisch geruch- und geschmacklos. Sporenstaub weiß. Sporen 4—5 × 2—2,5 µm, elliptisch, farblos, glatt. Auf der Huthaut und den Lamellen befinden sich dünn kegelförmige Cystiden. Wächst sehr zahlreich, einzeln oder in kleinen Gruppen in Moos und Gras an den Rändern von Waldungen, auf Lichtungen und an Waldrändern. Ungenießbar.

Ritterpilze — *Tricholomataceae*

Brennender Rübling Juni—Oktober ■□ □□

Collybia peronata (Bolt. ex Fr.) Kumm.
Syn.: *Marasmius urens* Fr.

Hut 2—5 cm breit, flach gewölbt, später ausgebreitet, am Rande schwach gerieft, dünn- und elastisch-fleischig, hell fleischbräunlich, trocken hell-semmelfarben, kahl. Lamellen am Stiel ausgebuchtet und recht breit angewachsen, schütter, hellgelb bis gelbbraun, später braun. Stiel dünn zylindrisch, 3—5 mm dick, unten erweitert und abstehend borstig filzig, gelblich bis rötlichbraun, elastisch. Fruchtfleisch blaßgelb, scharf brennender Geschmack, leicht säuerlich riechend. Sporenstaub weiß. Sporen 6—7 × 3—4 µm, elliptisch, glatt, farblos. Wächst einzeln oder büschelig im modernden Laub oder Nadeln. Ungenießbar.

Rasiger Rübling Juni—Oktober □■ □□

Collybia confluens (Pers. ex Fr.) Kumm.

Hut 2—4 cm breit, flach glockenförmig, dann ausgebreitet und manchmal bucklig, blaß-lederfarben bis bräunlich, manchmal weißlich, dünn und elastisch-fleischig, kahl. Lamellen sehr gedrängt und schmal, am Stiel ausgebuchtet und mit einem Zähnchen angewachsen, weißlich, dann bräunlich, an der Schneide fein bewimpert. Stiel dünn zylindrisch, manchmal gedrückt, zäh, elastisch, hellbraun, weißstriegelig oder kleiig flockig, hohl. Sporenstaub weiß, Sporen 7—10 × 2—3 µm spindelförmig, glatt, farblos. Wächst oft in großen Büscheln im modernden Laub und Nadelwerk, die fest an der Stielbasis haften bleiben. Ungenießbar.

Rotbraunstieliger Büschel-Rübling Juni—Oktober □□ ■□

Collybia acervata (Fr.) Kumm.

Hut, 1,5—4 cm breit, anfangs halbkuglig oder glockig, dann ausgebreitet, mittig ausgebuckelt, glatt und kahl, bei Feuchtigkeit sattrotbraun, bei Trockenheit verblassend, dünn und elastisch fleischig, am Rande oft ausgebogen, Lamellen am Stiel ausgebuchtet und mit einem Zähnchen angewachsen, sehr gedrängt und schmal, zum Rande verjüngt, weißlich, später rötlich. Stiel 5—12 cm lang, 2—5 cm dick, dünn zylindrisch, rot oder rotbraun, unten rotbraun filzig. Sporenstaub weiß, Sporen 6—8 × 2,5—3 µm, elliptisch, glatt, farblos, wächst in Büscheln auf Baumstümpfen und Holzresten, manchmal auch an der Basis lebender Stämme. Eßbar.

Waldfreund, Gemeiner Rübling Mai—Oktober □□ □■

Collybia dryophila (Bull. ex Fr.) Kumm.

Hut 2—6 cm breit, gewölbt, bald ausgebreitet, dünn lamellenartig, meistens hellokker, gelbbraun, aber auch kastanienbraun, elastisch dünnfleischig. Lamellen am Stiel ausgebuchtet und schmal angeheftet, sehr gedrängt, weiß, weißlich bis hellgelb. Stiel 4—8 cm lang, 2—5 mm dick, röhrenförmig, ockergelblich, kahl, glatt, elastisch, an der Basis weißfilzig. Fruchtfleisch weiß oder gelblich, angenehm nach Steinpilz duftend, mild schmeckend. Sporenstaub weiß. Sporen 4—6 × 2—3 µm, elliptisch, glatt, farblos. Wächst sehr häufig in allen Wäldern. Eßbar.

Horngrauer Rübling Juli—Oktober ■□ □□

Collybia asema (FR.) KUMM.

Hut 3—5 cm breit, glockenförmig, dann ausgebreitet, mittig gebuckelt, stark hygrophan, aschgrau, grünlichgrau, in der Mitte dunkler braun. Lamellen am Stiel ausgebuchtet und schmal angeheftet, gedrängt, weißlich. Stiel 4—9 cm lang, 5—20 mm dick, unten verdickt und mit weißem Myzel versehen, hellgrau bis braungrau, weich. Fruchtfleisch weiß, ohne besonderen Geruch und Geschmack. Sporenstaub weiß, Sporen 6—8 × 3—3,5 µm, elliptisch, glatt, farblos, wächst häufig in allen Wäldern, vor allem in Nadel- und Mischgehölzen. Vom ähnlichen Butterrübling *(C. butyracea)* unterscheidet sich dieser Pilz vor allem durch die horngraue Färbung. Eßbar.

Butterrübling Juli—Oktober □■ □□

Collybia butyracea (BULL. ex FR.) KUMM.

Hut 4—8 cm breit, glockig, gewölbt, dann ausgebreitet, in der Mitte niedrig ausgebukkelt, sattrotbraun, kastanienbraun, hygrophan, bei Trockenheit kakaobraun. Lamellen am Stiel ausgebuchtet und schmal angeheftet, gedrängt, weißlich. Stiel 4—8 cm lang, 5—20 mm dick, walzenförmig, unten aufgebläht, längs grob faserig bis gerippt, rotbraun, oben heller. Fruchtfleisch weiß, ohne besonderen Geruch oder Geschmack. Sporenstaub weiß, Sporen 6—8 × 3—3,5 µm, elliptisch, glatt, farblos. Wächst in Laub- und Nadelwäldern. Sehr verbreitet und gesellig. Eßbar.

Gefleckter Rübling Juli—Oktober □□ ■□

Collybia maculata (ALB. et SCHW. ex FR.) KUMM.

Hut 15—16 cm breit, halbkugelförmig, dann ausgebreitet, reinweiß, später rotbraun bis rostbraun getupft, fest fleischig. Lamellen am Stiel ausgebuchtet und mit einem Zähnchen angewachsen, sehr gedrängt, weiß, an der Schneide fein sägezähnig, Stiel oft gebogen, an der Basis verjüngt bis zugespitzt, fein längsgerieft, weiß, rötlich gefleckt, zäh. Fruchtfleisch weiß, zäh, bitter. Der gesamte Fruchtkörper färbt sich bei Verletzungen und fortschreitendem Alter rotbraun. Sporenstaub gelblichrosa, Sporen 5—6 × 4—5 µm, fast kugelförmig, glatt. Wächst auf moderndem Holz, das im Boden liegt, oder auf Baumstümpfen in Nadelwäldern, vor allem in Kieferngehölzen. Ungenießbar.

Gelbblättriger Rübling Juli—September □□ □■

Collybia exsculpta (FR.) GILL.

Hut 2—4 cm breit, jung halbkugelförmig, bald flächig ausgebreitet, im Alter gewellt, rotbraun, jung schlüpfrig, hygrophan, bei Trockenheit glatt, kahl. Lamellen ausgebuchtet, mit einem kleinen Zähnchen angeheftet, sehr gedrängt, schwefelgelb. Stiel dünn, gerade, hohl, gelb. Fruchtfleisch dünn, gelb, duftet nach Steinpilz, schmeckt süßlich. Sporenstaub weiß, Sporen 4—5 × 2—3 µm, breit elliptisch, glatt, farblos, nichtamyloid. Wächst auf Abfällen in Laub- und Nadelwäldern. In kleineren Mengen eßbar (nur die Hüte).

Ritterpilze — *Tricholomataceae*

Breitblättriger Rübling Juli—September

Megacollybia platyphylla (Pers. ex Fr.) Kotl. et Pouz.

Hut 5—15 cm breit, flach gewölbt, mäßig fleischig, dunkelgrau oder graubraun, charakteristisch strahlenförmig faserig, dann aufgeplatzt. Lamellen am Stiel angewachsen, auffallend breit (2—3 cm), schütter, weiß, an der Schneide unregelmäßig gezähnt, manchmal braun bewimpert. Stiel zylindrisch, zäh, hohl, weißlich oder gräulich, längs gerieft, an der Basis mit zahlreichen zähen, schwarzen oder weißen Myzelsträngen, die den Humus durchdringen. Fruchtfleisch weiß, ohne besonderen Geruch und Geschmack. Sporenstaub weiß, Sporen 7—8 × 6—7 µm, fast kugelförmig, glatt. Wächst auf moderndem Holz, das im Boden verborgen ist, oder auf zerfallenen Baumstümpfen. Eßbar, manchmal bitter.

Später Zapfenrübling, Mäuseschwanzrübling Juli—Oktober

Baeospora myosura (Fr.) Quél.

Hut 1—2 cm breit, flach gewölbt, manchmal mit einer Warze in der Mitte, dünn elastisch häutig, blaß semmel- bis lederbraun, fein weißflockig oder faserig, trocken, glatt. Lamellen sehr gedrängt, schmal, dünn, am Stiel abgerundet, weiß oder weißlich. Stiel 2—5 cm lang, 1—2 mm dick, dünn, zäh, hell bräunlich, ganz fein weiß bestäubt, unten oft wurzelartig verlängert und abstehend weiß borstig. Sporenstaub weiß, Sporen 3—4 × 1,7—2 µm, klein elliptisch, glatt, amyloid. Cheilocystiden stumpf spindelförmig. Wächst auf abgefallenen Fichtenzapfen, seltener auf Kiefernzapfen. Ungenießbar.

Eichen-Zwergknäuling Januar—Dezember

Panellus stipticus (Bull. ex Fr.) P. Karst.

Hut 1—3 cm breit, nierenförmig oder rundlich, mit sehr kurzem, seitlichem Stiel, flach gewölbt, am Rande abgerundet und stark eingerollt, bei Feuchtigkeit ockergelb, bei Trockenheit blaß lehmgelb. Lamellen am Stiel ausgebuchtet und angewachsen, scharf vom Stiel abgesetzt, schmal, rostig-gelb. Stiel exzentrisch, kurz kegelig, unten verjüngt, abgeflacht, ockergelb, unten flaumhaarig. Fruchtfleisch ocker, brennend schmeckend. Sporenstaub weiß. Sporen 3—6 × 2—3 µm, zylindrisch, amyloid. Wächst in dichten Gruppen auf Eichenstümpfen. Ungenießbar.

Milder Kiefernzapfen-Rübling März—Juni

Strobilurus conigenus (Pers. ex Fr.) Gulden

Syn.: *Strobilurus stephanocystis* (Kuehn. et Romagn. in Hora) Sing.

Hut 1—2 cm breit, flach gewölbt, dann flach ausgebreitet, dünnfleischig, hellocker oder ockerbraun, glatt, kahl. Lamellen am Stiel dünn, 3—6 cm lang, ockergelb, glatt, kahl, mit einem auffallend verlängerten und abstehend weißborstigen unterirdischen Teil. Fruchtfleisch weißlich, schwach nach Pilzen riechend, mild schmeckend. Sporenstaub weiß. Sporen 5—7 × 3—4 µm, elliptisch. Cystiden zylindrisch oder keulenförmig, an der Spitze abgerundet und oft mit Kristallen bedeckt. Wächst häufig aus abgefallenen Kiefernzapfen hervor, die im Boden liegen. Eßbar.

Ritterpilze — *Tricholomataceae*

Fichtenzapfen-Rübling März — Mai ■□ □□
Strobilurus esculentus (WULF. ex FR.) SING.
Hut 1—2 cm breit, flach gewölbt, bald flächig ausgebreitet, dünnfleischig, grauocker, ocker bis dunkelbraun, aber auch weißlich, glatt, kahl. Lamellen am Stiel ausgebuchtet, gedrängt, weißlich oder angegraut. Stiel dünn, 3—6 cm lang, ockergelb, glatt, kahl, unter der Erde in einem borstigen Teil verlängert, der aus Zapfen hervorwächst; die Stiellänge hängt davon ab, wie tief die Zapfen im Boden liegen. Fruchtfleisch weißlich, schwach pilzig duftend. Sporenstaub weiß, Sporen 4—6 × 2,5—4 µm, elliptisch, Cystiden stumpf spindelförmig, am Gipfel inkrustiert. Wächst häufig auf abgefallenen Fichtenzapfen, meistens gehen mehrere Fruchtkörper aus einem Zapfen hervor. Eßbar.

Buchen-Schleimrübling, Ringrübling Juli — Oktober □■ □□
Oudemansiella mucida (SCHRAD. ex FR.) HOEHN.
Der ganze Fruchtkörper ist weiß wie aus Porzellan. Hut 3—10 cm breit, breit glokkenförmig, dünnfleischig, durchscheinend, mit einer starken Schleimschicht bedeckt. Lamellen kurz herablaufend, schwach ausgebuchtet, schütter. Stiel dünn zylindrisch, zäh, mit einem breiten, häutigen und schleimigen Ring versehen. Sporenstaub weiß, Sporen 15—18 × 12—16 µm, fast kugelförmig, glatt, farblos. Wächst in Büscheln, seltener einzeln auf alten Buchenstämmen, vor allem in Gebirgswäldern. Das Myzelium produziert das Antibiotikum Mucidin, das bei der Heilung einiger Hautkrankheiten Verwendung findet. Eßbar.

Wurzelschleimrübling, Wurzelrübling Juli — September □□ ■□
Oudemansiella radicata (RELHAN ex FR.) SING.
Syn.: *Collybia marcoura* (SCOP. ex SCHROET.) VELEN.
Hut 3—15 cm breit, glockig, dann ausgebreitet, in der Mitte gebuckelt, dünnfleischig, ocker oder gelbbraun, bei Feuchtigkeit stark schleimig, oft hervortretend strahlenförmig faltig. Lamellen am Stiel tief ausgebuchtet und kurz herablaufend, breit, schütter, weiß. Stiel bis 20 cm lang, 5—7 mm stark, unten spindelförmig erweitert mit einer wurzelartigen Verlängerung, die einige Dezimeter erreichen und lang in den Boden eingelassen sein kann, weiß, nur unten hellbraun, kahl, zäh, knackend brechend. Sporenstaub weiß, Sporen 12—16 × 9—11 µm, breit elliptisch, glatt. Wächst in Laubwäldern auf Baumstümpfen und moderndem Holz im Boden. Eßbar.

Samtiger Wurzelrübling Juni — September □□ □■
Xerula longipes (BULL. ex ST.-AM.) R. MAIRE
Syn.: *Oudemansiella longipes* (BULL. ex ST.-AM.) MOS.
Hut 3—6 cm breit, anfangs bucklig, dann flach, gelbbraun, graubraun oder ocker, trocken, fein samtig, dünnfleischig. Lamellen mit einem Zähnchen angewachsen, recht breit und dick, miteinander verbunden, schütter, vergilbt weiß. Stiel wie der Hut gefärbt, auffallend samthaarig, zäh, im unteren Teil erweitert und plötzlich stark verjüngt zu einer sehr langen, tief unter dem Boden endenden Wurzel. Fruchtfleisch weiß, bitter. Sporenstaub weiß, Sporen 8—10 × 6—7 µm, breit elliptisch, glatt, farblos. Wächst einzeln auf dem Boden in Laubwäldern, vor allem in Buchengehölzen. Eßbar.

Samtfußwinterpilz, Samtfußrübling — Oktober—April

Flammulina velutipes (CURT. ex FR.) SING.

Hut 1,5—8 cm breit, flach gewölbt, dünnfleischig, ockergelb oder gelbbraun, in der Mitte bis kastanienbraun, bei Feuchtigkeit klebrig. Lamellen ausgebuchtet, gedrängt, weiß oder gelblich. Stiel zylindrisch, unten verjüngt, manchmal fast wurzelförmig, kastanienbraun, oben gelblich, unten bis schwarzbraun, samtig filzig. Kommt selten auch als reinweiße Form vor. Fruchtfleisch schwach duftend, mild. Sporenstaub weiß, Sporen 7—9 × 4,5—6 µm, elliptisch. Wächst in Büscheln auf Baumstümpfen und der Basis von Bäumen, vor allem auf Laubgehölzen. Manchmal taucht der Pilz bei kühler Witterung auch im Sommer auf. Ausgezeichneter Winterpilz. Eßbar.

Kohlennabling — August—Oktober

Fayodia maura (FR.) SING.

Syn.: *Myxomphalia maura* (FR.) HORA

Hut 1—4 cm breit, ausladend, mittig flach bis tief eingedrückt, hygrophan, bei Feuchtigkeit dunkelschwarzbraun bis schwärzlich, bei Trockenheit grau und glänzend, fast wie silbrig, elastisch dünnfleischig, mit gummiartiger, gelatinöser abziehbarer Huthaut. Lamellen herablaufend, recht gedrängt, schmal, reinweiß. Stiel 3—5 cm lang, 2—4 mm dick, zylindrisch, schwarzbraun, fein weiß bereift, hohl. Sporenstaub weiß, Sporen 5—6 × 3,5—4,5 µm, elliptisch, glatt, farblos, amyloid. Wächst auf älteren Feuerstellen und Brandplätzen in Nadelwäldern. Ungenießbar.

Halsband-Schwindling — Juni—Oktober

Marasmius rotula (SCOP. ex FR.) FR.

Hut 5—15 mm breit, halbkugel- oder fingerhutförmig, tief entfernt gerillt, mittig eingedrückt, manchmal gebuckelt, dünnhäutig, weiß oder weißlich, kahl. Lamellen breit, schütter, weißlich, um den Stiel herum miteinander zu einem charakteristischen Kragen verwachsen. Stiel sehr dünn, glänzend, oben bräunlich, unten schwarzbraun bis schwarz. Sporenstaub weiß. Sporen 5—7 × 2—3 µm, elliptisch, unten zugespitzt. Wächst zahlreich auf zu Boden gefallenen Ästen, Wurzeln und Baumstümpfen, oft in großen Gruppen. Ungenießbar.

Ast-Schwindling — Juni–Oktober

Marasmiellus ramealis (BULL. ex FR.) SING.

Hut 3–10 mm breit, dünn lederig, ausgewölbt, später flach, bei Trockenheit runzelig, blaß, weißlich mit bräunlicher Mitte. Lamellen schütter, angewachsen, weiß. Stiel 3–10 mm lang, 0,5–1 mm dick, zäh, blaß, zur Basis hin braun, im unteren Teil mit Haarschüppchen bedeckt. Sporen 8–10,5 × 2,5–4 µm, lanzettlich elliptisch, farblos. Wächst auf abgestorbenen Zweigen von Laubbäumen (oft auf Ranken *Rubus* spp.), unter Gesträuch und an feuchten Stellen, gesellig. Ungenießbar.

Ritterpilze — *Tricholomataceae*

Küchenschwindling, Knoblauchpilz Juni—Oktober
Marasmius scorodonius (Fr.) Fr.
Hut 1—3 cm breit, gewölbt, dann ausgebreitet, fleischbraun oder hautfarben rosa bis weißlich, glatt oder runzlig, kahl, dünnelastisch fleischig. Lamellen angewachsen, gedrängt, weiß. Stiel dünn, 3—6 cm lang, 1—2 mm dick, rotbraun, glänzend, unter den Lamellen heller, kahl, glatt. Zerriebenes Fruchtfleisch riecht stark nach Knoblauch. Sporenstaub weiß, Sporen 8—9 × 4—5 µm, eiförmig, glatt, farblos. Wächst sehr zahlreich in Nadelwäldern, auf der Nadelstreu, auf abgebrochenen Ästen, Stümpfen und auch Wurzeln, meistens einzeln. Eßbar, wird als Gewürz verwendet.

Nelkenschwindling, Feldschwindling Mai—September
Marasmius oreades (Bolt. ex Fr.) Fr.
Hut 2—5 cm breit, glockenförmig, dann ausgebreitet, mittig stumpf bucklig, am Rande oft leicht gerieft, blaß fleischfarben ocker oder semmelfarben, kahl, elastisch dünnfleischig. Lamellen am Stiel ausgebuchtet und mit einem Zähnchen angewachsen, schütter, breit, weißlich. Stiel 4—7 cm lang, 2—4 mm dick, voll, elastisch, weißlich, flockig bereift. Fruchtfleisch weiß, angenehm schwach nach bitteren Mandeln duftend. Sporenstaub weiß, Sporen 7—9 × 4—5 µm, elliptisch, glatt, farblos. Wächst häufig außerhalb des Waldes, auf Grasflächen, Weiden, Wiesen, an den Rändern von Feldwegen, manchmal in lichteren Nadelwäldern, vor allem an deren Rändern. Eßbar, schmackhaft.

Violettlicher Schwindling Juni—Oktober
Marasmius wynnei Berk. et Br.
Hut 2—5 cm breit, glockig gewölbt, flächig ausgebreitet, am Rande gerieft und gekerbt, dünn-elastisch fleischig, reinweiß, später ergrauend, manchmal fliederfarben oder violettlichgrau, kahl. Lamellen ausgebuchtet angewachsen, breit, schütter, weißlich bis hellgrau. Stiel 4—10 cm lang, 2—5 mm dick, dünn zylindrisch, unten verjüngt, oben weißlich, im unteren Teil dunkelbraun bis schwärzlich, an der Basis filzig. Fruchtfleisch duftet nach bitteren Mandeln. Sporenstaub weiß, Sporen 6—7 × 3—3,5 µm, elliptisch, glatt, farblos. Wächst im Grase außerhalb des Waldes, aber auch im Laub und Nadelstreu im Walde. Wertlos.

Überhäuteter oder **Dehnbarer Helmling** Juli—Januar
Mycena epipterygia (Scop. ex Fr.) S. F. Gray
Hut 1—2 cm breit, glockenförmig, breit ausgebreitet, mit elastischer, schlüpfriger, hautartiger Schicht überzogen, gelb, ausbleichend, aber auch grautönig, an Druckstellen rostig verfärbend. Lamellen ausgebuchtet und herablaufend, weiß, rostig färbend, an der Schneide mit einer abziehbaren Haut versehen. Stiel glasig, weiß, gelb und angegraut, klebrig. Fruchtfleisch dünn, mehlig riechend, stechender Geschmack, im Alter rostig verfärbend. Sporenstaub weiß, Sporen 8—12 × 4—6 µm, zylindrisch, farblos. Wächst haufenweise in Nadelstreu und Laub in feuchten Wäldern. Zum Sammeln ohne Bedeutung.

Weißmilchender Helmling Juli—November

Mycena galopoda (Pers. ex Fr.) Kumm.

Hut 1—2 cm breit, glockenförmig, häutig, glatt oder entsprechend den Lamellen fein gerieft, Huthaut im Jugendstadium bereift, glatt, weißlich, hell bis rußiggrau, manchmal bräunlich. Lamellen angeheftet, entfernter stehend, weiß bis angegraut. Stiel dünn, lang, brüchig, kahl, weiß, grautönig, bräunlich, bei frischen Pilzen quillt aus den Bruchstellen eine weiße, milchige, geschmacklose Flüssigkeit. Fruchtfleisch dünn, weißlich, unauffällig duftend, mild nach Rettich schmeckend. Sporenstaub weiß, Sporen 8—12 × 5—7 µm, glatt, farblos. Wächst haufenweise in Laub- und Nadelwäldern. Zum Sammeln bedeutungslos.

Violetter Rettichhelmling Mai—November

Mycena pura (Pers. ex Fr.) Kumm.

Hut 2—4 cm breit, gewölbt, bald weit ausgebreitet, dünnfleischig, spröde, hygrophan, bei Feuchtigkeit leuchten am Rande die Lamellen durch, violett, aber auch weiß, gelblich und andersfarbig. Lamellen ausgebuchtet und kurz angeheftet, breit, ausgebaucht, an der Schneide gezähnt, weiß, dann hellviolett, an der Schneide weißlich, durch Austrocknen immer leicht violett. Stiel nach unten allmählich verdickt, dünn, gedreht faserig, hohl, brüchig, meistens hellviolett. Fruchtfleisch spröde, hellviolett, riecht und schmeckt recht intensiv nach Rettich. Sporenstaub weiß, Sporen 5—8 × 2,5—3,5 µm, elliptisch, glatt, farblos. Wächst einzeln oder in kleineren Gruppen in allen Wäldern. In größeren Mengen schwach giftig.

Rosa Rettichhelmling September—Oktober

Mycena rosea (Bull.) ex Sacc. et Dalla Costa

Hut 3—6 cm breit, bald ausgebreitet bis bucklig gewölbt, Huthaut hygrophan, hell rosafarben. Lamellen ausgebuchtet, ausgebaucht, verbunden, an der Schneide gezähnt, weiß oder schwach rosa. Stiel walzenförmig, faserig, in das Substrat eingebogen, unten langsam bis auf 2 cm verdickt, hohl, weiß, schwach rosa, an der Basis gelb. Fruchtfleisch weiß bis schwach rosa, an der Basis gelb, riecht und schmeckt nach Rettich. Sporenstaub weiß, Sporen 6—9 × 4—5 µm, walzenförmig, hyalin. Wächst in kleinen Gruppen nur unter Laubbäumen. Mäßig giftig.

Buntstieliger Baumhelmling Juli—September

Mycena inclinata (Fr.) Quél.

Hut 2—4 cm breit, am Rande lang gezähnt, glatt mit durchscheinenden Lamellen, anfangs weiß, bald gelb bis dunkelbraun. Lamellen ausgebuchtet, mit einem Zähnchen angeschlossen, weiß, grau und rosa färbend. Stiel wurzelbildend und mit den anderen Stielen zu Büscheln verwachsend, weiß, bald goldgelb, mit fortschreitendem Alter wie der Hut und die Lamellen rostig verfärbend, an der Spitze weißbleibend. Fruchtfleisch weiß, riecht nach muffigem Mehl, schmeckt kratzend-zusammenziehend. Sporenstaub weiß, Sporen 8—12 × 5—6 µm, zylindrisch, glatt, amyloid. Wächst in sehr dichten Büscheln vor allem auf Eichenstümpfen. Die Abbildung zeigt jungen Fruchtkörper. Ungenießbar.

Rosablättriger Helmling Mai — Dezember

Mycena galericulata (SCOP. ex FR.) S. F. GRAY

Hut 2—5 cm breit, halbkugelförmig, bald breit ausgebuckelt kegelförmig, dann weit ausgebreitet, manchmal radial gefurcht, häutig, zäh lederig. Huthaut fühlbar glatt, speckig, runzlig, weißlich, grau, bräunlich, knirscht zwischen den Zähnen. Lamellen entfernt stehend, weisen zahlreiche Verbindungen auf, elastisch, ausgebaucht, an der Schneide gezähnt, am Stiel ausgebuchtet und über ein Zähnchen herablaufend, weiß, angegraut, im Alter rosa. Der Stiel bildet eine Wurzel, ist langgezogen dünn, zäh, kahl und glatt, ist bräunlich bis hellgrau, an der Spitze weißlich. Fruchtfleisch des Hutes dünn, zäh, weiß bis angegraut, im Stiel zäh und faserig, riecht und schmeckt mehlig gurkig. Sporenstaub weiß, Sporen 8—12 × 6—8 µm, elliptisch, glatt, farblos. Wächst häufig auf Stümpfen und Hölzern von Laubbäumen, gewöhnlich in kleinen Büscheln von 3—6 Fruchtkörpern. Nur die Hüte sind eßbar, sie übertreffen an Wohlgeschmack sogar die Stockschwämmchen.

Rillstieliger Helmling Juni — Dezember

Mycena polygramma (BULL. ex FR.) S. F. GRAY

Hut 2—4 cm breit, glockenförmig, zäh, furchig, jung bereift, dann weißlich, graubraun, bei Druck rostig färbend. Lamellen mit einem Zähnchen angeheftet, weiß, grau, manchmal rosa verfärbend, schließlich rostfarben. Der Stiel bildet eine Wurzel, ist rundlich, zäh, glatt, nur jung bereift, bald silbrig bis bläulich glänzend, auffallend längsgerillt. Fruchtfleisch weiß, rostig färbend. Sporenstaub weiß, Sporen 8—12 × 6—8 µm, breit elliptisch, glatt, farblos. Wächst oft in kleineren Büscheln auf den Stümpfen von Eichen und anderen Laubbäumen. Wahrscheinlich eßbar. In kleinen Mengen verwendete Hüte haben keine Beschwerden verursacht.

Mehlhelmling Oktober — November

Mycena cinerella P. KARST.

Hut 0,5—1,5 cm breit, halbkugelförmig mit eingedrücktem Gipfel, machmal noch mit einer Papille versehen, Huthaut hygrophan, bei Feuchtigkeit graubraun, am Rande gerieft, bei Trockenheit grautönig. Lamellen am Stiel herablaufend, graubraun, an den Scheiden heller. Stiel dünn, gerade, hohl, zerbrechlich und glatt, weiß, grau bis dunkelgrau. Fruchtfleisch dünn, weiß, intensiv nach Mehl riechend und schmeckend. Sporenstaub weiß, Sporen 5—10 × 4,5—5,5 µm, elliptisch, glatt, farblos. Wächst gesellig in der Nadelstreu vor allem von Fichten, sein Geruch verbreitet sich auch spürbar in der Umgebung. Zum Sammeln bedeutungslos.

Blätterrübling September—November

Mycena phyllogena (Pers.) Sing.

Hut 0,5—1,5 cm breit, kugelförmig, am Rande gerieft, matt, rosafarben, braun oder grau-fleischfarben. Lamellen angeheftet, nicht besonders gedrängt, geschmeidig, rosabräunlich oder gräulich. Stiel dünn, recht lang, gerade, beim Umbrechen knisternd, hohl, glänzend, glatt, oben weißlich, unten hellgrau-bräunlich. Fruchtfleisch dünn, graubraun, beim Austrocknen nach Jodoform riechend, ohne besonderen Geschmack. Sporenstaub weiß, Sporen 9—11 × 5—5 µm, elliptisch, glatt, farblos. Wächst in Haufen auf Laub und Nadelwerk, weniger auch auf Holzteilen und Baumstümpfen. Zum Sammeln ohne Bedeutung.

Frühlingshelmling April—Juni

Mycena praecox Vel.

Hut 1—3,5 cm breit, halbkugelförmig, flach gerieft, jung bereift, bald glänzend, hygrophan, glatt, weiß, grau und auch bräunlich, der Hutrand rollt sich durch Austrocknen ein. Lamellen abgerundet, entfernt stehend, weiß und grautönig. Stiel gerade, hohl, platzend, glatt, kahl, oben weiß, unten grau, im Alter dunkelnd. Fruchtfleisch dünn, weißlich, mit schwach alkalischem Geruch. Sporenstaub weiß, Sporen 7—10 × 3,5—5,5 µm, elliptisch, glatt, farblos. Wächst auf Ästen, Stümpfen und Stämmen von Laubbäumen. Zum Sammeln ohne Bedeutung.

Geselliger Glöckchennabling März—November

Xeromphalina campanella (Batsch ex Fr.) Kuehn. et R. Maire

Hut 1—2 cm breit, weit glockenförmig, mittig eingedrückt, dünn und recht elastischhäutig, am Rande gerieft, lebhaft braungelb bis orangegelb. Lamellen weit herablaufend, schütter, durch zahlreiche Äderchen quer miteinander verbunden, hellgelb. Stiel 1—2 cm lang, 1—2 mm dick, meistens gebogen, gelbbraun bis rostbraun, an der Basis behaart. Fruchtfleisch ohne besonderen Geruch, mild. Sporenstaub weiß. Sporen 5—6 × 2—3 µm, elliptisch, glatt, amyloid, farblos. Wächst in dichten Büscheln, die mehrere hundert Exemplare umfassen können, auf modernden, bemoosten Baumstümpfen oder umgestürzten Stämmen ausschließlich von Nadelbäumen, vor allem auf Fichten. Ungenießbar.

Riesen-Krempentrichterling August—November

Leucopaxillus giganteus (Sibth. ex Fr.) Sing.

Hut 10—35 cm breit, bald trichterförmig mit eingerolltem Rand, glatt, seidig, weiß, lederig gelb färbend. Lamellen weit herablaufend, gedrängt, weiß, bald lederig gelb. Stiel 6—8 cm lang und 2—5 cm breit, zäh, voll, weißlich. Fruchtfleisch weiß, im Alter wäßrig, Geruch spermatisch, Geschmack nicht besonders ausgeprägt. Sporenstaub weiß, Sporen 6—7 × 4—5 µm, eiförmig, vollkommen glatt (auch bei Immersion), farblos, amyloid. Wächst in Gruppen auf Weideland, an Waldrändern und auch in Gärten. Eßbar, doch ziemlich zäh, von vielen jedoch sehr geschätzt.

Ritterpilze — *Tricholomataceae*

Bitterer Krempen-Trichterling September—November

Leucopaxillus amarus (ALB. et SCHW. ex FR.) KUEHN.

Hut 5—15 cm breit, bald unregelmäßig ausgebreitet bis gedrückt, am Rande kremplingsartig eingerollt, rotbräunlich und fein geschuppt, trocken ausbleichend und matt. Lamellen herablaufend, gedrängt, weiß bis cremefarben, rostig verfärbend. Stiel walzenförmig, kurz, an der Basis geschwollen, unter dem Hut bereift, weiß, bei Berührung verfärbend. Fruchtfleisch weiß, Geruch gurkig mehlig, Geschmack kennzeichnend bitter. Sporenstaub weiß, Sporen 4—6 × 3,5—5 µm, fast kugelförmig, fein stachelig, farblos. Wächst in Kreisen in Nadelwäldern, seltener in Laubwäldern. Ungenießbar.

Gemeiner Weichritterling, Juli—September

Schwarzweißer Rüblingsritterling

Melanoleuca melaleuca (PERS. ex FR.) R. MAIRE

Hut 3—8 cm breit, flach gewölbt bis gebuckelt, verhältnismäßig dünnfleischig, graubraun oder umbra- bis schwarzbraun, bei Trockenheit semmelfarbig ausbleichend, leicht bereift, am Rande eingerollt. Lamellen am Stiel ausgebuchtet und mit einem Zähnchen angewachsen, gedrängt, weißlich, unveränderlich, dünn. Stiel schlank zylindrisch, 4—10 mm dick, heller als der Hut. Fruchtfleisch weiß, ein wenig nach bitteren Mandeln duftend. Sporenstaub weiß. Sporen 7—8 × 4,5—5 µm, elliptisch, fein warzig, farblos, amyloid. Cheilocystiden dünn, am Gipfel mit einer kristallenen Kappe versehen. Wächst an grasigen Stellen im Walde. Eßbar.

Knollenblätterpilze — *Amanitaceae*

Grauer Scheidenstreifling Juli—September

Amanita vaginata (BULL. ex FR.) VITT.

Hut 3—12 cm breit, glockenförmig, allmählich flächig ausgebreitet, mittig flach bucklig, zerbrechlich und dünnfleischig, meistens kahl, seltener mit vereinzelten Resten des weißen Velums, in verschiedenen Schattierungen grau, selten weiß. Lamellen frei, recht gedrängt, reinweiß, breit. Stiel schlank zylindrisch, ohne Ring, weiß, der untere Teil wird von einer hohen, häutigen, weißlichen Scheide umgeben, deren Rand unregelmäßig zipflig zerrissen ist. Fruchtfleisch weiß, zerbrechlich, saftig. Sporenstaub weiß. Sporen 9—12 µm breit, kugelförmig, glatt, nichtamyloid, farblos. Wächst zahlreich in allen Wäldern, an grasigen und moosigen Stellen, oft unter Birken. Eßbar, doch roh genossen giftig (Achtung auf Verwechslungen mit dem sehr giftigen Grünen Knollenblätterpilz — *A. phalloides*)!

Rotbrauner Scheidenstreifling Juni—Oktober

Amanita fulva (SCHAEFF.) ex PERS.

Hut 4—8 cm breit, glockenförmig, bald ausgebreitet, rotbraun, mit zum großen Teil durchscheinenden Lamellen. Lamellen ausgebaucht, frei, weiß. Stiel gerade, nach unten hin allmählich verbreitert, ohne Ring, hohl, weiß oder bräunlich, unten mit einer weißen, bis orangebraunen flockenartigen Scheide. Fruchtfleisch spröde, sehr zart, weißlich, süß. Sporenstaub weiß, Sporen 8—12 µm, kugelförmig, glatt, farblos, nichtamyloid. Wächst vor allem in moosigen Fichtengehölzen, aber auch unter Laubbäumen. Eßbar, sehr gut, roh genossen giftig.

Knollenblätterpilze — *Amanitaceae*

Verfärbender Scheidenstreifling Juli — September

Amanita umbrinolutea Secr.

Hut 6 — 12 cm breit, anfangs kegelförmig glockig, dann ausgebreitet, in der Mitte mit einem Buckel, recht fleischig, bis zur Hälfte gerieft, gelbbraun, olivbraun oder graubraun, in der Mitte rostbraun, am Rande heller bis weißlich. Lamellen frei, gedrängt, weiß. Stiel 10 — 20 cm lang, 10 — 15 mm dick, oben verjüngt, blaß braungrau oder gelbbraun genattert, am Unterteil mit zipfliger Scheide. Fruchtfleisch weiß, wäßrig, spröde. Sporenstaub weiß. Sporen 11 — 16 × 9,5 — 13 µm, breit elliptisch, glatt, farblos, nichtamyloid. Wird manchmal lediglich für eine farbige Abart der gemeinsamen Art *A. vaginata* angesehen, die in wenigstens 8 Unterarten zerfällt. Wächst in Nadelwäldern, vor allem in Fichtenwäldern, in Vorgebirgen und Gebirgen. Eßbar, roh giftig, lieber nicht sammeln.

Orangegelber Streifling Juli–September

Amanita crocea (Quél.) Sing.

Fruchtkörper in Größe und Gestalt wie *Amanita vaginata* (Bull. ex Fr.) Quél., nur Hut orange oder orangebraun gefärbt (6–12 cm breit); Stiel anfangs glatt, später geflammt, weiß, 10–15 cm lang, 1–2 cm dick, am unteren Ende mit einer Volva. Sporen 8–12 (14) µm, kugelförmig, glatt, farblos. Wächst in Laub- und Nadelwäldern. Eßbar.

Roter Fliegenpilz Juli — November

Amanita muscaria (L. ex Fr.) Hook.

Hut 5 — 20 cm breit, kugelförmig, bald ausladend gewölbt, lebhaft orange bis karminrot, mit zahlreichen abwaschbaren Warzen. Lamellen frei, breit, weiß. Stiel zylindrisch mit Ring und Knolle, weiß, Ring glatt, weiß, Knolle mit konzentrisch angebrachten Warzen. Fruchtfleisch weiß, unter der Huthaut gelb, geruchlos, schwach nach Kartoffeln schmeckend. Sporenstaub weiß, Sporen 10 — 12 × 6 — 7 µm, elliptisch, glatt, farblos, nichtamyloid. Wächst häufig in allen Wäldern, vor allem in Nadelgehölzen. Giftig.

Brauner Fliegenpilz, Königsfliegenpilz August — Oktober

Amanita regalis (Fr.) Michael

Hut 10 — 25 cm breit, jung kugelförmig, bald weit ausgebreitet gewölbt, mit gerieftem Rand, leberbraun mit ockerfarbenen Hüllresten. Lamellen frei, gelblich. Stiel gerade, hoch, zylindrisch, gelblich, oben mit gelblichem Ring und unten mit einer Knolle, die von Ringen kleiner Warzen umgeben wird. Fruchtfleisch weiß, unter der Huthaut gelb bis grünlich. Sporenstaub weiß, Sporen 9 — 10 × 6 — 9 µm, farblos, nichtamyloid. Wächst stellenweise, vor allem in Fichtenwäldern der Vorgebirgslagen. Giftig.

Knollenblätterpilze — *Amanitaceae*

Pantherpilz Juli—November ■□ □□

Amanita pantherina (DC. ex Fr.) Krombh.

Hut 4—10 cm breit, eiförmig, bald breit gewölbt, Rand gerieft, auf der Oberseite abwaschbare weiße Hüllreste, grau, oder gelblich braun. Lamellen frei, weiß. Stiel zylindrisch, hohl, weiß, oben mit einem weißen, glatten Ring, an der Basis mit einer kugelförmigen Knolle, die oben niedrig umsäumt ist und über der sich 1—2 niedrige, gewöhnlich schräg angelegte Ringe befinden. Fruchtfleisch geruch- und geschmacklos. Sporenstaub weiß, Sporen 10—12 × 7—8 µm, elliptisch, farblos, nichtamyloid. Wächst in allen Wäldern, oft auch außerhalb des Waldes, vor allem in warmen Gebieten. Stark giftig.

Zitronengelber Knollenblätterpilz, Mai—November □■ □□

Narzissengelber Wulstling

Amanita gemmata (Fr.) Gill.

Hut 3—10 cm breit, kugelförmig, bald ausladend gewölbt, dünn, Rand gerieft, auf der Oberseite mit weißen, abwaschbaren Hüllresten. Huthaut stroh- oder ockergelb, ausbleichend. Lamellen frei, weiß. Stiel gerade, unten mäßig verdickt, spröde und weiß, oben mit einem schlaffen, weißen Ring (oft fehlend!). Fruchtfleisch weiß, geruch- und geschmacklos. Sporenstaub weiß, Sporen 10—12 × 7—8 µm, elliptisch, glatt, farblos, nichtamyloid. Wächst gewöhnlich einzeln in wärmeren Wäldern, vor allem in sandigen Kiefernbeständen, manchmal auch unter Laubbäumen. Schwach giftig, verursacht leichtere Vergiftungen mit Erbrechen und Durchfällen.

Grüner Knollenblätterpilz August—Oktober (November) □□ ■■

Amanita phalloides (Fr.) Link

Der junge Fruchtkörper ähnelt einem weißen Ei. Im Verlauf des Wachstums reißt die Hülle und der Stiel schiebt den Hut über den Boden hinaus. Hut 3—15 cm breit, ausladend gewölbt, kahl oder mit angewachsenen Hüllresten, der Rand ist nicht gerieft, bei Feuchtigkeit klebrig, bei Trockenheit glänzend, glatt, gelb-, oliv- bis bräunlich-grünlich, in der Mitte oft schwärzlich, fast zu Weiß ausbleichend, Huthaut eingewachsen faserig. Lamellen frei, immer weiß. Stiel zylindrisch, gerade, ausgewachsen hohl, mit einem weißen, häutigen, gewöhnlich nicht gerieften Ring, darunter grünlich schuppig, wächst aus einer hohen, lappigen, weißlichen oder innen grünlichen Scheide hervor. Fruchtfleisch weiß, Geruch leicht süßlich, bei alten überständigen Pilzen unangenehm widerlich. Geschmack angenehm nußartig. Sporenstaub weiß, Sporen 8—10 × 7—9 µm, kurz eiförmig, farblos, amyloid. Wächst vor allem in Laubwäldern, begleitet Eichen auch außerhalb des Waldes, wächst selten auch in Kiefernwäldern. Tritt in wärmeren Gegenden häufiger auf. Tödlich giftig!

Knollenblätterpilze — *Amanitaceae*

Spitzhütiger oder **Kegliger Knollenblätterpilz** August—September
Amanita virosa (FR.) BERTILLON
Fruchtkörper gleicht im Jugendstadium einem weißen Ei. Hut 3—10 cm breit, anfangs leicht kegelförmig oder kuglig gewölbt, erwachsen ausgebreitet, bei Feuchtigkeit klebrig, bei Trockenheit glänzend, ohne Hüllreste, der Rand ist nicht gerieft, reinweiß, mit fortschreitendem Alter vom Gipfel aus braun verfärbend. Lamellen frei, weiß. Stiel gerade, hohl, dünn (bis 1,5 cm), weiß, mit schlaffem, abfallendem Ring, unter diesem weiß schuppig, unten mit einer schlaffen weißen Scheide. Fruchtfleisch weiß, Geruch und Geschmack nach rohen Kartoffeln. Sporenstaub reinweiß, Sporen kuglig, 7—10 µm im Durchmesser, glatt, farblos, amyloid. Wächst in Nadelwäldern der Gebirgs- und Vorgebirgslagen auf saueren Böden, einzeln oder in kleinen Gruppen. Der ähnliche Weiße Knollenblätterpilz *(A. verna)* wächst in den Laubwäldern wärmerer Gegenden. Beide Arten sind tödlich giftig!

Oben rechts: *Amanita verna* (BULL. ex FR.) PERS ex VITT.

Gelber Knollenblätterpilz, Gelbgrüner Wulstling Juli—Dezember
Amanita citrina (SCHAEFF.) ex ROQUES
Hut 3—10 cm breit, jung halbkugelförmig, bald ausladend gewölbt bis flach, der Rand ist nicht gerieft, zitronengelb, oft mit weißlichen oder bräunlichen Fetzen. Lamellen frei, weiß. Stiel gerade, beim erwachsenen Fruchtkörper hohl, gelblich, mit schlaffem, gelblichem Ring, unten mit kugelförmiger Knolle, die in einer niedrigen, wie abgeschnittenen Scheide steckt, weiß, Geruch und Geschmack nach Kartoffeln. Sporenstaub weiß, Sporen kugelförmig, 7—10 µm im Durchmesser, glatt, farblos, amyloid, wächst häufig in allen Wäldern. Schwach giftig, Vergiftungen kommen nur selten vor. Manche Exemplare sind leicht mit dem Grünen Knollenblätterpilz *(A. phalloides)* verwechselbar!

Porphyrbrauner Wulstling August—Oktober
Amanita porphyria (ALB. et SCHW. ex FR.) SCHUMMEL
Hut 4—10 cm breit, bald breit ausladend, gewölbt, kahl, oft mit grauvioletten Fetzen, porphyrbraun oder grauviolett. Lamellen ausgebaucht, frei, weiß. Stiel gerade, unten mit einer kugelförmigen Knolle, die wie abgeschnitten scheint, manchmal auch mit Scheidenresten, grauviolett, unter dem schlaffen Ring fein schuppig. Fruchtfleisch weiß, Geschmack süß, Geruch recht unangenehm. Sporenstaub weiß, Sporen 8—10 µm, kugelförmig, glatt, farblos, amyloid. Wächst meistens einzeln in Laub- und Nadelwäldern. Schwach giftig.

Knollenblätterpilze — *Amanitaceae*

Grauer Wulstling, Grauer Knollenblätterpilz Juni—September ■□ □□
Amanita spissa (FR.) OPIZ
Hut 5—20 cm breit, anfangs halbkugelförmig, dann flach gewölbt, jung mit einem weißen oder grauen Velum überzogen, das dann in ungleich große Schorfstücke aufreißt, die oft in konzentrischen Ringen angeordnet sind und bei erwachsenen Pilzen abfallen, grau oder aschgrau, bei Trockenheit ausbleichend. Rand nicht gerieft! Lamellen frei, gedrängt, breit, weiß. Stiel 6—20 cm lang, 2—4 cm dick, weiß oder über dem Ring grau, Ring schräg vom Stiel abstehend, häutig, an der Oberseite dicht längsgerieft (ähnlich wie der Teil des Stieles über dem Ring), Stiel unten zu einer kegligen, oft seitlich ausgebeulten Knolle verdickt, über der sich 1—2 undeutlich ausgeprägte Warzenringe befinden. Fruchtfleisch weiß, riecht nach rohen Kartoffeln. Sporenstaub weiß. Sporen 9—10 × 7—8 µm, eiförmig elliptisch, glatt, farblos, nichtamyloid. Wächst sehr zahlreich in allen Wäldern, vor allem in Nadelgehölzen. Eßbar, es ist aber größte Vorsicht geboten wegen Verwechslungen mit dem giftigen Pantherpilz. *(A. pantherina)*! Lieber nicht sammeln!

Perlpilz, Rötender Wulstling Juni—Oktober □■ ■■
Amanita rubescens (PERS. ex FR.) S. F. GRAY
Hut 5—15 cm breit, anfangs halbkugelförmig, dann gewölbt bis flach ausladend, fleischig, jung gewöhnlich weißlich oder nur schwach rötlich, dann hell-fleischfarben rötlich bis bräunlich oft heller und dunkler gefleckt, mit Hüllresten in der Form kleinerer Schollen. Rand nicht gerieft! Lamellen frei, dicht, breit, weiß, später leicht rötlich oder rotbraun gefleckt. Stiel 6—16 cm lang, 1,5—3,5 cm dick, weiß, unten weinfarben-rötlich, an der Basis verdickt zu einer kegelförmigen Knolle mit einigen Warzenreihen, der obere Teil ist mit einem breiten, häutigen und auf der Oberseite dicht gerieften Ring versehen. Fruchtfleisch weiß, unter der Huthaut bald rötlich, an der Luft rot verfärbend, was besonders bei der Knolle auffällt, diese ist sehr oft von Insektenlarven zerfressen. Geruch unauffällig, Geschmack leicht kratzend. Sporenstaub weiß. Sporen 8—9 × 5,5—7 µm, elliptisch, farblos, amyloid. Wächst sehr zahlreich in Wäldern aller Art. Eßbar, schmackhaft (Achtung auf Verwechslungen mit dem Pantherpilz *(A. pantherina)*!

Knollenblätterpilze - *Amanitaceae*

Fransiger Wulstling Juli—September ■■ □□

Amanita strobiliformis (PAUL. ex VITT.) BERTILLON

Hut 8—20 cm breit, fleischig, kugelförmig, bald gewölbt, weiß oder weißlich, an der Oberseite mit dicken, weißlichen bis grauen Fetzen, am Rande mit weißen flockenartigen Fransen. Lamellen frei, bauchig, an der Schneide gefiedert, weiß. Stiel gerade, stark, wurzelbildend, unten leicht verdickt, ohne Scheide, aber mit Warzenkranz, weiß, Ring groß, fransig, glatt, weiß. Fruchtfleisch weiß, Geschmack süß, Geruch nach Rettich, bei Eintrocknen nach Honig. Sporenstaub weiß, Sporen 9—14 × 7—10 µm, farblos, amyloid. Wächst in Laubwäldern wärmerer Lagen aber auch in Parks. In vielen Gegenden unbekannt oder sehr selten, eßbar, gut.

Glänzender Schleimschirmling August–September □□ ■□

Limacella illinita (FR.) MURR.

Hut 2,5–7 cm breit, flach gewölbt, reinweiß, aber auch gelb oder gräulich, von farblosem Schleim bedeckt. Lamellen frei, gedrängt, reinweiß. Stiel 4–10 cm lang, 2–7 mm dick, weiß, schleimig, ohne Ring. Fruchtfleisch geschmack- und geruchlos. Sporenstaub weiß. Sporen 4–6 × 4–4,5 µm, breit elliptisch, glatt, farblos. Wächst auf Böden von Nadelwäldern. Ungenießbar.

Dachpilze — *Pluteaceae*

Schwarzschneidiger Dachpilz Juli—September □□ □■

Pluteus atromarginatus (KONRAD) KUEHN.

Hut 4—12 cm breit, flach gewölbt, dann flächig ausgebreitet, in der Mitte manchmal niedrig ausgebuckelt, dunkel umbrabraun bis schwarzbraun, fein filzig-faserig bis schuppig. Lamellen vom Stiel abgesetzt, gedrängt, dicht, weißlich, dann hellrosa, Schneide mit schmalem schwarzbraunem Saum. Stiel 5—12 cm lang, 5—15 mm dick, brüchig, auf weißem Grund dunkelbraun bis schwärzlich, dünn faserig. Fruchtfleisch weißlich, wäßrig, schwach nach Rettich riechend, Sporenstaub rosa, Sporen 6—8 × 4,5—5,5 µm, leicht kantig, blaßrosa, Cystiden an der Schneide und Fläche der Lamellen flaschenförmig, mit 3 spitzen Häkchen an der Spitze. Wächst auf Stümpfen von Nadelbäumen, vor allem auf Kiefern und Fichten. Eßbar.

Edelpilze — *Agaricaceae*

Riesenschirmpilz, Parasol Juli—Oktober

Macrolepiota procera (SCOP. ex FR.) SING.
Syn.: *Lepiota procera* (SCOP. ex FR.) KUMM.
Hut 10—25 cm breit, anfangs klöppelartig geschlossen, allmählich fast ausgebreitet, mittig gebuckelt, Huthaut aufgeplatzt in bräunliche, dachziegelartig angebrachte Schuppen, die Hutmitte bleibt glatt, bräunlich. Lamellen vom Stiel entfernt, gedrängt, breit, weiß, dünn. Stiel 20—40 cm lang, unten zu einer starken Knolle verdickt, die von weißem, filzigem Pilzgeflecht bedeckt ist, jung ganz bräunlich und allmählich zu Schuppen und Ringen aufreißend, die auf weißem Grund braune, genatterte Querstreifen bilden, fest, bald faserig und zäh, leicht vom Hut abtrennbar, im oberen Drittel mit einem breiten verschiebbaren Ring versehen, der eine braune Schneide aufweist. Fruchtfleisch weiß, im Hut wattig und recht trocken, im Stiel faserig-holzig, stark nußartig riechend, Geschmack angenehm. Sporenstaub weiß. Sporen 15—20 × 10—13 µm, elliptisch, glatt, farblos. Wächst im Gras an sonnigen Stellen in Wäldern und an Waldrändern. Eßbar, schmackhaft.

Rötender oder **Safranschirmpilz** Juli—September

Macrolepiota rhacodes (VITT.) SING.
Syn.: *Lepiota rhacodes* (VITT.) QUÉL.
Hut 10—15 cm breit, anfangs walzenförmig, glockig, allmählich ausgebreitet, mittig flach gebuckelt, mit brauner oder graubrauner Haut, die außer in der Mitte zu zahlreichen Schuppen aufreißt. Lamellen frei, gedrängt, dünn, breit, weißlich, jung mit einem Schleier überzogen. Stiel 10—20 cm lang, 1—2 cm dick, unten knollig erweitert, weißlich, kahl, fein faserig, oben mit verschiebbarem, häutigem Ring. Oberfläche und Fleisch des frischen Fruchtkörpers durch Druck rasch orange, dann rot und langsam braun verfärbend. Fruchtfleisch weißlich, schwach aromatisch. Sporenstaub weiß, Sporen 9—12 × 6—7 µm, elliptisch, glatt. Wächst in trockeneren Wäldern aller Art. Eßbar, schmackhaft. Achtung auf Exemplare, die in Gärten wachsen (var. *hortensis* PIL.), die an der Basis eine Knolle aufweisen — diese sind schwach giftig.

Rauher Wulstling Juli—September

Lepiota aspera (Pers. ex Fr.) Quél.

Hut 8—14 breit, dann breit glockig bis ausgebreitet, dünnfleischig, auf weißem Grund mit zahlreichen dunkelbraunen bis schwarzbraunen, aufrecht stehenden, spitzen Borsten bedeckt. Lamellen gedrängt, frei, weiß. Stiel zylindrisch, unten meist knollig erweitert, oben mit einem häutigen Ring versehen, weißlich, locker schwarzbraun geschuppt. Fruchtfleisch weiß, unveränderlich, Geruch recht stark, an Boviste erinnernd, Geschmack mild. Sporenstaub weiß, Sporen 7—8 × 2,5—3 µm, schmal elliptisch, glatt, farblos. Wächst in Nadel- und Laubwäldern, manchmal auch in Gärten und Parks. Ungenießbar.

Unklar-Schirmling Juli–August

Lepiota perplexa Knudsen

Verwandt mit *Lepiota aspera* (Pers.) Quél., dem er sehr ähnelt, ist jedoch kleiner (Hut nur 2–7 cm breit), hat kleinere Sporen (4–6 × 2,5 µm) und Cystiden (engere Cystiden auf der Lamellenschneide). Wächst in Laub- und Nadelwäldern. Ungenießbar.

Kleiner Stinkschirmling, Kammschirmling August—Oktober

Lepiota cristata (Alb. et Schw. ex Fr.) Kumm.

Hut 2—6 cm breit, glockig, später flach gewölbt, weiß, mit einem braunrostigen Scheitel, der zu den Rändern in feine, zur Hutkante hin geringer werdende Schuppen aufweist. Lamellen frei, gedrängt, weiß. Stiel dünn, gerade, bis leicht gebogen, rötlich, unten weiß, mit abfallendem Ring. Fruchtfleisch dünn, weiß, riecht und schmeckt stark nach Kartoffelbovist, Sporenstaub weiß, Sporen 6—7 × 3—3,5 µm, keilförmig, farblos, nichtamyloid. Wächst in Gruppen im Gras in Wäldern, Parks u. ä. Schwach giftig.

Schlanker Wollstiel-Schirmling, August—September

Wolliggestiefelter Schirmling

Lepiota clypeolaria (Bull. ex Fr.) Kumm.

Hut 3—8 cm breit, glockig, niedrig gebuckelt, trockendünnfleischig, auf weißlichem Grund mit gelbbräunlichen bis braunen, weichfilzigen, angedrückten Schuppen bedeckt, der Scheitel ist glatt und dunkler, am Rande zahlreich mit Hüllresten, die in Flocken herabhängen. Lamellen frei, gedrängt, weiß. Stiel dünn zylindrisch, fein bräunlich geschuppt bis wollig, im oberen Teil mit einem spinnwebartigen Ring. Fruchtfleisch weiß. Sporenstaub weiß, Sporen 12—16 × 5—5,5 µm, lang, schmal elliptisch, glatt, farblos. Wächst auf Humus in Laub- und Nadelwäldern. Eßbar.

Edelpilze — *Agaricaceae*

Braunvioletter Zwergschirmling September—Oktober

Lepiota fuscovinacea (Moell. et Lange)

Hut 3—5 cm breit, halbkugelförmig, bald ausladend gewölbt, schließlich ausgebreitet mit einem Buckel, filzig bis schuppig, an der Spitze auch schuppig, struppig, purpurbraun, violettlich oder grau. Lamellen frei, gedrängt, weiß. Stiel gerade, oben weiß, unter dem filzigen Ring ganz dicht filzig mit gröberen Flocken, grau- oder braunpurpur, an der Basis grau. Fruchtfleisch weiß, geruch- und geschmacklos. Sporenstaub weiß, Sporen 4,5—5,5 × 2—3 µm, eiförmig, glatt, farblos. Wächst selten, vor allem auf Kalkböden unter Fichten und Kiefern. Höchstwahrscheinlich giftig.

Echter Waldchampignon, Kleiner Blutegerling Juli—September

Agaricus silvaticus Schaeff. ex Krombh.

Hut 3—10 cm breit, gewölbt, dann breit glockig bis flächig, verhältnismäßig dünn- und spröd-fleischig, auf weißem Grund dicht mit feinen, angedrückten braunen Schuppen bedeckt. Lamellen frei gedrängt, anfangs graurötlich, dann dunkelbraun, an der Schneide weißlich. Stiel zylindrisch, unten oft erweitert und gebogen, weiß, oben mit abstehendem häutigem Ring, faserig. Fruchtfleisch weiß, an Schadstellen rasch lebhaft rot färbend, angenehm würzig duftend. Sporenstaub schokoladebraun, Sporen 5—6 × 3—3,5 µm, elliptisch, braun. Wächst zahlreich in Nadelwäldern, vor allem in Fichtenbeständen. Eßbar, schmackhaft.

Wiesenchampignon, Feldegerling Juli—September

Agaricus campestris L. ex Fr.

Hut 4—10 cm breit, gewölbt, dann breit glockig bis flächig, ziemlich fleischig, ganz weiß, seidig faserig, manchmal ein wenig schuppig aufgeplatzt. Lamellen frei, gedrängt, anfangs schön rosa, dann graurötlich, schokoladebraun bis sattschwarz. Stiel kurz, zylindrisch, an der Basis verjüngt, oben oder in der Hälfte mit einem breiten, dünnhäutigen, abfallenden Ring, weiß, von unten her rostigbraun verfärbend. Fruchtfleisch weiß, angenehm nach Pilzen riechend. Sporenstaub schokoladebraun, Sporen 7—9 × 5—6 µm, breit elliptisch, braun. Wächst sehr häufig auf Wiesen, Feldern, an Feldwegen und in Gärten. Eßbar, sehr schmackhaft.

Edelpilze — *Agaricaceae*

Anischampignon, Schafegerling Juni—September

Agaricus arvensis SCHAEFF. ex FR.

Hut 5—20 cm breit, kugelig gewölbt, dann glockenförmig bis flach, weiß mit zitronengelben Tönungen, fein seidig, später fast kahl. Lamellen frei, gedrängt, anfangs weißlich blaß, lange blaß bleibend, dann gräulich fleischfarben, allmählich schokoladebraun bis sattschwarz (niemals rosa). Stiel unten oft verbreitert mit abgestumpfter Basis, zäh, brüchig, oben mit häutigem breitem Ring, weiß, im Alter hohl. An Druckstellen verfärben sich Hut und Stiel langsam gelb. Fruchtfleisch weiß, angenehm nach Anis riechend. Sporenstaub schokoladebraun, Sporen 6,5—8 × 4—5 µm, elliptisch braun. Wächst häufig in humusreichen Wäldern, vor allem in Fichtengehölzen, an wärmeren Stellen. Eßbar, sehr schmackhaft. Achtung auf mögliche Verwechselungen mit dem Grünen Knollenblätterpilz *Amanita phalloides* und dem Giftchampignon *Agaricus xanthodermus!*

Giftchampignon, Karbolegerling Juli—September

Agaricus xanthodermus GENEV.

Hut 5—15 cm breit, kugelförmig, bald gewölbt, glatt, bleiweiß an Druckstellen und Verletzungen sofort chromgelb, doch diese Farbe schwindet bald und geht in graubraune Farbe über. Lamellen frei, weißlich, dann rosafarben, schokoladefarben bis schwärzlich. Stiel walzenförmig, weiß, mit häutigem Ring und mit kugelförmiger bzw. flach gedrückter Knolle, die an Schadstellen stark chromgelb verfärbt. Fruchtfleisch weiß, an der Schnittfläche in der Stielbasis chromgelb, riecht nach Karbol (besonders beim Kochen). Sporenstaub braunpurpur, Sporen 5—7 × 3—4 µm, eiförmig, braunpurpur. Wächst in Laub- und Nadelwäldern, aber auch in Parks und auf Wiesen. Giftig, vor allem Fruchtkörper aus Laubwäldern rufen Erbrechen und Durchfälle hervor.

Starkknolliger Schafchampignon Juli—September

Agaricus abruptibulbus PECK

Hut 8—12 cm breit, gewölbt, dann ausgebreitet, reinweiß, an Druckstellen allmählich und manchmal nur gering gelb verfärbend, dünnfleischig, glatt, fein seidig. Lamellen frei, gedrängt, anfangs fleisch-grau, dann schokoladebraun, allmählich schwarz. Stiel zylindrisch, unten stark, fast abgesetzt knollig erweitert, weiß, fein faserig, mit dünnhäutigem Ring, durch die meist abgeflachte Knolle leicht vom Anischampignon *(A. arvensis)* unterscheidbar. Fruchtfleisch weiß, an Schadstellen gelb färbend, schwach nach Anis riechend, mild schmeckend. Sporenstaub schokoladebraun, Sporen 6—8 × 4—5 µm, elliptisch, glatt, ohne Keimspalte, braun. Wächst in Fichtenwäldern. Eßbar.

Riesenegerling Juli—September

Agaricus augustus FR.

Hut 10—25 cm breit, anfangs fast kugelförmig, dann gewölbt bis flächig, auf gelbem Grund mit dattelbraunen bis gold-rostigen, faserigen, angedrückten Schuppen, die in konzentrischen Kreisen angeordnet sind, in der Mitte braun. Lamellen frei, schmal, gedrängt, anfangs weißlich, dann grau, schokoladebraun bis schwarz. Stiel unten erweitert, mächtig, gelblich, zäh, unter dem häutigen Ring flockig geschuppt bis kahl, im Alter gelb-rostig verfärbend. Fruchtfleisch weiß, nach Anis riechend, mild schmeckend. Sporenstaub braun, Sporen 7,5—9 × 5,5—6 µm, eiförmig elliptisch, glatt, purpurbraun. Wächst in wärmeren Gebieten in Fichtenwäldern, vor allem an deren sonnigen Rändern. Eßbar, schmackhaft.

Edelpilze — *Agaricaceae*

Weinrötlicher Zwergegerling Juli — Oktober

Agaricus semotus Fr.

Hut 1,5 — 5 cm breit, anfangs halbkugelförmig, dann glockig bis flächig ausgebreitet, dünn- und spröd-fleischig, anfangs weißlich, dann in der Mitte purpurn, später purpurbraun, zum Rande hin blasser bis weiß und faserig, purpurfarben geschuppt, am Rand mit Hüllresten. Lamellen frei, gedrängt, graurosa, dann grauschwarz. Stiel 2,5 — 6 cm lang, nur 3 — 4 mm dick, dünn zylindrisch, weißlich oder gelblich, mit dünnem, häutigem Ring. Fruchtfleisch weiß bis violettlich getönt, in der Regel stark nach Anis riechend, mild schmeckend. Sporenstaub purpurbraun, Sporen 4,5 — 5 × 3,5 — 4 µm, elliptisch, glatt, braun. Wächst zumeist in Nadelwäldern. Eßbar.

Dünnfleischiger Anis-Champignon Juli — September

Agaricus silvicolus (Vitt.) Sacc.

Hut 5 — 10 cm breit, ausladend gewölbt, dünn, glatt, seidig, weiß, an Berührungsstellen und im Alter vergilbend bis orange verfärbend. Lamellen frei, jung blaß, dann grauviolett bis schokoladebraun. Stiel gerade, unten mit einer Knolle, die auch flachgedrückt sein kann, hohl, weiß, gelb verfärbend, später schmutziggrau, Ring einfach, glatt, weiß. Fruchtfleisch weiß, unter der Haut gelb färbend, an der Stielbasis braun bis rot verfärbend, nach Anis duftend, süß schmeckend. Sporenstaub fast schwarz, Sporen 5 — 6 × 3 — 4 µm, eiförmig elliptisch, schokoladefarben. Wächst in Laub- und Nadelwäldern, gewöhnlich in Haufen. Pilzsammler unterscheiden ihn in der Regel nicht vom Anisegerling *A. arvensis*. Eßbar, ausgezeichnet.

Amiant-Körnchenschirmling, Amiantschirmling August — Oktober

Cystoderma amianthinum (Scop. ex Fr.) Maubl.

Hut 2 — 4 cm breit, weit glockig, oft flach gebuckelt oder mit einer Warze versehen, dann flächig ausgebreitet, ockergelb, manchmal blaßocker, sehr dicht körnig und besonders um die Mitte strahlenförmig runzlig. Lamellen angewachsen, gedrängt, weiß, später gelblich. Stiel dünn zylindrisch, im oberen Teil mit abstehendem Ring, ockergelb, fein schuppig. Sporenstaub weiß, Sporen 5 — 6 × 3 — 4 µm, elliptisch, glatt, farblos. Wächst sehr zahlreich im Moos, im Gras und Heidekraut in Nadelwäldern. Ungenießbar.

Starkriechender Körnchenschirmling August — Oktober

Cystoderma carcharias (Pers. ex Secr.) Maubl.

Hut 2 — 5 cm breit, weit glockig, mit einem niedrigen Buckel in der Mitte, dann flächig, dünnfleischig, weißlich, hautfarben bis blaß-semmelfarben, sehr dicht körnig. Lamellen angewachsen, gedrängt, weiß. Stiel dünn zylindrisch, oben mit aufrecht stehendem, häutigem Ring, der ein Bestandteil der abziehbaren Hülle ist, in der der größte Teil des Stieles steckt, weißlich, dicht feinkörnig. Fruchtfleisch weiß, unveränderlich, charakteristisch nach Moder (Scheunenstaub) riechend. Sporenstaub weiß, Sporen 4 — 5,5 × 3 — 4 µm, eiförmig kugelig, glatt, farblos. Wächst vor allem auf feuchten Rasenplätzen in Nadelwäldern. Ungenießbar.

Edelpilze — *Agaricaceae*

Zinnoberroter Körnchen-Schirmling August—September
Cystoderma cinnabarinum (ALB. et SCHW. ex FR.) MAUBL.
Hut 2—6 cm breit, weit glockig, dann flächig ausgebreitet, in der Mitte abgerundet, dünnfleischig, zinnoberrot, später zu Gelb ausbleichend, im ganzen dicht feinkörnig. Lamellen angewachsen, gedrängt, reinweiß. Stiel zylindrisch, unten oft verdickt und gebogen, bis zum Ring zinnoberrot schuppig, darüber kahl und weiß. Fruchtfleisch weiß bis gelblichweiß, ohne besonderen Geschmack und Geruch, unveränderlich. Sporenstaub weiß, Sporen 4—5 × 2,5—3 µm, kurz elliptisch, glatt, farblos. Wächst im Gras an Waldrändern oder direkt in Misch- oder Nadelwäldern. Eßbar.

Tintenpilze — *Coprinaceae*

Schopftintling, Spargelpilz Juni—September
Coprinus comatus (MUELL. ex FR.) S. F. GRAY
Hut im Jugendstadium walzenförmig, 5—10 cm hoch, 3—6 cm breit, dann glockenförmig, allmählich ausgebreitet, weiß, zum Rand rosa bis schwach ocker, zuerst mit fast seidiger Huthaut, die zu großen, abstehenden weichen Schuppen aufreißt. Lamellen frei, gedrängt, anfangs weiß, dann rosa, beim reifen Fruchtkörper sehr bald schwarz und tintig zerfließend. Stiel knollig, 1—2 cm dick, weiß, faserig geschuppt, mit einem schmalen, häutigen, beweglichen Ring. Fruchtfleisch weiß. Sporenstaub schwarz, Sporen 10—15 × 7—8 µm, elliptisch, undurchsichtig schwarz, glatt, mit einer Keimspalte. Wächst meistens in Büscheln auf Komposthaufen, gedüngtem Rasen, Schuttplätzen meist außerhalb des Waldes (im Wald fast nur an Wegrändern). Die Fruchtkörper entwickeln sich rasch und zerfließen sehr schnell. Jung eßbar, nach Alkoholgenuß giftig.

Grauer Faltentintling, Antialkoholikerpilz Mai—Oktober
Coprinus atramentarius (BULL. ex FR.) LOUD.
Hut 3—8 cm breit, anfangs eiförmig, bald glockenförmig, am Rande nach außen gewendet, längsgerieft, grau, gekörnt. Lamellen frei, jung grauweißlich, dann bräunlich, schließlich schwarz und bald zusammen mit dem Hutfleisch zerfließend. Stiel gerade, hohl, glatt, weiß. Fruchtfleisch weiß, geruch- und geschmacklos. Sporenstaub schwarz, Sporen 9—10 × 5—6 µm, elliptisch, anfangs braun, bald schwarz, undurchsichtig, glatt. Wächst auf Schuttplätzen, an Wegen, auf Abfallhalden, an Baumstümpfen u. ä. Junge Fruchtkörper sind eßbar, nach Alkohol- und Kaffeegenuß kann es zu Vergiftungen kommen.

Glimmertintling Juni—September
Coprinus micaceus (BULL. ex FR.) FR.
Hut 2—4 cm breit, eiförmig, mit angehobenem bis nach außen gestülptem Rand, Haut ockerbraun bis rostfarben, jung mit zahlreichen glitzernden Körnchen. Lamellen frei, anfangs weißlich, an den Schneiden weiß, bald schwarz verfärbend und gemeinsam mit dem Hutrand zerfließend. Stiel dünn, hohl, weiß, an der Basis mit den anderen Fruchtkörpern verwachsend. Fruchtfleisch dünn, weißlich, geruch- und geschmacklos. Sporenstaub schwarz, Sporen 9—10 × 5—6 µm, birnenförmig, dunkelbraun. Wächst in Büscheln auf dem Boden in der Umgebung von Bäumen und Baumstümpfen oder auf diesen. Junge Fruchtkörper eßbar. Nach Alkoholgenuß kann es zu Vergiftungen kommen.

Früher Mürbling April–Juni

Psathyrella groegeri G. Hirsch
Syn.: *Psathyrella vernalis* (J. Lge.) Moser (non *P. vernalis* Velen.)
Hut 2–5 cm breit, bei Feuchtigkeit satt ockerbraun, ohne durchscheinende Lamellen, glatt, kahl, bei Trockenheit cremefarben-ocker, nur in der Jugend mit unauffälligen Resten eines Velums am Rand, halbkugelförmig, später flach gewölbt. Lamellen recht gedrängt, beige-braun, später dunkelbraun, an der Schneide weiß. Stiel 3–6 cm lang, 2–4 mm dick, weiß, später vergilbend, glatt. Fruchtfleisch ohne besonderen Geruch und Geschmack. Sporen 7–10 × 4–5 µm, elliptisch, braun. Besitzt ausgeprägte, breit blasenförmige Cheilocystiden. Wächst auf dem Boden zwischen vermoderten Zweigen, in Laub, Humus und Gras, an lichten Stellen in Laub- und Mischwäldern. Ungenießbar.

Zarter Saumpilz, Behangener Faserling, Mai — Oktober
Lilablättriger Faserling
Psathyrella candolleana (Fr. ex Fr.) R. Maire
Hut 3 — 10 cm breit, eiförmig, später glockig bis ausgebreitet, weiß bis blaßgelblich, anfangs mit schwachen Schuppen wie bestäubt, am Rand mit sehr zarten, vergänglichen weißen Hüllresten. Lamellen kurz angeheftet, gedrängt, schmal, anfangs weiß, dann graurosa bis purpurbraun, an der Schneide weiß bewimpert. Stiel 2 — 5 cm lang, spröde, hohl, weiß, fein bereift, oben gerieft. Fruchtfleisch weiß, sehr spröde. Sporenstaub purpurbraun, Sporen 7 — 8 × 3 — 4 µm, elliptisch, glatt, mit Keimspalte, braun. Wächst in Büscheln und auch einzeln auf den Stümpfen von Laubbäumen, an Wegrändern in Wäldern, Parkanlagen und Wiesen. Eßbar.

Weißstieliges Stockschwämmchen, September — Dezember
Wäßriger Saumpilz
Psathyrella hydrophila (Bull. ex Mérat) R. Maire
Hut 2 — 5 cm breit, glockenförmig, dann ausgebreitet, häutig, sehr spröde, stark hygrophan, bei Feuchtigkeit kastanien- oder dattelbraun, mit durchscheinend gestreiftem Rand, bei Trockenheit blaß kaffeebraun oder semmelfarben, strahlenförmig runzlig, manchmal fast bucklig, im Jugendstadium mit abfallenden Hüllrestfetzen. Lamellen eng angewachsen, anfangs weißlich, dann schmutzigbraun bis satt schokoladefarben, an den Schneiden weiß. Stiel 5 — 12 cm lang, 3 — 6 mm dick, spröde, ohne besonderen Geruch und Geschmack. Sporenstaub dunkel purpurbraun, Sporen 5 — 7 × 3 — 4 µm, zylindrisch elliptisch, glatt, braun. Wächst in großen, dichten Büscheln auf den Stümpfen und Wurzeln von Laubbäumen. Eßbar.

Grauer Weg-Zärtling Juni–Oktober
Psathyrella prona (Fr.) Gillet f. cana Kits van Waveren
Hut 1,5–2,5 cm breit, halbkugelförmig, hellgrau, in der Mitte häufig bräunlich, bei Feuchtigkeit mit durchscheinenden Lamellen, bei Trockenheit sehr hellgrau bis weißlich, leicht runzelig, Velum meist nicht erkennbar. Lamellen dunkelgrau, später schwärzlich, Schneide von gleicher Färbung. Stiel 6–7 cm lang, 1 mm dick, blaß isabellfarben oder weiß, am unteren Ende häufig mit einem kleinen, nicht wurzelnden Knöllchen. Fruchtfleisch geruch- und geschmacklos. Sporen 12–16 × 7–7,5 µm, zylindrisch ellipsoid, dunkelbraun bis schwarzbraun (Sporenstaub fast schwarz). Wächst im Gras, an Wegrändern, seltener auf Pferdeexkrementen. Ungenießbar.

Tintenpilze — *Coprinaceae*

Tränender Saumpilz Juli—September

Lacrymaria velutina (PERS. ex S. F. GRAY) KONR. et MAUBL.

Syn.: *Hypholoma lacrymabundum* (BULL. ex FR.) QUÉL. s. RICKEN

Hut 3—10 cm breit, halbkugelförmig oder glockig, dann ausgebreitet, semmelgelb oder rotbraun, ganz filzig schuppig, am Rande mit Hüllrestfransen. Lamellen gedrängt, kurz angeheftet, ausgebaucht, anfangs graurötlich, dann schwarzbraun, mit weißen Schneiden, die im frischen Zustand mit Tröpfchen einer milchigen Flüssigkeit bedeckt sind, die nach dem Eintrocknen schwarze Tupfen hinterlassen. Stiel 8—12 cm lang, 0,5—1 cm dick, unten erweitert, weißlich, braun faserig geschuppt, oben weiß bereift. Sporenstaub schwarz. Sporen 9—12 × 5—7 µm, zitronenförmig, fein warzig, sattschwarz. Wächst meistens büschelweise in Parks, Gärten, im Wald an Wegrändern, auf Feldern. Ungenießbar.

Glockendüngerling Juli—Oktober

Panaeolus sphinctrinus (FR.) QUÉL.

Syn.: *Panaeolus campanulatus* (L. ex FR.) QUÉL. s. RICKEN

Hut 2—4 cm breit, unverändert glockenförmig, am Rande lange mit weißen Velumresten, düster grau mit braunen, lederfarbenen und rötlichen Tönen, glatt. Lamellen angewachsen, ausgebaucht, grau, bald schwarz gescheckt, an den Schneiden weiß bereift. Stiel sehr lang, dünn, gerade, weißlich bereift, schwärzlichbraun. Fruchtfleisch grau, spröde, geruch- und geschmacklos. Sporenstaub schwarz, Sporen 14—18 × 9—12 µm, zitronenförmig, dickwandig, schwarz, nichtamyloid. Wächst gesellig auf Rinder- und Pferdemist und auf gedüngten Stellen. Schwach giftig, enthält halluzinogene Indol-Verbindungen.

Mistpilze — *Bolbitiaceae*

Dung-Samthäubchen, Tonblasses Samthäubchen Mai—September

Conocybe rickenii (J. SCHAEFF.) KUEHN.

Hut 1—4 cm breit, eiförmig bis glockig, dünnhäutig, spröde, ocker- oder cremegelb, bei Trockenheit blaß, im Alter fast weißlich, kahl, glatt. Lamellen schmal angewachsen, recht gedrängt, ockergelb. Stiel 3—10 cm lang, 1—3 mm dick, im unteren Abschnitt manchmal geschwollen, weißlich bis hellocker, fein gefiedert. Fruchtfleisch gelblich. Sporenstaub rostigbraun, Basidien meistens 2-sporig. Sporen 10—17 × 6—12 µm, elliptisch, rostigbraun, glatt, mit breiter Keimspalte. Cheilocystiden kegelförmig. Wächst häufig auf gedüngtem Boden in Gärten, auf Feldern, an Wegen und auch direkt auf altem Dung. Ungenießbar.

Früher Erdschüppling, Voreilender Ackerling Mai—Juli

Agrocybe praecox (PERS. ex FR.) SING.

Hut 2—8 cm breit, halbkugelförmig bis ausgebreitet, dünnfleischig, blaßgelblich bis bräunlich, bei Trockenheit fast weißlich, glatt, kahl, mit dem Stiel durch einen häutigen Schleier verbunden, der am Hutrand weiße, vergängliche Fetzen hinterläßt. Lamellen recht breit angewachsen, weißlich bis grau-rostigbraun. Stiel 4—5 mm dick, weißlich, fein faserig, mit einem schmalen, weißlichen, abfallenden, häutigen Ring. Fruchtfleisch weiß, stark mehlig schmeckend und riechend. Sporenstaub tabakbraun, Sporen 9—12 × 5—6 µm, graugelblich, glatt, mit Keimspalte. Wächst gesellig an grasigen Stellen, in Gärten, auf Wiesen, auch in lichten Wäldern. Eßbar.

Mistpilze — *Bolbitiaceae*

Halbkugliger Erdschüppling Juli—Oktober ■□ □□

Agrocybe semiorbicularis (BULL. ex ST.-AM.) SING.

Hut 1—3 cm breit, halbkugelförmig, dann ausgebreitet, schlüpfrig, bei Trockenheit glänzend, glatt, ohne Velumreste, semmelgelb. Lamellen abgerundet, fast angeheftet, anfangs gräulich, bald hell-kaffeefarben, Schneiden weißlich. Stiel leicht gebogen, dünn, unten unscheinbar verdickt, hohl, seidig glatt, blaßgelb. Fruchtfleisch weißlich, Geschmack und Geruch schwach nach Anis. Sporenstaub schmutzig rostbraun, Sporen 10—14 × 8—10 µm, elliptisch, glatt, honigbraun, nichtamyloid. Wächst nach Regen im Gras an Wegen, auf Weiden, Feldern usw. Wird als eßbar angegeben.

Goldmistpilz Mai—September □■ □□

Bolbitius vitellinus (PERS. ex FR.) FR.

Hut 2—6 cm breit, eiförmig, glockig bis ausgebreitet, sehr dünnhäutig, lebhaft dotter- oder zitronengelb, später weißlich verblassend, bis zur Mitte strahlenförmig gerieft, schlüpfrig, klebrig, schnell verwelkend oder teilweise zerfließend. Lamellen fast gedrängt, blaß-lehmfarben, dann hell-rostiggelb. Stiel zylindrisch, 2—5 mm dick, hohl, spröde, weiß, ganz weiß bestäubt. Sporenstaub rostigbraun, Sporen 12—13 × 6—7 µm, elliptisch, glatt, mit Keimspalte, rostigbraun. Wächst in Gruppen im Gras an den Rändern von Wegen, vermoderndem Stroh, Dunghaufen. Ungenießbar.

Krönchenträuschling Juli–September □□ ■□

Stropharia coronilla (BULL. ex FR.) QUÉL.

Hut 2–5 cm breit, dick fleischig, halbkugelförmig, später flach gewölbt, ocker- oder zitronengelb, bei Feuchtigkeit klebrig, glatt, in der Jugend am Rand mit Resten eines weißen Velums. Lamellen gedrängt, violettgrau, später schokoladen- bis purpurbraun, an der Schneide weiß. Stiel 3–5 cm lang, 3–6 mm dick, reinweiß, mit abstehendem, häutigem, gerieftem Ring. Fruchtfleisch weiß, süßlich riechend. Sporenstaub violettbraun. Sporen 7–9 × 4–5 µm, eiförmig elliptisch, violettbraun. Wächst im Gras außerhalb von Wäldern, an Wegen, auf Wiesen und Feldern. Ungenießbar.

Schuppenpilze — *Strophariaceae*

Bläulicher Träuschling Juli—September □□ □■

Stropharia albocyanea (DESM.) QUÉL.

Hut 1—3 cm breit, gewölbt, dann flach, weißlich, bläulich oder grünlich überhaucht, bei Feuchtigkeit schlüpfrig, kahl, glatt. Lamellen angeheftet, recht breit, weißlich, später dunkel graubraun. Stiel 5—8 cm lang, 6—8 mm dick, zylindrisch, gerade oder durchgebogen, weißlich oder mit grünlichen Schattierungen, am oberen Teil mit schmalem, häutigem Ring, glatt, über dem Ring bereift. Fruchtfleisch weißlich, wäßrig. Sporenstaub purpurbraun, Sporen 8—9 × 4—5 µm, elliptisch, glatt, mit Keimspalte, violettbraun. Wächst auf feuchten Wiesen. Ungenießbar.

Schuppenpilze — *Strophariaceae*

Grünspanträuschling Juni — November

Stropharia aeruginosa (Curt. ex Fr.) Quél.

Hut 3—8 cm breit, abgerundet bis ausladend gewölbt, Haut abziehbar, schlüpfrig mit weißlichen Schuppen, kupferoxidgrün, im Alter ockerfarben verblassend. Lamellen angeheftet, weißlich, später grauviolett. Stiel gerade, hohl, bläulichgrün, mit kleinem Ring, darunter weißlich geschuppt. Fruchtfleisch weißlich, im Stiel grünlich, geruch- und geschmacklos. Sporenstaub purpurbraun, Sporen 7—8 × 4—5 µm, elliptisch, schwarzbraun. Wächst meist sehr gesellig in Nadel- und Laubwäldern, häufig an Wegrändern. Eßbar, doch manchmal schwach giftig.

Halbkugeliger Träuschling Juni–September

Stropharia semiglobata (Batsch ex Fr.) Quél.

Hut 1–4 cm breit, halbkugelförmig, zart fleischig, ocker- oder blaßzitronengelb, sehr schleimig, bei Trockenheit glatt und glänzend. Lamellen sehr breit, fast mit der gesamten Breite angewachsen, nicht dicht, dunkelgrau, später fast schwarz, Schneide weißlich. Stiel 5–10 cm lang, 2–3 mm dick, gerade, zäh, gelblich, schleimig, bei Trockenheit glänzend, in der Jugend mit dem Hutrand durch ein dünnhäutiges Velum verbunden, das auf dem Stiel einen bald verschwindenden Ring hinterläßt. Sporenstaub schwärzlich. Sporen 15–19 × 8–10 µm, zitronenförmig, violettbraun. Wächst auf Exkrementen von Pflanzenfressern (vor allem von Pferden und Kühen) auf Weiden und grasigen Waldwegen. Ungenießbar.

Rauchblättriger oder **Milder Schwefelkopf,** März — Dezember

Graublättriger Schwefelkopf

Hypholoma capnoides (Fr. ex Fr.) Kumm.

Hut 3—8 cm breit, gewölbt, dann ausgebreitet, recht festfleischig, gelborange-ocker, blaß, in der Mitte dunkler, glatt, glänzend, am Rande mit weißen Hüllresten, die später verschwinden. Lamellen ausgebuchtet, gedrängt, blaß, grautönig, dann blaugrau oder rußfarben. Stiel 8—10 cm lang, 6—8 mm dick, oft gebogen, am unteren Abschnitt rostfarben, oben weißlich, schwach weißlich glänzend. Fruchtfleisch weißlich, geruchlos, mild schmeckend. Sporenstaub schwarzviolett, Sporen 7—8 × 4—5 µm, elliptisch, glatt, purpurviolett, mit deutlicher Keimspalte. Wächst in Büscheln auf Stümpfen und Wurzeln von Nadelbäumen, meistens auf Fichten. Eßbar.

Grünblättriger oder **Bitterer Schwefelkopf** Januar — Dezember

Hypholoma fasciculare (Huds. ex Fr.) Kumm.

Hut 2—5 cm breit, flach gewölbt, im Jugendstadium mit feinen Fasern am Rande, schwefelgelb, in der Mitte meistens rotbraun. Lamellen angeheftet, jung schwefelgelb, bald grünlich, schließlich violettschwarz verfärbend, jedoch immer mit einem grünlichen Hauch. Stiel dünn, zäh, hohl, wurzelbildend, oft mit den benachbarten Fruchtkörpern verwachsend, schwefelgelb, unten bräunlich. Fruchtfleisch schwefelgelb, geruchlos, widerlich bitter schmeckend. Sporenstaub braunpurpurn, Sporen 6—8 × 4—5 µm, glatt, schmutzig gelbbraun. Wächst in Büscheln auf Stümpfen und Hölzern verschiedener Bäume. Giftig.

Weißflockiger Kahlkopf Juni–November

Psilocybe crobula (Fr.) M. Lge. ex Sing.

Hut 0,5–2 cm breit, flach gewölbt, lederfalb- bis olivbraun, schleimig, mit abziehbarer Haut, ohne durchscheinende Lamellen, auf der Oberfläche und am Rand mit zahlreichen abstehenden weißen Schüppchen, bei Trockenheit hell lederfarben. Lamellen breit gerade angewachsen, kurz herablaufend, blaß, später schmutzig braun. Stiel 2–6 cm lang, 1,5–2 mm dick, zäh, krumm, hell semmel- bis rostbraun. Sporen 6–9 × 4–5,5 µm, eiförmig elliptisch. Auf vermodernden Pflanzenresten, kleinen Zweigen, Pflanzenstengeln. Ähnelt dem *P. inquilina* (Fr.) Bres., der einen Hut mit durchscheinenden Lamellen besitzt und dessen Velum nur schwach entwickelt ist und rasch verschwindet. Wächst auf ähnlichen Substraten wie *P. crobula*. Ungenießbar.

Gemeines Stummelfüßchen Juni — Oktober

Crepidotus variabilis (Pers. ex Fr.) Kumm.

Fruchtkörper fast ohne Stiel (nur in frühester Jugend erkennbar), Hut seitlich oder mit dem Rücken mit dem Substrat verwachsen, 0,5 — 3 cm breit, rundlich, nieren- oder muschelförmig, weiß, wattig filzig, später am Rande lappig, dünnfleischig, verhältnismäßig elastisch. Lamellen laufen radial an einem Punkt am Hutrand zusammen, weißlich bis rosabräunlich. Sporenstaub rosa bräunlich, Sporen 5,5 — 7 × 3 — 4 µm, kurz walzenförmig elliptisch, sehr fein warzig stachlig, blaßbraun. Wächst häufig auf abgefallenen Zweigen von Laubbäumen, manchmal auch auf moderndem Laub. Ungenießbar.

Nadelholzschüppling Juli — Oktober

Hypholoma marginatum (Pers. ex Fr.) Schroet.

Hut 1 — 4 cm breit, glockig, dann niedrig gewölbt, in der Mitte mit Buckel, dünnfleischig, zitronengelb bis falbbraun, glatt, am Rande faserig und mit Hüllresten behangen. Lamellen am Stiel ausgebuchtet, gedrängt, blaß-lehmfarben, graubraun. Stiel 5 — 10 cm lang, 2 — 3 mm dick, rostigbraun bis rotbraun, an der Spitze gelblich, silbrig längsgefasert. Fruchtfleisch bitter, riecht nach Jodoform. Sporenstaub violettlich braun, Sporen 7 — 9,5 × 4 — 5 µm, eiförmig elliptisch, hell-purpurbraun. Wächst gesellig auf modernden Holzresten, vor allem auf Nadelholzstümpfen und auf Wegen in Fichtengehölzen. Ungenießbar.

Juni—August

Hypholoma subericaeum (FR.) KUEHN.

Hut 1—3 cm breit, glockenförmig, gewölbt bis ausgebreitet, in der Mitte gebuckelt, bei Feuchtigkeit falb bis dattelbraun, bei Trockenheit gelblich verblassend, jung am Rand mit weißen Hüllresten. Lamellen tief ausgebuchtet, mit einem Zähnchen angewachsen, blaß, dann dunkelbraun. Stiel 3—10 cm lang, 2—4 mm dick, gelblich, dann von unten her rostfarben bis bräunlich, seidig faserig. Fruchtfleisch gelblich, schwach bitter, stark nach Jodoform riechend. Sporenstaub purpurbraun, Sporen 8—10 × 4—5 µm, eiförmig elliptisch, glatt, hellbraun. Wächst einzeln und gesellig an feuchten bis sumpfigen Stellen im Gras und Moos. Ungenießbar.

Trockener Kahlkopf April–Mai

Psilocybe montana (PERS. ex FR.) KUMMER

Hut 0,5–1,5 cm breit, halbkugelförmig, später leicht gewölbt bis flach, bei Feuchtigkeit mit durchscheinenden Lamellen, dunkelrotbraun, bei Trockenheit lederfalb, nicht oder nur schwach klebrig. Lamellen schütter, breit angewachsen, dunkelbraun. Stiel 1–2 cm lang, 1–2 mm dick, zäh, von hellerer Braunfärbung als der Hut. Fruchtfleisch geruchlos. Sporen 6–8 × 4–5 µm, elliptisch, leicht violettbraun. Wächst im zeitigen Frühjahr in Wäldern, auf sauren und sandigen Böden in niedrigem Moos, auf Heiden, sonnigen Hügeln, Waldrändern. Ungenießbar.

Spitzkegeliger Kahlkopf August–Oktober

Psilocybe semilanceata (FR.) QUÉL.

Hut 1,5–2 cm hoch, 0,5–1 cm breit, zugespitzt kegelförmig, lanzettlich zugespitzt, sehr schleimig, braungelb, olivgelblich, bei Trockenheit lederfarben-gelblich, schleimig, glatt. Lamellen breit angewachsen, olivgrau, später schwärzlichbraun, mit weißer Schneide. Stiel sehr lang und dünn (2–3 mm), zäh, gebogen, hellbräunlich, glänzend, an der Basis teilweise blaugrünlich oder bläulich verfärbend (var. *coerulescens* Cooke). Sporen 12–16 × 6–8 µm, elliptisch, braun. Wächst im Gras auf Weiden und Waldwiesen (oft in Büscheln des Grases *Nardus stricta*). Ungenießbar (enthält sog. halluzinogene Stoffe).

Ziegelroter Schwefelkopf Mai—November

Hypholoma sublateritium (FR.) QUÉL.

Hut 3—8 cm breit, gewölbt, dann ausgebreitet, zähfleischig, falb-ziegelrot, in der Mitte lebhaft ziegelrot, anfangs mit blasseren Rändern, die mit weißlich schwefelgelben, filzigfaserigen oder schuppigen Hüllresten behangen sind, später kahl. Lamellen ausgebuchtet, blaßgelblich, dann schmutzig oliv, allmählich schokoladefarben, mit weißlichen Schneiden. Stiel 7—12 cm lang, 7—12 mm dick, unten rostfarben und schuppig faserig, oben weißlichgelb, oft gebogen, mit ringförmigen Hüllresten. Fruchtfleisch schmutzig weiß bis rostfarben, im unteren Stielteil rostfarben, leicht bitter oder fast geschmacklos. Sporenstaub schwarzviolett, Sporen 6—8 × 3—4 µm, elliptisch, glatt, mit kleiner Keimspalte, dunkelbraun. Wächst in Büscheln, manchmal auch einzeln, auf den Stümpfen von Laub-, seltener von Nadelbäumen. Wegen des bitteren Geschmacks und der Möglichkeit von Verwechselungen mit dem Grünblättrigen Schwefelkopf *(H. fasciculare)* kann dieser Pilz nicht zum Essen empfohlen werden, auch wenn ihn einige Pilzsammler ohne Schaden konsumieren.

Dunkelscheibiger Fälbling September–Dezember
Hebeloma mesophaeum (Pers. ex Fr.) Quél.
Hut 3–4 cm breit, kegelförmig glockig mit niedrigem Buckel, später flach ausladend, in der Mitte satt rotbraun, glatt, am Rand von einem auffallenden, breiten, weißen, filzigen Streifen eines Velums eingesäumt. Lamellen weiß, später lehmigocker, an der Schneide leicht gezahnt. Stiel 5–8 cm lang, 3–5 mm dick, zylindrisch, oben mit einem angedrückten ringförmigen verfilzten Velumstreifen, darunter weiß faserig verfilzt, von unten her stark braun verfärbend. Fruchtfleisch fast geruchlos. Sporen 8–10 × 5–6 µm, elliptisch, glatt. Wächst in Nadelwäldern, vor allem unter Fichten und Kiefern. Ungenießbar.

Gemeiner oder **Tränender Rettichfälbling** August — Oktober
Hebeloma crustuliniforme (Bull. ex St.-Am.) Quél.
Hut 4—6 cm breit, bald flach gewölbt bis durchgebogen, oft bucklig, lange mit eingerolltem Rand, bei Feuchtigkeit schlüpfrig, bräunlich und auch weißlich grautönig. Lamellen abgerundet, hell-graubraun, mit bitteren, braun verfärbenden Tröpfchen. Stiel zylindrisch, bald hohl, weißlich, oben weiß körnig. Fruchtfleisch weißlich, riecht und schmeckt nach Rettich. Sporenstaub lehmbraun, Sporen 10—12 × 5—7 µm, mandelförmig, warzig, ockerfarben. Wächst in kleineren Ansammlungen in Wäldern und unter Bäumen auch außerhalb des Waldes. Häufig. Schwach giftig.

Rettichfälbling September–November
Hebeloma sinapizans (Paulet ex Fr.) Gill.
Hut 4–12 cm breit, gewölbt, später flach, ockerbraun, ziegelrötlich, aber auch rostiggelb bis schmutzig braun, glatt, kahl, leicht schleimig, ohne Velum, fleischig. Lamellen kaffeebraun, später zimtbraun, ausgerandet, an der Schneide weißlich. Stiel 5–10 cm lang, 15–25 mm dick, fest fleischig, zylindrisch bis leicht knollenförmig erweitert, blaß, faserig geflammt bis schuppig. Fruchtfleisch weiß, stark nach Rettich riechend. Sporen 10–12 × 6–7 µm, mandelförmig, braun, glatt. Wächst in Laub-, vor allem in Buchenwäldern, teilweise auch Nadelwäldern. Ungenießbar.

Brauner Faserkopf VII — IX Juli — September
Inocybe cervicolor (Pers. ex Pers.) Quél.
Hut 4—7 cm breit, stumpf glockenförmig, auf weißlichem Grund strahlig rotbraun faserig, mittig oft gedrückt, Schuppen geplatzt, Blätter mäßig dicht, anfangs weiß, später schmutziggrau oder graubraun, an der Schneide weiß gewimpert, an Druckstellen bräunend.
Stiel 3—10 mm dick, zylindrisch, unten meistens nicht verdickt, verhältnismäßig fest, glatt, oben bestäubt, bei Druck von unten her braun verfärbend. Fruchtfleisch weißlich, im Stiel rötlichbraun verfärbend, mild schmeckend, aber intensiv nach Aas riechend (oder nach alten Weinfässern). Sporenstaub braun, Sporen 12—15 × 7—8,5 µm, nierenförmig elliptisch, hellbräunlich. Wächst in laubwäldern auf kalkiger Unterlage. Ungenießbar.

Mairißpilz, Ziegelroter Rißpilz Mai — Juni

Inocybe patouillardii Bres.

Syn.: *Inocybe lateraria* Ricken

Der ganze Pilz ist jung weiß oder weißlich, seidig glänzend, bei Berührung (manchmal erst nach vielen Stunden) und im Alter rot verfärbend. Hut 4—10 cm breit, glockenförmig, bald unregelmäßig ausgebreitet, glatt, radial eingerissen. Lamellen ausgebuchtet, weiß, bald grauoliv bis dunkelocker. Stiel zylindrisch, bis zu 2 cm dick, fleischig. Fruchtfleisch weiß, im Alter rot verfärbend, Geruch unangenehm, Geschmack unausgeprägt. Sporenstaub olivbraun, Sporen 8—14 × 5—8 µm, bohnenförmig, hell korkbraun. Wächst unter Laubgehölzen in Wäldern und Parks, vor allem auf Böden mit höherem Kalkgehalt. Stark giftig, Achtung auf Verwechselung mit dem Maipilz *(Calocybe gambosa)*!

Kegeliger Rißpilz Juli — September

Inocybe fastigiata (Schaeff. ex Fr.)Quél.

Hut 3—9 cm breit, spitzkugelig, bald ausgebreitet, mit spitzem Buckel, rissig, strahlenförmig faserig, ocker bis düsterbraun. Lamellen frei, oliv mit weißlichen Schneiden, dann braun. Stiel zylindrisch, bis 1 cm dick, unten abgerundet, ohne Knolle, weiß bis ocker. Fruchtfleisch weiß, spermatisch riechend, unangenehm schmeckend. Sporenstaub braun, Sporen 10—18 × 5—8 µm, zylindrisch, glatt, gelblich, auf den Schneiden farblose Cheilocystiden. Wächst in Wäldern, Parks, auf Wegen, in Alleen u.ä. Giftig.

Erdblättriger Faserkopf, Seidiger Rißpilz Juni — November

Inocybe geophylla (Sow. ex Fr.)Kumm.

Hut 1—4 cm breit, kegelförmig, bald ausladend gewölbt mit niedrigem Buckel, selten rissig, seidig, fliederfarben oder blauviolett, gelb verfärbend, jung am Rand durch einen violetten Haarschleier mit dem Stiel verbunden. Lamellen frei, weißlich, braun verfärbend. Stiel dünn, blauviolett. Fruchtfleisch weiß, spermatisch riechend, geschmacklos. Sporenstaub braun, Sporen 8—12 × 5—7 µm, elliptisch, glatt, gelblich. Auf den Schneiden der Lamellen befinden sich flaschenförmige Cystiden, die an der Spitze Kristalle tragen. Wächst vor allem unter Laubbäumen, aber auch unter Nadelgehölzen. Sehr giftig.

Weißlicher Rißpilz Juli — September

Inocybe argillacea (Pers. ex Pers.)Sing.

Syn.: *Inocybe geophylla* (Sow. ex Fr.) Kumm.

Hut 1—4 cm breit, kegelförmig, bald ausgebreitet, mit niedrigem Buckel, jung durch einen weißen Haarschleier mit dem Stiel verbunden, seidig, weiß bis gelblich, faserig. Lamellen weißlich, frei, später ockerbraun mit weißlichen Schneiden. Stiel dünn, oben bestäubt, weiß. Fruchtfleisch weiß, Geruch spermatisch, ohne Geschmack. Sporenstaub braun, Sporen 8—12 × 5—7 µm, elliptisch, glatt, gelblich. Auf den Schneiden der Lamellen befinden sich flaschenförmige Cystiden, die an der Spitze Kristalle tragen. Wächst in Wäldern, Parks, in Alleen u.ä. Giftig.

Haarschleierpilze — *Cortinariaceae*

Gemeiner Wirrkopf, Struppiger Rißpilz Mai — November

Inocybe lacera (FR.)KUMM.

Hut 2 — 4 cm breit, bald weit ausladend gewölbt, mit einem kleinen flachen Buckel, trocken, schuppig faserig, graubraun bis braun. Lamellen angeheftet, jung weißlich, dann graubraun mit weißlichen Schneiden. Stiel walzenförmig, im ganzen faserig, hellgrau, dann braun. Fruchtfleisch weißlich, im Stiel rötlich, Geruch spermatisch, Geschmack kratzend. Sporenstaub bräunlich, Sporen 10 — 18 × 4,5 — 7 µm, lang zylindrisch, glatt, graugelb. Auf den Flächen und Schneiden der Lamellen befinden sich flaschenförmige Cystiden mit einer Kappe. Wächst auf saueren Böden, vor allem auf kahlen Hängen und sandigen Wegen. Sehr giftig. Achtung auf Verwechslungen mit dem eßbaren Nelken- oder Feldschwindling *(Marasmius oreades)*!

Weinroter Rißpilz Juli–September

Inocybe jurana (PAT.) SACC.

Hut 2–8 cm breit, kegelförmig glockig mit Buckel, Haut radial faserig zerrissen, mit violettbraun bis weinrot gefärbten strahlenförmigen Fasern auf zunächst weißem, später hell rosa oder weinrotem Fruchtfleisch des Hutes. Lamellen gedrängt, graugelblich, braunocker, später violettbraun. Stiel 4-7 cm lang, 0,5-2 cm dick, unten knollenförmig verdickt, oben weißlich, nach unten hin grauviolett oder braunrot, an der Basis karmin- oder braunviolett angehaucht, mit Haarschüppchen bestaubt. Fruchtfleisch weiß, später rosa, an der Stielbasis weinrot, süßlich nach Obst riechend und schmeckend. Sporen 9–12 × 6–8 µm, elliptisch nieren- bis bohnenförmig, ockergelb, glatt. In Laub-, seltener in Nadelwäldern, vor allem auf Kalkstein. Ungenießbar.

Falscher Ausgebuchteter Rißpilz Juli–September

Inocybe pseudodestricta STANGL et VESELSKÝ

Hut 2–6 cm breit, stumpf kegelförmig, dunkel- bis porphyrbraun, leicht fettig glänzend, dicht radial faserig auf weißlichem Untergrund, nicht schuppig. Lamellen okker, olivfarben angehaucht. Stiel 2,5–6,5 cm lang, 5–12 mm dick, am unteren Ende leicht knollenförmig erweitert, weiß oder bräunlich, im oberen Teil leicht bestaubt. Sporen 8,5–11 × 5–6 µm, elliptisch, glatt, braun. Wächst auf dem Boden in lichten Wäldern, vor allem unter Birken und Kiefern. Ungenießbar.

Duftender Rißpilz August — September

Inocybe bongardii (WEINM.)QUÉL.

Hut 3 — 6 cm breit, glockenförmig bis gewölbt, faserig, sehr fein geschuppt, jung weißlich, später gelb, ocker oder rötlichbraun. Lamellen frei, weißlich, später graurötlich, schließlich braun. Stiel gerade, weiß, später braun-weinrot, längsfaserig. Fruchtfleisch weißlich, vor allem im Stiel rot verfärbend, Geschmack unauffällig, Geruch nach Birnen oder Pflaumen. Sporenstaub zimtfarben, Sporen 10 — 14 × 6 — 8 µm, nierenförmig, glatt, gelblich. Wächst auf kalkigen Böden unter Laub-, seltener unter Nadelbäumen. Ungenießbar.

Haarschleierpilze — *Cortinariaceae*

Rötender Rißpilz Juli—September

Inocybe godeyi GILL.

Hut 3—6 cm breit, stumpf glockig, bald ausgebreitet bucklig, seidig, weiß bis schwach ockerfarben, an Druckstellen rot verfärbend. Lamellen abgerundet, lehmgelb mit oliven Tönen, später graubraun, rot verfärbend. Stiel gerade, unten mit einer flachen abgesetzten Knolle, weißlich, rot verfärbend. Fruchtfleisch weiß, besonders im Stiel rot verfärbend, riecht unangenehm erdig, geschmacklos. Sporenstaub braun, Sporen 9—12 × 5—7 µm, mandelförmig, braun, glatt, Cystiden aufgebläht. Wächst auf kalkigen Böden unter Buchen und Haselnüssen, aber auch unter Kiefern. Schwach giftig.

Orangefuchsiger oder **Gift-Hautkopf** August—September

Cortinarius orellanus FR.

Hut 4—10 cm breit, bald gewölbt und breit ausgebuckelt, oft unregelmäßig gebogen, fleischig, filzig bis fein schuppig, mit fortschreitendem Alter kahl werdend, braunorange. Stiel zylindrisch, schwach gebogen, unten spitz verjüngt, faserig, goldgelb, braun verfärbend. Fruchtfleisch gelblich bis fuchsig, riecht und schmeckt schwach nach Rettich. Sporenstaub rostfarben, Sporen 8—12 × 5—7 µm, mandelförmig, gepunktet, braun. Wächst in warmen Laubwäldern und Hainen, vor allem unter Eichen. Äußerst giftig, innerhalb von 2—21 Tagen bewirkt die Vergiftung Nierenschäden, die zum Tode führen können.

Aprikosen Wasserkopf September–November

Cortinarius armeniacus (SCHAEFF. ex FR.) FR.

Hut 4–7 cm breit, kegelförmig glockig, später leicht gewölbt, mit Buckel, gelbpfirsichfarben bis orangebraun oder fuchsig bis zimtbraun, am Rand in der Jugend weißlich seidig faserig, trocken. Lamellen breit, gelblich-cremefarbenocker, später lebhaft gelblichocker bis zimtrostfarben. Stiel 5–8 cm lang, 1–2 cm dick, häufig keulenförmig erweitert, weiß, später hell orangerostfarben, faserig, Cortina weiß, bildet einen bald verschwindenden Velum-Gürtel. Fruchtfleisch weißlich, ocker- oder orangefarben getönt, schwach nach Jodoform oder Rettich riechend, vom mildem Geschmack. Sporen 8–9,5 × 4,5–5,5 µm, elliptisch eiförmig, fein warzig, gelbrostfarben. Wächst in Nadelwäldern. Ungenießbar.

Ziegelgelber Schleimkopf, Semmelbrauner Schleimkopf August—Oktober

Cortinarius varius (SCHAEFF. ex FR.) FR.

Hut 3—10 cm breit, halbkugelförmig, dann flach gewölbt, gebuckelt, am Rande eingerollt, gelbbraun oder rostfarben fuchsigorange, bei Feuchtigkeit glänzend, jung durch eine weiße glänzende Hülle mit dem Stiel verbunden. Lamellen ausgebuchtet, mit einem Zahn angeheftet, anfangs fliederfarben, später zimtfarben rostig. Stiel keulenförmig, meistens recht kurz, weiß oder fliederfarben getönt, stark. Fruchtfleisch weiß, im Stiel gelblich. Sporenstaub rostigbraun, Sporen 10—12 × 5—6 µm, mandelförmig, fein warzig, rostbraun. Wächst in Nadelwäldern, vor allem unter Fichten auf Kalkböden. Eßbar, sehr gut.

Haarschleierpilze — *Cortinariaceae*

Weißvioletter Dickfuß September—Oktober ■□ □□

Cortinarius alboviolaceus (Pers. ex Fr.) Fr.

Hut 3—8 cm breit, flach gewölbt, gebuckelt, ziemlich dünnfleischig, weißviolett, seidig feinfaserig, trocken, glatt. Lamellen mit einem Zahn angeheftet, grauviolett, dann zimtbraun. Stiel 5—12 cm lang, 8—15 mm dick, keulenförmig, weißviolett, in der Hälfte mit schmalem faserigem Ring und darunter mehrfach unterbrochen faserig gegürtelt. Fruchtfleisch weißviolett. Sporenstaub rostigbraun, Sporen 8—10 × 5—6 µm, elliptisch, kleinwarzig, rostigbraun. Wächst in Nadel- und Laubwäldern, vor allem in Eichengehölzen. Ungenießbar.

Liladickfuß August—Oktober □■ □□

Cortinarius traganus (Fr. ex Fr.) Fr.

Hut 3—12 cm breit, jung kugelförmig, bald ausladend gewölbt, fleischig, verwachsen filzig bis leicht schuppig, jung fliederfarben, zu Ocker verblassend, am Rand mit einem anfangs blauen, später rostfarbenen Haarschleier behangen, der ihn mit dem Stiel verbindet. Lamellen frei, gelb, rostig verfärbend. Stiel keulenformig, fliederfarben, verblassend, doch oberhalb der Cortina lange Zeit stark violett. Fruchtfleisch gelbbraun, riecht unangenehm nach Azetylen, leicht bitterer, stumpfer Geschmack. Sporenstaub braun, Sporen 8—10 × 5—6 µm, mandelförmig, gelblich. Wächst in kleinen Gruppen unter Nadel- und Laubbäumen. Ungenießbar.

Rostbrauner Dickfuß August—Oktober □□ ■□

Cortinarius caninus (Fr.) Fr.

Hut 5—10 cm breit, gewölbt, dann ausgebreitet, breit gebuckelt, anfangs violettlich-orangebraun, dann semmelfarben oder rostig-lehmfarben, fein faserig, trocken. Lamellen entfernt stehend, ausgebuchtet, anfangs hell-fliederfarben, dann rostigbraun. Stiel recht lang, keulenförmig, lehmigbraun, oben mit violetten Schattierungen, in der Mitte mit einem Ring, als Rest des Velum universale (äußere Hülle), oben mit einem Ring als Rest des Velum partiale (innere Hülle). Fruchtfleisch anfangs blaßviolett, dann weißlich. Sporenstaub rostigbraun, Sporen 8—10 × 7—8 µm, fast kugelförmig, fein warzig, rostigbraun. Wächst im Moos und im Gras in allen Wäldern, besonders in Mischwäldern. Ungenießbar.

Geschmückter Gürtelfuß August—Oktober □□ □■

Cortinarius armillatus (Fr. ex Fr.) Fr.

Hut 5—10 cm breit, glockenförmig, dann ausladend gewölbt, in der Mitte flach gebuckelt, am Rande wie geschweift und durch einen hellroten, sehr flüchtigen Haarschleier mit dem Stiel verbunden, im ganzen ziegel- bis braunrot, trocken, fein faserig. Lamellen ausgebuchtet, mit einem Zahn angeheftet, gelblich, dann zimtrostfarben. Stiel 10—15 cm lang, robust, keulen- bis knollenförmig, hellbraun, gewöhnlich mit einigen ziegelroten, unterbrochenen Gürteln. Fruchtfleisch bräunlich. Sporenstaub rostigbraun, Sporen 10—12 × 5—6,5 µm, elliptisch, fein warzig, rostigbraun. Wächst im Moos und Laub unter Birken in feuchten Nadelwäldern auf saueren Böden. Ungenießbar.

Haarschleierpilze — *Cortinariaceae*

Heidenschleimfuß August—Oktober

Cortinarius mucosus (Bull. ex St.-Am.) Kickx

Hut 5—12 cm breit, niedrig gewölbt, dann ausgebreitet, schwach gebuckelt, recht fleischig, gelbbraun, honig- bis kastanienbraun, bei Feuchtigkeit mit einer dicken Schleimschicht bedeckt, bei Trockenheit glänzend, glatt. Lamellen mit einem Zähnchen angewachsen, hell-lehmfarben, dann zimtfarben, an den Schneiden gezähnt, Stiel an der Basis kurz verjüngt, weiß, schlüpfrig, mit einem angehobenen, schleimigen Ring unter den Lamellen. Fruchtfleisch weißlich, Sporenstaub rostbraun, Sporen 12—14 × 5,5—6,5 µm, mandelförmig, fein warzig, rostfarben-gelb. Wächst häufig in Kiefernwäldern und Birkenheiden, die vereinzelt Kiefern aufweisen. Eßbar.

Erdigriechender oder **Hirschbrauner Wasserkopf** August—Oktober

Cortinarius hinnuleus (With. ex Hook.) Fr.

Hut 3—8 cm breit, am Rand wie nach unten gebrochen, in der Mitte stumpf gebukkelt, glockenförmig, hygrophan, bei Feuchtigkeit ockerbraun, bei Trockenheit ockergelb. Lamellen breit angewachsen, mit einem Zähnchen kurz herablaufend, auffallend breit und entfernt stehend, hell zimtfarben gelb, dann rostfarben. Stiel 5—12 cm lang, 5—10 mm dick, rostig braun, oben mit einer weißen, seidigen Umhüllung. Fruchtfleisch gelbbraun, auffallend nach Moder riechend. Sporenstaub rostigbraun, Sporen 7,5—9 × 5,5—6,5 µm, mandelförmig, fein warzig, rostbraun. Wächst in Laub- und Nadelwäldern, vor allem in Moos und Gras. Ungenießbar.

Zweifarbiger Gürtelfuß August–Oktober

Cortinarius bicolor Cooke

Hut 2–5 cm breit, flach gewölbt, gebuckelt, violett bis kastanienbraun, bei Trokkenheit hellbräunlich, kahl, glatt. Lamellen schütter, dick, an der Oberfläche oft aderig runzelig, violett, später rostbraun. Stiel 5–8 cm lang, 1–1,5 cm dick, zylindrisch, nach unten hin verjüngt, ganz violett mit einem weißen Velum-Gürtel. Fruchtfleisch an der Schnittstelle nach Rettich riechend, von mildem Geschmack. Sporen 8–10 × 4–6 µm, ellipsoid mandelförmig, fein warzig, rostbraun. Wächst in Laub- und Nadelwäldern. Ungenießbar.

Violettblauer Klumpfuß September–Oktober

Cortinarius caesiocyaneus Britz.

Hut 6–12 cm breit, niedrig gewölbt, später flach, am Rand eingerollt, fleischig, hell graublau, grauviolett, verblassend, schleimig, bei Trockenheit matt, eingewachsen faserig. Lamellen gedrängt, weißlich-bläulich oder grauviolett, später braunrostfarben und nur an der Schneide bläulich. Stiel 5–8 cm lang, 1–2 cm dick, am unteren Ende mit einer abgesetzten, deutlich zylindrisch umsäumten Knolle (3–4 cm stark), von gleicher Färbung wie der Hut, faserig. Cortina blaßviolett. Fruchtfleisch hell blauviolett, riecht unangenehm und hat einen milden Geschmack. Sporenstaub braunrostfarben. Sporen 8–10 × 5–5,5 µm, elliptisch mandelförmig, fein warzig, blaß ockerfarben. Wächst in Laubwäldern auf Kalksteinböden. Ungenießbar.

Blaublättriger Schleimfuß September–Oktober

Cortinarius delibutus Fr.

Hut 4–8 cm breit, glockenförmig gewölbt, später fast flach, strohgelb oder hellgelb, recht schleimig, bei Trockenheit seidig faserig. Lamellen bläulich bis azurlila, später zimtfarben. Stiel 5–10 cm lang, 8–10 mm dick, nach unten keulenförmig erweitert (bis 2 cm dick), oben bläulich, später ganz weiß oder schwach gelblich, glatt, ganz schleimig, glänzend, Cortina bildet nur oben einen Velum-Gürtel. Fruchtfleisch weiß, später gelblich, schmeckt mild oder etwas bitter, fast geruchlos. Sporenstaub ockerrostfarben. Sporen 7–8 × 6–6,5 µm, eiförmig, fein warzig, hell rostfarben. Wächst in Misch- und Laubwäldern, vor allem unter Birken und Espen. Ungenießbar.

Natternstieliger Schleimfuß August — Oktober

Cortinarius trivialis Lange

Hut 5 — 12 cm breit, glockenförmig, dann ausgebreitet, mit einem stumpfen Buckel, oliv- oder ockerbraun, bei Feuchtigkeit stark schleimig, bei Trockenheit hellgelb und glänzend. Lamellen breit angewachsen oft mit einem Zähnchen angeheftet, recht eng stehend, anfangs weißlich, selten violettlich, dann lehm- bis rostbraun. Stiel unten verjüngt, mit Schleim überzogen, unter dem Schleim bläulich, in unterbrochene, natternartige Gürtel aufgerissen. Fruchtfleisch weißlich oder gelblich, im oberen Stiel bläulich. Sporenstaub rostbraun, Sporen 10 — 15 × 7 — 8 µm, elliptisch, fein warzig, rostbraun. Wächst in Laubwäldern, vor allem unter Espen. Ungenießbar.

Wurzelnder Wasserkopf September–November

Cortinarius duracinus Fr.

Hut 3–10 cm breit, glockenförmig mit fleischigem stumpfen Buckel, am Rand scharf eingebogen, hell kastanienfarben bis hellbraun, teilweise violett angehaucht, bei Trockenheit ocker bis lederfalb, Rand weiß filzig, später kahl. Lamellen schütter, breit, hell fleischig-ocker, Schneide weißlich. Stiel 5–15 cm lang, 10–15 mm dick, zylindrisch, nach unten lang wurzelartig langgestreckt und verjüngt, recht tief (bis zu 6 cm) mit der spindelförmigen Basis in der Erde versenkt, kahl, weiß. Fruchtfleisch weiß, von mildem Geschmack und schwachem Geruch. Der gesamte Fruchtkörper ist fest, elastisch und von fast knorpeliger Konsistenz. Sporen 7–11 × 4–6 µm, mandelförmig, ziemlich grob warzig, braunrostfarben. Wächst in Laub- und Nadelwäldern. Ungenießbar.

Rotschuppiger Dickfuß August — September

Cortinarius bolaris (Pers. ex Fr.) Fr.

Hut 2 — 6 cm breit, gewölbt, in der Mitte gebuckelt, auf weißlichem oder rötlichem Grund mit angedrückten, zinnober- oder weinroten, flockigen Schuppen, Rand im Jugendstadium durch eine weiße Cortina mit dem Stiel verbunden, im Alter und bei Trockenheit verblassend, trocken. Lamellen ausgebuchtet angeheftet, hell-lehmfarben oder blaßbräunlich. Stiel 5 — 8 cm hoch, 0,5 — 1,2 cm dick, oben weiß, bereift flockig, unten zinnoberrot faserig. Fruchtfleisch weiß, an Druckstellen leicht gilbend, Geschmack bitter. Sporenstaub rostiggelb, Sporen 6 — 7 × 5 — 6 µm, kuglig elliptisch, fein warzig, rostbraun. Wächst in Laubwäldern, selten. Ungenießbar bis giftig.

Zitronengelber Klumpfuß September–Oktober

Cortinarius fulgens (ALB. et SCHW.: FR.) FR.

Hut 6–10 cm breit, gewölbt, später ausgebreitet, fleischig, orangegelb-ocker bis orangefalb, schleimig, bei Trockenheit dunkler eingewachsen faserig. Lamellen hellgelb, später zimtrostfarben. Stiel 5–20 cm lang, 1–2 cm dick, am unteren Ende mit einer mächtigen, abgesetzten, deutlich dickrandigen Knolle von herzförmiger Gestalt (3–4 cm groß), gelb oder blaßschwefelgelb, später hellbräunlich bis fast rostfarben, von hellerer Färbung als der Hut, Cortina hell schwefelgelb, überzieht faserig den Stiel. Fruchtfleisch hellgelb, allmählich rostfarben, von schwachem Geruch und mildem Geschmack. Sporen 8–10 × 4,5–5 µm, mandelförmig elliptisch, gelbbraun, warzig. In Laub- und Nadelwäldern, vor allem auf Kalksteinböden. Ungenießbar.

Rostbraungegürtelter Gürtelfuß August–Oktober

Cortinarius helvolus FR.

Hut 4–8 cm breit, schnell ausgebreitet, mit stumpfem Buckel, rotbraun, bei Trokkenheit fuchsig- oder ockergelb, angedrückt faserig. Lamellen schütter, rostbraun. Stiel 7–10 cm lang, 10–15 mm dick, von derselben Färbung wie der Hut, Cortina in Gestalt eines weißen Velum-Gürtels. Fruchtfleisch rostbraun, geruch- und geschmacklos. Sporen 7–9 × 5–6 µm, mandelförmig, warzig, rostbraun. Wächst in Misch- und Nadelwäldern. Ähnelt sehr dem *C. hinnuleus* (With. ex Hook.) Fr., jedoch ohne den typischen Erdgeruch. Ungenießbar.

Duftender Gürtelfuß August–Oktober

Cortinarius paleaceus FR.

Hut 1–3 cm breit, kegelförmig glockig, graubraun, dicht grauweiß schuppig, ohne durchscheinende Lamellen. Lamellen grau oder graubraun, gedrängt. Stiel 5–7 cm lang, 1–3 mm dick, von ähnlicher Färbung wie der Hut, mit einem weißen Velum-Gürtel der Cortina und seidig faserig. Fruchtfleisch riecht nach dem Entfernen aus der Erde wie die Blätter der Pelargonie. Sporen 7–9 × 4–6 µm, eiförmig elliptisch, fein warzig, rostbraun. Wächst an feuchten Stellen in Misch- und Nadelwäldern. Ungenießbar.

Veränderlicher Gürtelfuß August–September

Cortinarius triformis FR.

Hut 4–8 cm breit, in der Mitte dickfleischig, niedrich gewölbt, oft unregelmäßig verbogen, in der Jugend ganz, später nur am Rand weiß fein faserig, glatt, kahl, bei Feuchtigkeit schmutzig braun, bei Trockenheit schmutzig lederfarben, gelblich. Lamellen recht gedrängt, weißlich, später schwach semmel- bis honigbraungelb. Stiel 4–8 cm lang, 1–1,5 cm dick, unten spindelförmig verdickt und aufgedunsen, weiß, mit gut entwickeltem Velum-Gürtel, weiße Cortina hinterläßt am Stiel einen faserigen Ring. Fruchtfleisch weiß, violett angehaucht, geschmack- und geruchlos. Sporen 8–10 × 5–6 µm, elliptisch, fein warzig, hell rostgelb. Wächst in Laub- und Nadelwäldern. Ungenießbar.

Feuerfüssiger Gürtelfuß August–Oktober ■□ □□
Cortinarius bulliardii (PERS. ex FR.) FR.
Hut 4–8 cm breit, mit niedrigem stumpfen Buckel, wenig fleischig, in der Mitte rotbraun, zum Rand hin bei Feuchtigkeit braun, violett angehaucht, bei Trockenheit hellbraun oder isabellfarben, glatt, seidig glänzend. Lamellen breit, schütter, trüb violettpurpurfarben, später braun bis braunrostig verfärbend, an der Schneide weißlich. Stiel 6–8 cm lang, 1–2 cm dick, meist keulenförmig erweitert bis knollenförmig angeschwollen, oft gebogen, hohl, oben weißlich oder hell lila, nach unten hin rotorange und in der unteren Hälfte lebhaft, auffallend zinnoberrot. Fruchtfleisch weißlich, lila getönt, ohne besonderen Geruch und Geschmack. Sporen 8–11 × 4,5–6 µm, elliptisch mandelförmig, fein warzig, gelbbraun. Wächst in Misch- und Laubwäldern an feuchten Stellen, vor allem auf Kalksteinböden. Ungenießbar.

Rettich-Gürtelfuß August–September □■ □□
Cortinarius evernius FR.
Hut 5–9 cm breit, kegelförmig glockig mit herausragendem Buckel, schön violett, bei Trockenheit semmelbräunlich, glatt, kahl. Lamellen breit, dick, schütter, violett, später braun-zimtfarben. Stiel 6–10 cm lang, 1–2 cm dick, violett, zur Basis hin verjüngt, faserig, mit einem schwachen Velum-Gürtel, der Cortina in der Mitte. Fruchtfleisch im Hut bräunlich, im Stiel violett, stark nach Radieschen riechend. Sporen 10–12 × 5–6 µm, elliptisch mandelförmig, sattgelb, fein warzig. Wächst in Laub- und Nadelwäldern an feuchten Stellen und zwischen Torfmoosen (Sphagnum). Ungenießbar.

Wohlriechender Gürtelfuß August — Oktober □□ ■■
Cortinarius torvus (FR. ex FR.) FR.
Hut 4 — 10 cm breit, halbkuglig bis ausgebreitet, kastanien- oder lehmbraun, mit violetten Schattierungen, später schmutzig gelbbraun oder rotbraun, trocken, fein seidig-faserig, Rand durch eine weißliche Cortina mit dem Stiel verbunden. Lamellen entfernt stehend, breit, ausgebuchtet, mit einem Zähnchen herablaufend, bräunlich fliederfarben, dann zimtbraun. Stiel 5 — 10 cm hoch, 1 — 2 cm dick, in der unteren Hälfte mit einer weißen Umhüllung, die oben mit einem schmalen Ring abschließt, diese Hülle reißt später auf und hinterläßt Schuppen und Bänder. Fruchtfleisch violettlich, dann graubraun, nach Kampfer riechend. Sporenstaub gelbrostig, Sporen 8 — 10 × 5 — 6 µm, eiförmig elliptisch, feinwarzig. Wächst in Laubwäldern, vor allem in Buchengehölzen. Ungenießbar.

Haarschleierpilze — *Cortinariaceae*

Blutblättriger Hautkopf Juli—Oktober

Cortinarius semisanguineus Fr. ex Fr.

Syn.: *Dermocybe semisanguinea* (Fr.) Moser in Gams

Hut 2—6 cm breit, flach gewölbt bis flächig ausgebreitet, stumpfbucklig, kahl oder feinschuppig, trocken, dunkel-olivbraun, beim jungen Fruchtkörper ist der Hutrand durch ein gelbliches Velum mit dem Stiel verbunden. Lamellen ausgebuchtet angewachsen, recht gedrängt, purpur- bis blutrot, dann braunrot. Stiel 3—10 cm lang, 4—6 mm dick, lebhaft chrom- oder olivgelb. Fruchtfleisch gelblich, Geruch schwach nach Jodoform. Sporenstaub rostfarben, Sporen 6—8 × 4—6 µm, elliptisch eiförmig, sehr feinwarzig, rostigbraun. Wächst in feuchten Nadelwäldern und unter Birken. Ungenießbar.

Gelbblättriger Hautkopf August–September

Cortinarius cinnamomeoluteus P. D. Orton

Syn.: *Dermocybe cinnamomeolutea* (P. D. Orton) Moser

Hut 1–4,5 cm breit,stumpfkegelig, gebuckelt, gelblicholiv, später mehr oliv oder bräunlich gefärbt,leicht faserig,trocken,glatt.Lamellen schütter,lebhaft gelb,später gelbrostfarben. Stiel 3–10 cm lang, 2–5 mm dick, zylindrisch, lebhaft gelb, später rötlich-bräunlich verfärbend, Myzelium an der Basis oliv. Sporen 7–10 × 4,2–5,2 µm, elliptisch, fein warzig, rostbraun. Fruchtfleisch gelb, schwach nach Jodoform riechend, geschmacklos.Wächst in Laubwäldern und unter Weiden *(Salix aurita, S. cinerea)* auf sumpfigen Böden. Ungenießbar.

Knolliger Schleierritterling August—September

Leucocortinarius bulbiger (Alb. et Schw. ex Fr.) Sing.

Hut 5—10 cm breit, halbkugelförmig, später gewölbt, ganz selten schwach gebuckelt, recht fleischig, der Rand ist im Jugendstadium durch einen weißen Haarschleier mit dem Stiel verbunden. Lamellen ausgebuchtet, mit einem Zähnchen angewachsen, recht gedrängt, anfangs weiß, dann schmutzig, bisweilen leicht bräunlich. Stiel walzenförmig, unten mit einer mächtigen, scharf abgegrenzten Knolle, weiß, feinfaserig, unten bräunlich. Fruchtfleisch weiß. Sporenstaub weiß, Sporen 7—8 × 4—5 µm, elliptisch, glatt, farblos. Wächst in trockeneren Nadelwäldern, eher in wärmeren Gebieten. Eßbar.

Haarschleierpilze — *Cortinariaceae*

Reifpilz, Zigeuner August—Oktober

Rozites caperata (Pers. ex Fr.) P. Karst.

Hut 4—10 cm breit, anfangs klöppelförmig, dann glockig bis ausgebreitet, mit oft hochgezogenem Rand. Lehmig gelb und silbrigweiß bereift (manchmal mit violetten Schattierungen), später kahl, bei Trockenheit strahlenförmig gerunzelt und am Rande aufgeplatzt, ockergelblich. Lamellen ausgebuchtet, mit einem Zähnchen angewachsen, gedrängt, blaß, dann lehmgelblich, an den Schneiden gezähnt. Stiel 7—10 cm lang, 1—2 cm dick, weißlich, zäh, voll, oben mit häutigem gerieftem Ring, darüber fein geschuppt, darunter oft mit weniger deutlicher und fest mit der Stieloberfläche verbundener, häutiger Umhüllung. Fruchtfleisch weiß, schwach und angenehm riechend. Sporenstaub rostigbraun, Sporen 11—14 × 7—9 µm, mandelförmig, feinwarzig, mit Keimspalte, gelb. Wächst meistens gesellig in Nadelwäldern, seltener in Laubwäldern der Vorgebirgslagen, aber überwiegend auf saueren Böden. Eßbar, schmackhaft.

Geflecktblättriger Tannenflämmling August—September

Gymnopilus penetrans (Fr. ex Fr.) Murr.

Hut 4—8 cm breit, flach gewölbt, dann ausgebreitet, am Rande eingerollt, rostfarben bis orangegelb, mit dem Stiel durch vereinzelte und vergängliche Fasern der Cortina verbunden, trocken, fast kahl. Lamellen ausgebuchtet, mit einem Zähnchen angewachsen, recht gedrängt, gelb, später rostig gefleckt. Stiel 4—7 cm lang, 5—10 mm dick, blaßgelb, fein längsfaserig. Fruchtfleisch blaßgelb, fast ohne Geruch, Geschmack bitter. Sporenstaub rostbraun, Sporen 8—9 × 4—5 µm, elliptisch mandelförmig, feinwarzig, gelb. Wächst einzeln oder in kleinen Büscheln auf den Stümpfen von Nadelbäumen, vor allem auf Kiefern. Ungenießbar.

Faserberingter Flämmling August–Oktober

Gymnopilus hybridus (Fr.) Sing.

Hut 3–6 cm breit, halbkugelförmig, später niedrig gewölbt, dünn fleischig, fuchsigorange, glatt, kahl. Lamellen gedrängt, gelb, später rostgelb. Stiel 3–6 cm lang, 2 bis 5 mm dick, hellocker, oben gelblich, später rostfarben, weißlich faserig, teilweise mit faserigem Velum-Überzug, unten weiß filzig. Fruchtfleisch im Hut schwach gelblich bis weißlich, im Stiel rostfarben, von bitterem Geschmack. Sporen 7–9 × 3,5–4,5 µm, eiförmig-mandelförmig, fein warzig. Wächst auf Baumstümpfen von Nadelhölzern. Ungenießbar.

Haarschleierpilze — *Cortinariaceae*

Nadelholzhäubling Juli — November

Galerina marginata (FR.) KUEHN.

Hut 1,5—4 cm breit, rundlich gewölbt, bald ausgebreitet, hygrophan, bei Feuchtigkeit gerieft, bei Trockenheit glänzend, klebrig, ocker- bis gelbbraun. Lamellen angeheftet und leicht herablaufend, ockerbraun. Stiel dünn, röhrenförmig, ockerbraun mit schnell vergänglichem Ring. Fruchtfleisch dünn und spröde, ocker, riecht und schmeckt gurkig mehlig. Sporenstaub rostbraun, Sporen 8—11 (bis 15) × 5—7 µm, eiförmig, feinwarzig, gelblich. Wächst einzeln und in Büscheln auf den Stümpfen und Holzteilen von Nadelbäumen, besonders an morschen Fichten. Tödlich giftig, enthält Amanitine. Achtung auf Verwechslungen mit dem eßbaren Stockschwämmchen (*Kuehneromyces mutabilis*)!

Einfarbiger oder **Trichterigberingter Häubling** Juli — Oktober

Galerina unicolor (FR.) SING.

Hut 0,5—2,5 cm breit, kegelförmig, mäßig gebuckelt, hygrophan, bei Feuchtigkeit schwach klebrig und am Rande mit durchscheinenden Schuppen, rötlich bis orangebraun, bei Trockenheit lehmfarben-ocker. Lamellen angewachsen, breit, schütter, zimtbraun. Stiel 2—8 cm lang, 1—2,5 mm dick, etwas heller als der Hut, unten braun verfärbend, oben mit ziemlich breitem, trichterförmig aufrechtem, abstehendem Ring. Fruchtfleisch gelblich, mehlig schmeckend und riechend. Sporenstaub rotbraun, Sporen 7—12 × 5—7,5 µm, elliptisch eiförmig, sehr fein warzig, rostfarbengelb. Wächst auf verrottenden Baumstümpfen und Zweigen. Giftig.

Stockschwämmchen Mai — November

Kuehneromyces mutabilis (FR.) SING. et SMITH

Hut 3—6 cm breit, glockig, dann breit gewölbt mit einem Buckel, am Rand dünn, stark hygrophan, bei Feuchtigkeit zimt- oder honigbraun, mit durchscheinenden Lamellen, glatt, kahl, bei Trockenheit bleicher, nach ocker verfärbend, aber noch lange mit einem wäßrigen, dunklen Rand. Lamellen angewachsen, kurz herablaufend, gedrängt, blaß bis rostbraun. Stiel 5—7 cm lang, 5—7 mm dick, gewöhnlich gebogen, oben mit weißlichem, später bräunlichem Ring, darunter rostfarben, an der Basis bis schwarzbraun, geschuppt, darüber blaß, kahl. Fruchtfleisch weißlich, im Stiel braun. Sporenstaub rostbraun, Sporen 6—7 × 3,5—4,5 µm, kurz eiförmig, glatt, rostfarben, mit breiter Keimspalte. Wächst in Büscheln, vor allem auf Stümpfen von Laubbäumen. Eßbar, schmackhaft. (Achtung auf Verwechslungen mit dem giftigen Nadelholzhäubling, oben!)

Sparriger Schüppling August — Oktober

Pholiota squarrosa (BATSCH ex FR.) KUMM.

Hut 4—10 cm breit, halbkugelförmig bis flach gewölbt, zitronen- oder strohgelb, vollkommen mit rostbraunen, aufrechtstehenden bis nach hinten umgebogenen Schuppen bedeckt, trocken. Lamellen mit einem Zähnchen angewachsen, hellgelb, dann rostbraun. Stiel zäh, voll, blaßgelb, mit schuppigem Ring versehen, unterhalb des Ringes völlig mit braunen Schuppen besetzt, oberhalb glatt. Fruchtfleisch blaßgelblich, Geruch rettichartig, Geschmack bitterlich. Sporenstaub rostbraun, Sporen 6—8 × 3,5—4 µm, eiförmig, glatt, mit Keimspalte, rostbraun. Wächst in dichten Büscheln auf den Stümpfen und am Fuße von Laub-, seltener von Nadelbäumen. Minderwertig, besonders an Apfelbäumen. Eßbar.

Haarschleierpilze — *Cortinariaceae*

Flammender oder **Feuer-Schüppling** August—Oktober ■□ □□

Pholiota flammans (FR.) KUMM.

Hut 2—7 cm breit, halbkuglig gewölbt, dann breit ausladend, satt-orangegelb, mit schwefel- beziehungsweise zitronengelben, teilweise ab- bis aufrechtstehenden Schuppen bedeckt. Lamellen mit einem Zähnchen angewachsen, gedrängt, klar gelb, später rostgelb. Stiel zylindrisch, später hohl, rein- bis zitronengelb, mit abstehenden Schuppen besetzt, oben mit schuppigem Ring versehen. Fruchtfleisch lebhaft gelb, allmählich rostig verfärbend, Geruch und Geschmack nach Gerberlohe oder rettichartig. Sporenstaub rostbraun, Sporen 4—4,5 × 2—3 µm, elliptisch, glatt, mit Keimspalte, rostbraun. Wächst in kleinen Büscheln oder einzeln auf Stümpfen von Nadelbäumen, vor allem in Vorgebirgswäldern. Ungenießbar.

Hochthronender oder **Goldfell-Schüppling** Juli—September □■ □□

Pholiota aurivella (BATSCH ex FR.) KUMM.

Hut 5—10 cm breit, niedrig gewölbt, satt- bis rostgelb, bei Nässe schmierig, mit locker verteilten, angedrückten, gelbbraunen Schuppen, bei Trockenheit glänzend. Lamellen mit einem Zähnchen angewachsen, recht gedrängt, anfangs gelb oder olivgelb, dann kastanienbraun. Stiel gelb, unten braun schuppig, zäh, voll, beim jungen Fruchtkörper mit dem Hutrand durch das Velum verbunden, das dann am Stiel flockige Gürtel und am Hutrand lose Fetzen hinterläßt. Fruchtfleisch hellgelb, herb schmeckend. Sporenstaub rostbraun, Sporen 8—9 × 5—6 µm, elliptisch, mit Keimspalte, braun, glatt. Wächst in Büscheln meistens auf den Stämmen von Laubbäumen. Genießbar, doch nicht gut.

Beringter Flämmling August–Oktober □□ ■■

Gymnopilus spectabilis (FR.) SING.

Stattlicher, fleischiger Pilz. Hut 10–20 cm breit, niedrig gewölbt, abgerundet, goldgelb, mit dünnen angedrückten Schüppchen und seidigen Fasern, trocken. Lamellen breit angewachsen und kurz herablaufend, gelb, gelbrostfarben, später rostbraun. Stiel 8–15 cm lang, 2–3 cm dick, gelb, mit einem bald verschwindenden lederartigen Ring, faserig, glatt, nach unten hin verbreitert bis teilweise wurzelnd. Fruchtfleisch gelb, von recht bitterem Geschmack. Sporen 8–10 × 5–6 µm, eiförmig-ellipsoid, fein warzig, lichtgelb. Wächst an der Basis und an den Wurzeln von Laubhölzern (vor allem von Eichen), einzeln oder in Stauden zusammenstehend. Ungenießbar.

Haarschleierpilze — *Cortinariaceae*

Kohlenschüppling, Kohlenflämmling — Mai — Oktober

Pholiota carbonaria (Fr. ex Fr.) Sing.

Syn.: *Flammula carbonaria* (Fr. ex Fr.) Kumm.

Hut 1,5—6 cm breit, halbkugelförmig, allmählich ausgebreitet, am Rande eingerollt, braungelb, gelb-rostfarben, am Rande heller, bei Feuchtigkeit schmierig bis schleimig. Lamellen recht gedrängt, ausgebuchtet, mit einem kurzen Zahn angewachsen, hellgelb, ockergelb, allmählich olivbraun, an den Schneiden weiß. Stiel 2—6 cm lang, 2—5 mm dick, hellgelb, oben weißlich, im ganzen feinschuppig mit bald vergänglichen, weißen Cortinafasern. Fruchtfleisch gelb, Geschmack bitter. Sporenstaub rostfarben, Sporen 6—7 × 3—4 µm, elliptisch, glatt, hellgelb. Wächst meist auf alten Feuer- und Brandstellen in Wäldern, gehört zu den häufigsten anthrakophilen Pilzen. Ungenießbar.

Safranroter Schüppling — August — Oktober

Pholiota astragalina (Fr.) Sing.

Hut 3—6 cm breit, flach gewölbt, in der Mitte blutrot bis safrangelb, zum Rand heller bis ausgebleicht, meist feucht, kahl, nur bei jungen Fruchtkörpern am Rand vom blassen Velum seidig. Lamellen ausgeschnitten, mit einem Zähnchen angewachsen, recht gedrängt, hell gelblich, dann rostbraun. Stiel 5—10 cm lang, 4—7 mm dick, blaßgelb, faserig schuppig, durchgebogen, allmählich hohl. Fruchtfleisch rhabarberfarben, bei Verletzung allmählich schwärzlich verfärbend, Geruch schwach, Geschmack bitterlich. Sporenstaub rostiggelb, Sporen 6—7 × 3—4 µm, elliptisch, glatt, blaßgelb. Wächst einzeln oder in kleinen Büscheln auf Stümpfen von Nadelbäumen, vor allem in Gebirgswäldern. Ungenießbar.

Tonweißer Schüppling, — September — November

Tonfalber Schleimschüppling

Pholiota lenta (Pers. ex Fr.) Fr.

Hut 5—8 cm breit, flach gewölbt, später ausgebreitet, weißlich oder blaß-lehmfarben, mit einer dicken Schleimschicht überzogen, in der weiße Schuppen versenkt sind. Lamellen angewachsen bis kurz herablaufend, blaß, dann hell-lehmfarben mit gelben Tönen. Stiel 5—8 cm lang, 7—12 mm dick, unten knollig erweitert, weißlich, an der Basis braun und flockig geschuppt. Fruchtfleisch blaß, zäh, Geschmack leicht rettichartig. Sporenstaub rostbraun, Sporen 6—7,5 × 3,5—4 µm, walzenförmig elliptisch, glatt, ockerrostfarben. Wächst auf dem Erdboden im Laub, selten auf abgebrochenen Ästen in Wäldern aller Art, besonders unter Buchen. Ungenießbar.

Rotblättler — *Entolomataceae*

Mehlpilz, Mehlräsling, Pflaumenpilz — Juni — November

Clitopilus prunulus (Scop. ex Fr.) Kumm.

Hut 3—12 cm breit, halbkugelförmig, am Rande stark eingerollt, bald ausgebreitet, vertieft, weiß oder gräulich, samtig, später kahl. Lamellen gedrängt, schmal, lang herablaufend, weißlich, später fleischfarben-rosa. Stiel 3—6 cm lang, 7—12 mm dick, manchmal exzentrisch, zäh, weiß, faserig gerieft, oben bereift, unten weiß filzig. Fruchtfleisch weiß, weich, Geruch und Geschmack stark mehlig. Sporenstaub rosa, Sporen 8—14 × 5—6 µm, spindelförmig, längs gerippt (mit 6—8 Kanten), blaßrosa. Wächst meistens im Gras auf Waldungen, vor allem in Fichtengehölzen, oder auf Waldwiesen. Eßbar und gut.

Kreuzsporiger Glöckling Juni — September

Nolanea staurospora BRES.
Syn.: *Rhodophyllus staurosporus* (BRES.) LGE.
Hut 2—5 cm breit, glockenförmig, dann ausgebreitet, manchmal flach bucklig oder mit einer Warze, hygrophan, bei Feuchtigkeit dunkel-braungrau mit bis zur Mitte durchscheinenden Lamellen, bei Trockenheit hellgrau bis weißlichgrau, seidig glänzend. Lamellen am Stiel tief ausgebuchtet, breit, gräulich, dann rosafarben grau. Stiel 2—4 mm dick, brüchig, graubraun, seidig glänzend längsgefasert, an der Basis weißfilzig. Fruchtfleisch weißlich bis gräulich, Geschmack und Geruch charakteristisch gurkig mehlig. Sporenstaub rosa, Sporen 7—10 × 6,5—9 µm, ausgeschnitten vierkantig, blaßrosa. Wächst häufig im Gras auf Waldwegen, Wiesen und Weiden, besonders aber im Nadelwald. Ungenießbar.

Frühlings-Giftrötling April — Mai

Nolanea verna (LUND.) KOTL. et POUZ.
Syn.: *Rhodophyllus vernus* (LUNDELL) ROMAGN.
Hut 3—5 cm breit, kegelig bis glockig, bald ausladend gewölbt, immer gebuckelt, spröde, hygrophan, bei Feuchtigkeit dunkelbraun, bei Trockenheit hell graubraun, seidig glänzend. Lamellen ausgebuchtet, entfernter, breit, jung grau, ausgewachsen graurosa. Stiel zusammengedrückt, mit einer Längsrinne, hohl, grau, unten weiß. Fruchtfleisch dünn, spröde, gräulich. Sporenstaub rosafarben, Sporen 8—11 × 7—8 µm, kantig, rosafarben. Wächst in Gruppen im Gras auf Wiesen und in lichteren Wäldern. Erheblich giftig. Achtung auf Verwechslungen mit dem eßbaren Nelkenschwindling *(Marasmius oreades)*!

Schildrötling, Frühlingsrötling Mai — Juni

Entoloma clypeatum (L. ex HOOK.) KUMM.
Syn.: *Rhodophyllus clypeatus* (L. ex HOOK.) QUÉL.
Hut 2—12 cm breit, glockenförmig, dann ausgebreitet mit leichtem Buckel, am Rande eingerollt, oft gewellt bis lappig, bei Feuchtigkeit dunkelfalb, braun bis rußfarben, bei Trockenheit heller, blaßfalb, bräunlich, gräulich bis weißlich, verwachsen fein dunkler gestreift, kahl, seidig und fettig glänzend, ausgewachsen oft eingerissen. Lamellen tief ausgebuchtet, breit, vom Hutfleisch ablösbar, weißlich, bald fleischrosa, im Alter bestäubt. Stiel 5—10 cm lang, 7—20 mm dick, unten oft verbogen, fest, weiß, faserig, oft mit unebener Oberfläche. Fruchtfleisch weiß, deutlich gurkig mehlig schmeckend und riechend. Sporenstaub rosafarben, Sporen 9,5—12,5 × 8,5—10 µm, kantig kugelförmig, im Umriß 6—7 kantig, mit deutlichem Apiculus, blaßrosafleischfarben. Wächst meistens außerhalb des Waldes, in Gebüschen, Gärten, an Waldrändern und Waldwegen, vor allem aber unter Obstbäumen der Gattung *Prunus,* z.B. Pflaumen, Schlehen usw., oft büschelweise und gesellig. Eßbar, doch leicht verwechselbar mit dem giftigen Riesenrötling.

Rotblättler — *Entolomataceae*

Niedergedrückter Rötling Juli — September

Entoloma rhodopolium (FR.) KUMM.
Syn.: *Rhodophyllus rhodopolius* (FR.) QUÉL.
Hut 4 — 10 cm breit, kegelförmig, bald ausgebreitet und stark niedergedrückt, teilweise auch nabelig, mit gewölbtem Buckel, oft unregelmäßig verbogen, bei Feuchtigkeit leicht schmierig, bei Trockenheit glänzend, glatt, hell-ockerfarben-grau. Lamellen am Stiel abgerundet, entfernter stehend, recht dick, gräulich, bald fleischfarben-rosa bis rot. Stiel faserig, glänzend, weiß. Fruchtfleisch weiß, riecht und schmeckt gurkig mehlig. Sporenstaub fleischfarben-rosa, Sporen 8 — 10 × 7 — 8 µm, sechskantig, rosafarben. Wächst unter Laubbäumen in Hainen und Wäldern, besonders unter Buchen, aber auch in Gärten. Giftig. Achtung auf Verwechslungen mit dem eßbaren Schildrötling!

Schwarzblauer Zärtling Juli–September

Leptonia chalybaea (PERS.) QUÉL.
Hut 2–4 cm breit, gewölbt, später flach mit stumpfem Buckel, manchmal leicht eingedrückt, dunkel- bis schwarzviolett, schwarzblau bis fast schwarz, später graubraun-schwärzlich, mit seidigen Haarschüppchen bedeckt, später schwach geschuppt. Lamellen angewachsen, ausgerandet bis kurz herablaufend, bläulich, später hellrötlich, mit weißer Schneide. Stiel 2-5 cm lang, 2-3 mm dick, hell stahlblau bis schwarzviolett, glatt, kahl, unten weiß filzig. Fruchtfleisch geruchlos, von mildem Geschmack. Sporenstaub fleischrosa. Sporen 9–12 × 6–7,5 µm, länglich eckig, hell braunrosa. Wächst im Gras außerhalb von Wäldern. Ungenießbar.

Krempenpilze — *Paxillaceae*

Falscher Pfifferling Juli — Dezember

Hygrophoropsis aurantiaca (WULF. ex FR.) R. MAIRE
Hut 2 — 7 cm breit, flach, bald vertieft, leicht wellig, fühlt sich lederartig an, trocken, gelborange, bald weißlich ausbleichend. Lamellen weit am Stiel herablaufend, schmal, gegabelt, orange. Stiel dünn, walzenförmig, elastisch, orange, unten bald bräunlich. Fruchtfleisch dünn, blaßorange, im Stiel bräunlich, Geruch unauffällig, Geschmack unangenehm. Sporenstaub weißlich, Sporen 4 — 7 × 2 — 4 µm, elliptisch, farblos. Wächst in Nadel- und Laubwäldern, oft haufenweise. Unschädlich.

Krempenpilze — *Paxillaceae*

Empfindlicher oder **Kahler Krempling** Mai—November ■□ □□
Paxillus involutus (Batsch ex Fr.) Fr.
Hut 5—15 cm breit, ausgebreitet, bis schwach eingedrückt, der Rand ist lange eingerollt und filzig, Huthaut rotbraun oder olivocker. Lamellen weit herablaufend, gegabelt, z.T. miteinander verbunden, schmutzig gelblichocker, braun verfärbend. Stiel kurz, walzenförmig, schmutzig gelbbraun. Fruchtfleisch gelblich, braun verfärbend, beim Kochen schwarz verfärbend. Geruch und Geschmack säuerlich. Sporenstaub rostbraun, Sporen 8—10 × 4—6 µm, eiförmig, glatt, gelbbraun. Wächst in allen Waldarten, oft in großen Gruppen. Enthält zwar keinerlei Giftstoffe, ruft manchmal aber schwere allergische Reaktionen hervor, die mit Nierenschädigungen verbunden sind und zum Tode führen können. Nicht sammeln!

Samtfußkrempling Juli—Oktober □■ □□
Paxillus atrotomentosus (Batsch ex Fr.) Fr.
Hut 6—25 cm breit, exzentrisch, gewölbt, mit eingerolltem Rand, dickfleischig, samtig, oliv- oder rostbraun, glatt. Lamellen herablaufend, vom Stiel ablösbar, verbunden, rostfarben-gelb. Stiel außermittig oder seitlich, kurz, breitzylindrisch, schwarzbraun, samtig-filzig. Fruchtfleisch cremefarben, wäßrig, Geruch und Geschmack säuerlich zusammenziehend (wie Tinte). Sporenstaub braun, Sporen 5—6 × 3—4 µm, kurz eiförmig, hell-gelbbraun. Wächst einzeln oder in Büscheln auf den Stümpfen von Kiefern und Fichten. Eßbar, aber sehr geringwertig wegen des dumpfen Geschmacks. Kann allergische Reaktionen verursachen, vom Sammeln wird deshalb abgeraten.

Muschelkrempling Juni—Oktober (Januar—Dezember) □□ ■□
Paxillus panuoides (Fr. ex Fr.) Fr.
Hut 2—12 cm breit, seitlich oder mit einem kleinen Stiel am Holz angewachsen, muschel- oder löffelförmig, samtig bis fein geschuppt, anfangs weißlich, bald ockergelb, oliv- bis violettlich-braun. Lamellen gelblich, gelboliv, schließlich zimtfarben. Stiel fehlt meistens oder ist sehr kurz, bräunlich. Fruchtfleisch gelb, fast geruchlos, nur ganz schwach nach Anis riechend, Geschmack nicht charakteristisch. Sporenstaub braun, Sporen 4—6 × 3—4 µm, oft kugelförmig, gelblich. Wächst nicht sehr oft in der Natur auf Nadelgehölzen und auch auf Holzmaterial in Kellern, Gruben, u.ä. Ungenießbar.

Gelbfußpilze — *Gomphidiaceae*

Rosaroter Gelbfuß August—Oktober □□ □■
Leucogomphidius roseus (Fr.) Kotl. et Pouz.
Syn.: *Gomphidius roseus* (Fr.) P. Karst.
Hut 2—5 cm breit, gewölbt, dann ausgebreitet, mit einer Schleimschicht überzogen, bei Trockenheit glänzend und trocken, rosa. Lamellen herablaufend, bei jungen Fruchtkörpern mit einem häutigen Schleier überzogen, weiß, rauchgrau, schließlich rot verfärbend. Stiel kurz, nach unten verjüngt, weiß, mit zartem, vom Schleier hinterlassenem Ring. Fruchtfleisch weiß, im Stiel rosa. Sporenstaub dunkel, schwarzbraun, Sporen 16—21 × 5—5,5 µm, spindelförmig, düster oliv. Wächst selten in Kieferngehölzen, oft in Gesellschaft mit dem Kuhröhrling *(Boletus bovinus)*. Die Fruchtkörper beider Pilzarten verwachsen manchmal miteinander. Eßbar.

Gelbfußpilze — *Gomphidiaceae*

Kuhmaul, Schmieriger Gelbfuß August—Oktober ■□ □□
Leucogomphidius glutinosus (SCHAEFF. ex FR.) KOTL. et POUZ.
Syn.: *Gomphidius glutinosus* (SCHAEFF. ex FR.) FR.
Hut 5—10 cm breit, gewölbt, dann ausgebreitet, mit einer farblosen, starken, abziehbaren Schleimschicht bedeckt, lila-graubraun, im Alter schwarz gefleckt. Lamellen am Stiel herablaufend, entfernt, weißlich, grau verfärbend. Stiel unten verjüngt, weiß, grau verfärbend, unten gelb, mit einer Schleimhülle überzogen, mit Ring. Fruchtfleisch weiß, im Stiel gelb. Sporenstaub braunschwarz, Sporen 16—23 × 5—8 µm, spindelförmig, glatt, dunkelbraun. Wächst oft in kleineren Gruppen vor allem unter Fichten. Eßbar, gut, der Stiel ist sehr zäh.

Kupferroter Gelbfuß Juni—Oktober □■ □□
Gomphidius rutilus (SCHAEFF. ex FR.) LUND. et NANNF.
Syn.: *Chroogomphus rutilus* (SCHAEFF. ex FR.) O. K. MILLER
Hut 2—10 cm breit, kegelförmig, bald ausgebreitet, mit abgerundeter Spitze, klebrig, bei Trockenheit glatt, orangegelb, im Alter weinrot. Lamellen herablaufend, entfernt, gelborange, rot verfärbend. Stiel walzenförmig, nach unten hin verjüngt, mit vergänglichem Ring, orange-gelbbraun. Fruchtfleisch orangegelb, rosa verfärbend, durch Abkochen violett verfärbend, Geruch angenehm, Geschmack nicht besonders ausgeprägt. Sporenstaub olivschwarz, Sporen 18—24 × 6—7 µm, spindelförmig, bräunlich. Wächst recht häufig in Nadelwäldern, vor allem unter Kiefern, bis hoch in die Gebirge. Eßbar, gut.

Röhrenpilze — *Boletaceae*

Goldkrempling, Blätterröhrling, Goldblatt Juli—September □□ ■□
Phylloporus rhodoxanthus (SCHW.) BRES.
Hut 3—8 cm breit, unregelmäßig gewölbt, Haut samtig, glatt, rot- oder olivbraun. Lamellen mit zahlreichen Queradern verbunden, entfernt stehend, zum Teil weit am Stiel herablaufend, goldgelb. Stiel walzenförmig, am unteren Teil verjüngt, rotbraun. Fruchtfleisch gelb, unter der Huthaut und an der Stielbasis rotbraun. Sporenstaub blaßocker, Sporen 10—14 × 3—5 µm, spindelförmig, blaßgelb. Wächst einzeln und selten in Nadel- und Laubwäldern. Eßbar, doch sollte man diesen Pilz wegen seiner Seltenheit nicht sammeln.

Hohlfußröhrling Juli—Oktober □□ □■
Boletus cavipes KLOTZSCH in FR.
Syn.: *Boletinus cavipes* (KLOTZSCH in FR.) KALCHBR.
Hut 4—10 cm breit, bald weit ausgebreitet, gebuckelt, weich, filzig, fein schuppig, rostbraun oder zitronengelb. Poren beim jungen Fruchtkörper mit einem Schleier bedeckt, groß, unregelmäßig, strahlenförmig angeordnet, am Stiel herablaufend, blaßgelb, im Alter oliv. Stiel kurz, hohl, rotbraun, mit bräunlichem Ring. Fruchtfleisch gelblich, bald sehr weich. Sporenstaub gelboliv, Sporen 8—10 µm spindelförmig, gelb, glatt. Wächst in Nadelwäldern unter Lärchen, oft in Gruppen. Eßbar.

Grauer oder **Gelbbeschleierter Lärchenröhrling** Juli—Oktober ■□ □□
Boletus aeruginascens SECR.
Syn.: *Suillus aeruginascens* (SECR.) SNELL.
Hut 4—10 cm breit, bald ausgebreitet gewölbt, dünn, Huthaut abziehbar, weißlich, hellbräunlich bis grüntönig, schlüpfrig. Poren kantig, breit, schmutzig grau, an Druckstellen dunkel verfärbend, beim jungen Fruchtkörper mit einem Schleier bedeckt. Stiel graugelb mit fleischigem, weißem, später bräunlichem Ring. Fruchtfleisch weich, weißlich, gräulich, manchmal blaugrün, Geruch schwach nach Obst. Sporenstaub hellbraun, Sporen 10—13 × 3—5 µm, spindelförmig, schwach gelb. Wächst nicht sehr zahlreich, ausschließlich unter Lärchen. Eßbar.

Goldgelber Lärchenröhrling, (Goldröhrling) Juli—November □■ □□
Boletus grevillei KLOTZSCH
Syn.: *Suillus grevillei* (KLOTZSCH) SING.
Hut 4—13 cm breit, jung halbkugelförmig, später breit gewölbt bis umgestülpt, orangegelb, verblassend, Huthaut bei Feuchtigkeit sehr schleimig und abziehbar, nach Abtrocknen trocken und nicht abziehbar. Poren bei jungen Fruchtkörpern mit einem Schleier überzogen, dicht, zitronengelb, bei alten Fruchtkörpern wäßrig. Stiel voll, oben gelb, mit Ring, darunter braunfaserig. Fruchtfleisch gelb, manchmal grünlich, im Alter wäßrig. Sporenstaub dunkelbraun, Sporen 10—12 × 3—4 µm, gelb. Wächst gesellig ausschließlich unter Lärchen. Eßbar.

Butterpilz, Butterröhrling Mai—November □□ ■□
Boletus luteus L. ex FR.
Syn.: *Suillus luteus* (L. ex FR.) S. F. GRAY
Hut 5—12 cm breit, abgerundet gewölbt, schokoladebraun, Huthaut vollkommen abziehbar, bei Feuchtigkeit schleimig, bei Trockenheit glänzend. Röhren leicht am Stiel herablaufend, ihre Poren sind gelb, bei jungen Fruchtkörpern mit einem weißen bis hellvioletten Schleier bedeckt. Stiel voll, kurz, über dem Ring gelb mit feinen Körnchen besetzt, darunter bräunlich. Fruchtfleisch weiß. Sporenstaub ockerbraun, Sporen 7—10 × 3—4 µm, spindelförmig, blaßgelb. Wächst häufig unter Kiefern. Eßbar, ausgezeichnet. Die Haut muß nicht abgezogen werden.

Kuhpilz, Kuhröhrling Juli—November □□ □■
Boletus bovinus L. ex FR.
Syn.: *Suillus bovinus* (L. ex FR.) O. KUNTZE
Hut 3—10 cm breit, ausgebreitet gewölbt, hell-ockerbraun, Huthaut bei Feuchtigkeit schlüpfrig, bei Trockenheit glänzend. Röhren kurz, Poren groß, kantig, ockerfarben, bald grünlich. Stiel kurz und dünn, wie der Hut gefärbt. Fruchtfleisch sehr elastisch (ein zusammengedrückter Fruchtkörper nimmt sofort seine ursprüngliche Form wieder an), blaß ocker, schwach blau oder rosa verfärbend, Geruch schwach nach Obst, im Essig violett, beim Kochen rot verfärbend. Sporenstaub olivbräunlich, Sporen 7—11 × 3—5 µm, spindelförmig, gelblich. Wächst in Gruppen in sandigen Kieferngehölzen, dort vor allem an den Waldrändern und Wegen. Eßbar.

Röhrenpilze — *Boletaceae*

Schmerling, Körnchenröhrling Mai—Oktober
Boletus granulatus L. ex Fr.
Syn.: *Suillus granulatus* (L. ex Fr.) O. Kuntze
Hut 3—8 cm breit, ausgebreitet gewölbt, kahl, rotbraun, bei Austrocknung gelbocker, Huthaut abziehbar, zuerst mit einer starken Schleimhaut überzogen, die allmählich verschmiert, bei Feuchtigkeit klebrig, bei Trockenheit glatt. Röhren laufen am Stiel leicht herab, ihre Poren sind sehr klein, blaß-schwefelgelb, beim jungen Fruchtkörper mit weißen Tröpfchen einer milchigen Flüssigkeit, die mit fortschreitendem Alter braun verfärben und zu kleinen Körnchen vertrocknen. Stiel voll, gelblich, beim Jungpilz oben mit Tröpfchen, später anfangs gelb, dann braun körnig, beim Altpilz unten bräunlich, ohne Ring. Fruchtfleisch weißlich bis gelblich. Sporenstaub gelbbraun, Sporen 8—10 × 3—5 µm, spindelförmig, gelblich. Wächst stellenweise zahlreich in Nadelwäldern unter Fichten und Kiefern, vor allem an grasigen Rändern, an Waldwegen, auf Weiden u.ä. Die Haut muß nicht abgezogen werden, denn der Schleim gerinnt beim Kochen. Eßbar, gut.

Sandröhrling, Semmelpilz Juli—September
Boletus variegatus Sow. ex Fr.
Syn.: *Suillus variegatus* (Sow. ex Fr.) O. Kuntze
Hut 5—15 cm breit, breit gewölbt, braungelb, Huthaut nicht abziehbar, bei Feuchtigkeit schlüpfrig, schnell austrocknend, dann filzig bis geschuppt. Poren gräulich olivbraun, groß, eckig. Stiel unten leicht geschwollen, gelbbraun. Fruchtfleisch blaßocker, mäßig blau verfärbend, durchdringend nach Bovist riechend. Sporenstaub hellbraun, Sporen 7—11 × 3—5 µm, spindelförmig, blaß-grüngelb. Wächst scharenweise in Nadelwäldern, vor allem unter Kiefern. Eßbar.

Pfefferröhrling, Gewürzpilz Juli—Oktober
Boletus piperatus Bull. ex Fr.
Syn.: *Suillus piperatus* (Bull. ex Fr.) O. Kuntze
Hut 2—7 cm breit, ausladend gewölbt, rotbraun, Huthaut nicht abziehbar, bei Feuchtigkeit klebrig, bei Trockenheit glänzend. Röhren am Stiel leicht herablaufend. Poren breit, rostfarben. Stiel kurz, dünn, voll, ockerfarben, an der Basis safrangelb. Fruchtfleisch leuchtend gelb, Geruch schwach nach Obst, Geschmack des rohen Fruchtkörpers scharf pfefferig brennend, nach Abkochen mild. Sporenstaub gelbbraun, Sporen 7—12 × 3—5 µm, spindelförmig, blaßgelb. Wächst oft in Gruppen in Nadelwäldern, vor allem in Kieferngehölzen, auf Waldwegen, in Gräben und im lockeren Moos. Eßbar, jedoch nie allein, sondern nur in Mischungen mit anderen Pilzen zu verwenden.

Röhrenpilze — *Boletaceae*

Maronenröhrling, Braunhäuptchen Juli—Oktober ■□ □□

Boletus badius Fr.

Syn.: *Xerocomus badius* (Fr.) Gilb.

Hut 5—15 cm breit, abgerundet gewölbt, bei alten Pilzen auch umgestülpt, bei Feuchtigkeit etwas klebrig, Röhren am Stiel ausgeschnitten, Poren beim Jungpilz weißlich, bald gelblich verfärbend, schließlich oliv, an Druckstellen blau, grün und schließlich braun verfärbend. Fruchtfleisch gelblich, blau verfärbend, oft von Insektenlarven und Fäulnis befallen. Sporenstaub olivbraun, Sporen 12—16 × 4—6 µm, spindelförmig, blaßgelb. Wächst häufig unter Fichten und Kiefern, seltener auch unter Buchen und Eichen, oft direkt auf dem Holz. Eßbar, gut.

Ziegenlippe, Filziger Röhrling Juli—Oktober □■ □□

Boletus subtomentosus L. ex Fr.

Syn.: *Xerocomus subtomentosus* (L. ex Fr.) Quél.

Hut 4—12 cm breit, ausladend gewölbt, samtig, olivbraun, gelboliv, Huthaut nicht abziehbar, bei Trockenheit manchmal etwas rissig gefeldert, Poren dottergelb, im Alter gelblichgrün, eckig und weit. Stiel walzenförmig, dünner, fest bis hart, mit gröberem Netz, gelbbraun. Fruchtfleisch weißlich, manchmal schwach blau verfärbend, Geruch schwach nach Obst. Sporenstaub hellocker bis olivbraun, Sporen 11—15 × 4—6 µm, spindelförmig, gelb. Wächst in der Regel einzeln in Laub- und Nadelwäldern. Eßbar.

Blutroter Röhrling Juli—September □□ ■□

Boletus rubellus Krombh.

Syn.: *Xerocomus rubellus* (Krombh.) Moser

Hut 2—7 cm breit, kissenförmig, samtig, karmin- bis blutrot, im Alter verblassend, bei Trockenheit felderig aufgerissen. Röhren goldgelb, Poren breit, im Alter und an Druckstellen blaugrünlich verfärbend. Stiel dünn, rötlichfaserig, dottergelb, im Alter rot verfärbend, an Druckstellen braun verfärbend. Fruchtfleisch weich, gelb, blaugrünlich verfärbend, Geschmack säuerlich. Sporenstaub oliv, Sporen 9—17 × 4—6,5 µm, lang elliptisch, braun. Wächst oft in Gruppen unter Eichen und Linden in Wäldern und in Parks. Eßbar, gut.

Wurzelnder Bitterröhrling Juli—September □□ □■

Boletus albidus Roques

Syn.: *Boletus radicans* Pers. ex Fr.

Hut 7—20 cm breit, halbkuglig, bald kissenförmig, jung weißlich und fein bereift, später ledern bräunlich. Röhren und Poren blaß bis zitronengelb, an Druckstellen blau verfärbend. Stiel anfangs knollig, beim ausgewachsenen Pilz keulenförmig, wurzelnd, oben zitronengelb mit feinem Netz, weiter unten blaßocker. Fruchtfleisch fleischig, gelblich, schwach blau verfärbend, Geschmack bitter. Sporenstaub oliv, Sporen 10—16 × 5—6 µm, spindelförmig, grünlich. Wächst in warmen Laubwäldern und auf Dämmen von Teichen unter Eichen. Ungenießbar, mit seinem hellen Hut erinnert der Pilz an den Satanspilz *(B. satanas)*.

Rotfußröhrling Juni—Dezember

Boletus chrysenteron BULL. ex ST.-AM.

Syn.: *Xerocomus chrysenteron* (BULL. ex ST.-AM.) QUÉL.

Hut 3—8 cm breit, beim Jungpilz halbkugelförmig, bald ausladend gewölbt und leicht unregelmäßig, im Alter oft mit umgestülptem Rand. Huthaut dünn, matt, jung bereift, später kahl und samtig. In der Haut sind zwei Pigmente eingelagert, die entsprechend der Temperatur, dem Licht und dem Alter des Fruchtkörpers zur Geltung kommen. Fruchtkörper, die im Sommer wachsen, sind graugelb oder rotbraun, grau oder ockergrau, wobei einige Teile des Huts beim ausgewachsenen Pilz rosafarben sein können. Fruchtkörper, die in Kälte und Feuchtigkeit, im Halb- oder Vollschatten aufwachsen, haben eine fast schwarzbraune Huthaut, und das rote Pigment zeigt sich nur als schmaler Streifen an Schnittflächen im Hut. Bei diesen Fruchtkörpern reißt die Oberfläche des Hutes auch nicht so charakteristisch auf, sondern es bilden sich nur Felder mit Rissen in der Huthaut heraus, zwischen denen das rote Pigment hindurchleuchtet. Fruchtkörper, die sich im Sonnenlicht entwickeln, weisen tiefere Risse in der Huthaut auf, die bis in das Fruchtfleisch reichen. Wild- oder Schneckenfraßstellen sind an der Hutoberfläche karminrot. Das rote Pigment zeigt sich am deutlichsten bei der Abart, die einen gänzlich karminroten Hut besitzt und heute als selbständige Art, als Blutroter Röhrling, *(B. rubellus)*, angesehen wird.

Die Röhren sind 7—10 mm hoch, an das Hutfleisch angewachsen, blaßgelb, im Alter stärker grünlich. Poren verhältnismäßig recht groß, kantig, blaßgelb, bald grüngelb, an Druckstellen blaugrün bis braun verfärbend. Stiel 2—8 cm lang und 0,7—2 cm breit, gerade oder schwach gebogen, unten oft zugespitzt und verjüngt, zylindrisch, oben oft am dünnsten, bei Jungpilzen kanariengelb, später bräunlich, braungelb, im unteren Teil bald rötlich, beim erwachsenen Fruchtkörper immer karmin- oder weinrot, unten bräunlich, ganz an der Basis am Myzelium weiß, im Alter faserig, aber spröde. Fruchtfleisch weich, schwammig, unter der Huthaut befindet sich ein roter Streifen, ansonsten gelb, an der Schnittfläche entsprechend der Witterung mehr oder weniger blau verfärbend, nach dem Abtrocknen rötlich, im Stiel beim Jungpilz gelb, jedoch schnell rot verfärbend (diese Farbe zeigt sich beim Altpilz im gesamten Querschnitt des Stieles) und nur unten bräunlich. Das Fruchtfleisch fault leicht und wird bald von Fliegenlarven befallen. Der Pilz eignet sich vor allem zum baldigen Verbrauch, in Suppen und zum braten. Am wertvollsten sind die Fruchtkörper, die in der kalten Jahreszeit wachsen. Sie sind fest und widerstehen lange der Fäulnis. Wächst in Laub und Nadelwäldern bis in Höhen von 1000 m, oft lange bis in den Winter hinein, und man kann die dunklen Fruchtkörper manchmal noch im Dezember zwischen Schneeflächen finden. Eßbar.

Flockenstieliger Hexenröhrling Mai — November

Boletus erythropus (Fr. ex Fr.) Secr.

Hut 6—20 cm breit, beim Jungpilz halbkugelförmig, dann ausgebreitet gewölbt, fleischig, samtig, glatt, dunkelbraun, im Alter schwarzbraun. Röhren am Stiel ausgeschnitten, Poren klein, anfangs gelb, später gräulich-zinnober bis blutrot, bei Berührung sofort sattblau verfärbend. Stiel zylindrisch bis keulenförmig, 2—4 cm breit, auf der gelben Grundfärbung im oberen Teil dicht und fein rot geschuppt, unten oliv, an Druckstellen blau verfärbend. Fruchtfleisch sattgelb, im Schnitt sofort indigoblau, Geruch und Geschmack angenehm. Sporenstaub dunkeloliv, Sporen 11—18 × 5—7 µm, spindelförmig, olivgelblich. Wächst einzeln und in kleinen Gruppen in Laubwäldern, vor allem unter Buchen, und auch in Nadelwäldern, öfter in höheren Lagen. Eßbar, schmackhaft, darf jedoch nur gut gekocht oder gebraten genossen werden. Roh ist der Pilz schwach giftig.

Satansröhrling, Satanpilz August — September

Boletus satanas Lenz

Hut 6—30 cm breit, halbkugelförmig, beim ausgewachsenen Fruchtkörper abgerundet ausladend, kahl, silbrigweiß bis schwach oliv. Die Röhren reichen nicht bis zum Stiel, die Poren sind anfangs gelb, bald aber karminrot. Stiel 8—15 cm hoch und 3—10 cm breit, unten bauchig geschwollen, unter dem Hut gelb, in der Mitte teilweise mit einem feinen karminroten Netz, unten olivbraun. Fruchtfleisch fleischig, gelblich, fast nicht blau verfärbend, Geruch beim jungen Fruchtkörper bovistartig, im Alter unangenehm nach verdorbenem Fleisch oder fauliger Zwiebel, Geschmack anfangs angenehm fast nußartig, später widerlich. Sporenstaub oliv, Sporen 10—15 × 5—7 µm, spindelförmig, glatt, gelboliv. Wächst meistens einzeln auf kalkigen Böden in warmen Laubwäldern unter Haselbüschen, Eichen, Hainbuchen und Hagedorn. Roh genossen stark giftig. Gut abgekocht ist der Pilz eßbar, wird jedoch nicht zum Verzehr empfohlen.

Röhrenpilze — *Boletaceae*

Dickfußröhrling Juni—Oktober

Boletus calopus Fr.

Hut 8—15 cm breit, halbkugelförmig, am Rande wellig, falbbraun oder schwach oliv. Poren zitronengelb, bei Berührung blau bis grünlich verfärbend. Stiel keulenförmig, geschwollen, oben gelb mit weißem Netz, unten filzigrot, blutrot bis scharlachrot, mit gleichfarbenem erhabenem Netz, dessen Maschen sich nach unten erweitern. Fruchtfleisch blaß, im Schnitt blau, Geruch säuerlich, Geschmack widerlich bitter. Sporenstaub olivbraun, Sporen 10—14 × 4—6 µm, spindelförmig, blaßoliv. Wächst vor allem in Nadel- aber auch in Laubwäldern höherer Lagen. Ungenießbar, roh genossen schwach giftig.

Kiefernsteinpilz Mai—November

Boletus pinophilus Pil. et Dermek

Syn.: *Boletus pinicola* Vitt.

Hut 6—25 cm breit, halbkuglig, dann gewölbt ausladend, an der Oberfläche oft bucklig, fleischig, dunkel-rotbraun, bei Jungpilzen bereift. Röhren hoch, reichen nicht bis zum Stiel, Poren cremefarben, später gelbgrün. Stiel ausgebaucht, unten aufgebläht, rotbraun, mit dichtem, zur Spitze hin weißlichem Netz. Fruchtfleisch fest, weiß, unter dem Hut rotbraun, Geruch und Geschmack mild. Sporenstaub olivbraun, Sporen 14—20 × 4—6 µm, spindelförmig, blaß-honigfarben. Wächst nicht sehr zahlreich schon bald im Frühjahr vor allem in sandigen Kieferngehölzen, aber auch unter Buchen. Eßbar, schmackhaft.

Herrenpilz, Steinpilz August—November

Boletus edulis Bull. ex Fr.

Hut 5—20 cm breit, anfangs halbkugelförmig mit zum Stiel eingebogenem Rand, bald ausladend gewölbt, glatt oder mäßig höckerig, fleischig, hell oder dunkel kastanienbraun, Huthaut nur bei Altpilzen wenig abziehbar, bei Feuchtigkeit mäßig klebrig, bei Trockenheit matt. Röhren am Stiel schwach ausgeschnitten, Poren klein, rundlich, weißlich, bald cremefarben, im Alter gelbgrün. Stiel keulenförmig, später auch walzenförmig, weiß, mit fortschreitendem Alter braun verfärbend, oben mit weißem Netz. Fruchtfleisch fest, unter der Huthaut bräunlich, sonst weiß, Geruch angenehm nach Pilzen, Geschmack spezifisch steinpilzartig. Sporenstaub braunoliv, Sporen 15—17 × 4—5 µm, spindelförmig, olivbraun. Wächst im Sommer vor allem in Fichtenwäldern, im Herbst auch in Kiefern-, Eichen- und Buchengehölzen. Eßbar, sehr schmackhaft.

Röhrenpilze — *Boletaceae*

Gelbfleischiger Steinpilz, Anhängselröhrling Juli—September ■□ □□
Boletus appendiculatus SCHAEFF. ex FR.
Hut 6—20 cm breit, halbkugel-, bald kissenförmig, glatt, verwachsen faserig, rotbraun. Röhren im Schnitt gelb, Poren klein, goldgelb, grün verfärbend, an Druckstellen grünblau. Stiel zylindrisch, unten zu einem Fortsatz (Appendix) verlängert, goldgelb, oben mit Netzstruktur. Fruchtfleisch gelb, über den Röhren bläulich, im Stiel unten bräunlich, Geruch steinpilzartig, Geschmack süß. Sporenstaub braunoliv, Sporen 11—15 × 4—5,5 µm, spindelförmig, honiggelb. Wächst auch bei großer Trokkenheit unter Laubbäumen, seltener unter Nadelgehölzen. Eßbar, sehr gut.

Schwarzblauender Röhrling Juni—September □■ □□
Boletus pulverulentus OPAT.
Hut 5—10 cm breit, gewölbt, dann kissenförmig, klebrig, sattbraun, bei Trockenheit fein filzig samtartig. Röhren wachsgelb, Poren eckig, wachsgelb, an Druckstellen stark blau verfärbend. Stiel walzenförmig, verhältnismäßig dünn, fein flockig, oben gelb, unten bräunlich. Fruchtfleisch gelb, im unteren Stiel rötlich, sofort sattblau bis schwarzblau verfärbend. Sporenstaub oliv, Sporen 11—15 × 4—7 µm, spindelförmig, honigfarben. Wächst unter Laubbäumen in Wäldern und Parks, seltener unter Nadelbäumen. Eßbar, gut.

Espenrotkappe Juni—Oktober □□ ■□
Boletus aurantiacus BULL. ex ST.-AM.
Syn.: *Leccinum aurantiacum* (BULL. ex ST.-AM.) S. F. GRAY
Hut 5—20 cm breit, regelmäßig ausladend gewölbt, die Huthaut steht über den Rand hinaus, rot oder braunorange, matt, fein filzig. Röhren weit ausgeschnitten, Poren weißlich, grau verfärbend. Stiel bald zäh, weiß, mit weißen, später ziegelroten Schuppen. Fruchtfleisch weiß, an der Luft fliederfarben grau, schwarz verfärbend, im Stiel unten grünblau verfärbend. Sporenstaub olivbraun, Sporen 13—17 × 4—5 µm, spindelförmig, ockerbraun. Wächst unter Espen. Eßbar, gut.

Kiefernrotkappe Juli—Oktober □□ □■
Boletus vulpinus (WATL.)
Syn.: *Leccinum vulpinum* WATL.
Hut 3—10 cm breit, bald kissenförmig, bei Feuchtigkeit orangerot, bald braun bis graurostig verfärbend. Röhren und Poren weißlich, bald gräulich cremefarben. Stiel weiß, geschuppt, die weißen Schuppen verfärben bald ziegelrot, dann braun bis fast schwarz. Fruchtfleisch weißlich, im Stiel rosa färbend, später grauviolett. Sporenstaub olivbraun, Sporen 13—16 × 4—5 µm, spindelförmig, honigfarben gelbbraun. Wächst auf saueren Böden, vor allem unter Kiefern, aber auch unter Fichten. Eßbar, gut.

Röhrenpilze — *Boletaceae*

Birkenpilz Juni—Oktober

Boletus scaber Bull. ex Fr.

Syn.: *Leccinum scabrum* (Bull. ex Fr.) S. F. Gray

Hut 5—12 cm breit, gewölbt ausladend, glatt, manchmal auch schwach runzlig, weichfleischig, im Alter weich, grau- bis rötlichbraun, manchmal grünlich und selten auch reinweiß, Huthaut nicht abziehbar, nur bei Altpilzen mäßig ablösbar, bei Feuchtigkeit klebrig bis schwach schmierig, bei Trockenheit matt, fein filzig. Röhren am Stiel ausgeschnitten, bald weich und wäßrig, in der Richtung nach unten kissenförmig gewölbt, leicht vom Hutfleisch ablösbar. Poren klein, rundlich, weiß, bald gräulich, an Druckstellen nicht verfärbend. Stiel zylindrisch, höchstens 2 cm dick, jung fest, bald jedoch zäh und faserig, hell gräulich, mit feinen, abstehenden, düster grauen bis schwarzgrauen Schuppen bedeckt, die unter dem Hut Längsstreifen bilden. Fruchtfleisch beim Jungpilz fest, bald weich, im Hut wäßrig und schwammig, druckempfindlich, im Stiel faserig, zäh, im Alter fast holzig, Geruch und Geschmack angenehm, weiß bis weißlich grau oder nur fein rosafarben. Bei der Zubereitung verfärbt sich das Fruchtfleisch dunkel, verliert aber nichts von seinem Geschmack. Sporenstaub braun, Sporen 13—18 × 5—6 µm, walzenförmig, glatt, blaß-bräunlich. Wächst einzeln oder in Gruppen nur unter Birken, im Wald und auch außerhalb, in Parks, auf Feldrainen, Kahlschlägen usw.

In Europa wachsen viele verschiedene Formen des Birkenpilzes, die manchmal sehr schwer voneinander unterscheidbar sind, in der letzten Zeit jedoch von einigen Autoren als selbständige Arten angesehen werden. Gut unterscheidbare Arten sind vor allem:

— der Eichenröhrling — *L. crocipodium* —, mit chromgelben Poren. Sein Fruchtfleisch ist an der Schnittfläche rosafarben, verfärbt bräunlich und schließlich kohlschwarz. Wächst selten in wärmeren Gebieten unter Eichen, Buchen und Hainbuchen.

— der Hainbuchenröhrling — *L. griseum* —, der nur unter Hainbuchen wächst. Hut grübchenartig gerunzelt, schwarzbraun, hart, das weißliche Fruchtfleisch verändert die Farbe nicht.

— der ähnliche Pappelröhrling — *L. duriusculum* —, wächst vor allem unter Weiß-Pappeln. Fruchtfleisch weiß, im oberen Stielabschnitt lachsfarben, später grauviolett.

Einige beachtenswerte Birkenpilze wachsen nur unter Birken. Hierzu gehören:

— der Rothautröhrling — *L. oxydabile* — Fruchtfleisch des Stiels rosa bis rot verfärbend, unten blaugrün verfärbend.

— beim Graugrünen Birkenröhrling — *L. thalassinum* — ist die Stieloberfläche unten grün geschuppt und auch das Stielfleisch grün,

— beim Zimtfarbenen Birkenröhrling — *L. subcinnamomeum* — ist der Hut zimtbraun,

— beim Schwarzen Birkenröhrling — *L. melaneum* — ist der Hut braunschwarz bis schwarz.

Zwei Birkenpilzarten besitzen einen reinweißen Hut:

— der Moor-Birkenröhrling — *L. holopus* — wächst im Moorland unter Birken und färbt sich an der Stielbasis blaugrün,

— der Schneeweiße Birkenröhrling — *L. percandidum* — aus den Wäldern Nordeuropas wächst unter Kiefern und Birken. Sein Hutfleisch färbt sich graublau, das Stielfleisch ist oben rosa, in der Basis blaugrün. Alle angeführten Abarten oder Arten sind eßbar.

Oben links: *Leccinum oxydabile*

Oben rechts: *Leccinum crocipodium*

Unten links: *Leccinum scabrum*

Unten rechts: *Leccinum griseum*

Heiderotkappe Juni—Oktober
Boletus versipellis Fr.
Syn.: *Leccinum versipellis* (Fr.) Snell
Hut 4—20 cm breit, erreicht ein Gewicht bis zu 1,5 kg, ausladend gewölbt, fleischig, gelbbräunlich bis orangegelb, trocken, die Huthaut steht beim Jungpilz über den Hutrand hinaus. Röhren am Stiel ausgeschnitten, Poren bald graubraun mit Olivtönen, im Alter schwarzbraun, Stiel keulenförmig, unten meist geschwollen, nur manchmal zylindrisch, bis zu 7 cm breit, zäh, weiß oder gräulich, mit rußschwarzen Schuppen bedeckt. Fruchtfleisch fest, im Stiel sogar zäh, weiß, an der Schnittfläche rosaviolett, im Stiel unten blaugrün verfärbend, später völlig dunkelgrau, Geruch unauffällig, Geschmack angenehm, wird in der Regel nicht von Insektenlarven befallen, färbt sich beim Abtrocknen schwarz. Sporenstaub braun, Sporen 13—16 × 4—5 µm, spindelförmig, gelbbraun. Wächst unter Birken, vor allem in Mischwäldern. Eßbar, gut.

Gallenröhrling Juli—November
Tylopilus felleus (Bull. ex Fr.) P. Karst.
Hut 4—15 cm breit, ausladend gewölbt, dann flach, trocken, honigfarben, grau bis graubraun. Röhren erreichen den Stiel nicht, im Alter nach unten kissenförmig hervortretend, an Schaum erinnernd. Poren anfangs weiß, bald rosa, an Druckstellen und im Alter rostig verfärbend. Stiel unten leicht bauchig, bräunlich mit oliven Tönen und grober, hervortretender, gelblicher Netzstruktur. Fruchtfleisch weiß, Geruch unbestimmt, Geschmack widerlich bitter. Sporenstaub rosa, Sporen 12—16 × 3—5 µm, spindelförmig, farblos. Wächst nur auf saueren Böden, meist unter Nadelbäumen, seltener unter Laubbäumen, manchmal in Gesellschaft mit Steinpilzen *(Boletus edulis)*, mit denen er im Jugendstadium leicht verwechselt werden kann. Leicht giftig.

Düsterer oder **Rotbraunsporiger Röhrling** Juli—Oktober
Porphyrellus pseudoscaber (Secr.) Sing.
Hut 5—15 cm breit, rundlich gewölbt, glatt, fein samtig, bräunlich bis leicht oliv. Poren reichen nicht bis an den Stiel heran, sie sind weit und eckig, grau, im Alter rötlich, verfärben bei Berührung blau. Stiel unten leicht verdickt, rauchgrau bis schwarzgrau, unten weiß. Fruchtfleisch anfangs weißlich-grau, an der Schnittfläche rosa bis bläulich, schließlich schwärzlich, im Alter und getrocknet ebenfalls rot, Geschmack mild, Geruch säuerlich. Sporenstaub graubraun, schwach rosafarben, Sporen 13—16 × 5—6 µm, spindelförmig, dunkel. Wächst meistens in Fichtenwäldern der Gebirgs- und Vorgebirgslagen. Eßbar, aber ohne besonderen Wohlgeschmack. Sollte gemieden werden.

Röhrenpilze — *Boletaceae*

Strubbelkopf, Schwarzer Schuppenröhrling — Juli—Oktober
Strobilomyces floccopus (VAHL ex FR.) P. KARST.
Hut 5—10 cm breit, ausladend kuglig gewölbt, filzig, Huthaut in schwarze, spitze, abstehende Schuppen aufgerissen. Poren weit und eckig, weißlich, an Druckstellen rot bis schwarz verfärbend, beim Jungpilz mit einem flockigen Schleier überdeckt. Stiel zylindrisch, voll, schuppig, mit Ring. Fruchtfleisch weißlich, zuerst orange bis rot, dann schwarz verfärbend, weich. Sporenstaub schwarzbraun, Sporen 10—15 × 9—12 µm, fast kugelförmig. Einzige europäische Art, deren Sporen an der Oberfläche eine ausdrucksvolle Netzstruktur aufweisen. Wächst vor allem in Fichten- und Tannenwäldern, seltener in Laubgehölzen. Eßbar, jedoch nicht schmackhaft.

Sprödblättler — *Russulaceae*

Wolliger Milchling, Erdschieber — Juli—September
Lactarius vellereus (FR.) FR.
Großer, hartfleischiger, weißer Pilz. Hut 8—20 cm breit, in der Mitte vertieft bis trichterförmig, am Rand eingerollt, anfangs filzartig samtig, später scharfkantig. Lamellen entfernt stehend, sehr spröde, weiß, später ocker getönt. Stiel kurz zylindrisch, fest, voll, fein filzig. Fruchtfleisch hart, weiß, manchmal leicht gelblich, oder rostig verfärbend, an Bruchstellen quillt reichlich weiße Milch hervor, die stark brennend schmeckt. Sporenstaub weiß, Sporen 9—12 × 7,5—10 µm, breit elliptisch, unvollständig netzig, amyloid. Wächst sehr zahlreich in Laubwäldern, vor allem in Buchengehölzen, aber auch unter Nadelbäumen. Ungenießbar.

Echter Pfeffermilchling — Juli—September
Lactarius pergamenus (SOW. ex FR.) FR.
Ein großer hartfleischiger weißer Pilz. Hut 6—18 cm breit, in der Mitte vertieft bis trichterförmig, kahl, trocken, ein wenig runzlig, später ocker gefleckt. Lamellen sehr gedrängt, schmal, sahnegelb getönt. Stiel kahl, zäh. Fruchtfleisch hart, aus den Bruchstellen rinnt weiße, beim Trocknen sich graugrün verfärbende, stark brennende Milch hervor. Sporenstaub weiß, Sporen 8—9,5 × 5,5—7 µm, breit elliptisch, unvollständig netzig. Wächst sehr häufig vor allem in Mischwäldern, auch bei trockener Witterung. Ein sehr ähnlicher Pfeffermilchling *L. glaucescens* unterscheidet sich durch seine unveränderliche weiße Milch. Genießbar nur auf Speck mit Zwiebeln, Pfeffer und Salz gebraten, anders zubereitet nicht schmackhaft. Die Schärfe verliert sich bei der Zubereitung vollkommen.

Tannenreizker, Olivbrauner Milchling — Juli—Oktober
Lactarius necator (BULL. ex FR.) P. KARST.
Syn.: *Lactarius turpis* (WEINM.) FR.
Hut 5—15 cm breit, in der Mitte flach eingedrückt und kahl, schmierig, am Rand eingerollt und gelb filzig, im ganzen grünlich, dunkel-braunoliv bis olivschwärzlich. Lamellen schmutzig gelb, bei Verletzung braun verfärbend. Stiel kurz, zäh, grünlich bis dunkel-schmutzigoliv, glänzend. Aus dem Fruchtfleisch rinnt an Bruchstellen weiße, stark brennende Milch. Sporenstaub gelblich, Sporen 7,5—8,5 × 6—7 µm, kugelförmig elliptisch, mit unvollständigem Netz, amyloid. Wächst sehr zahlreich vor allem in Fichtengehölzen unter Birken. Ungenießbar.

Sprödblättler — *Russulaceae*

Birkenreizker, Falscher oder Zottiger Reizker Juli—Oktober

Lactarius torminosus (SCHAEFF. ex FR.) S. F. GRAY

Großer, hartfleischiger Pilz. Hut 5—15 cm breit, flach gewölbt, in der Mitte tief eingedrückt bis trichterförmig, kahl, am Rand stark eingerollt und dicht, weiß lang behaart bis zottig, hell semmelfarben rötlich bis rotbraun, dunkler geringt. Lamellen gedrängt, cremefarben rosatönig. Stiel kurz, blaß, rosafarben, hohl. Aus dem Fruchtfleisch rinnt an Bruchstellen weiße, stark brennende Milch. Sporenstaub gelblich, Sporen 7—10 × 6—8 µm, breit elliptisch, mit unvollständigem Netz, amyloid. Wächst meistens im Gras unter Birken im Walde und auch außerhalb. Ungenießbar.

Mohrenkopf Juli—September

Lactarius lignyotus FR.

Hut 3—8 cm breit, in der Mitte spitz gebuckelt und geädert runzlig, samtig, schwarzbraun, dunkel rußbraun bis fast ganz schwarz. Lamellen gedrängt, weiß, später hellokker, bei Verletzung allmählich und unauffällig rot färbend. Stiel lang, oben runzlig, schwarzbraun, samtig. Fruchtfleisch vor allem in der Stielbasis orangegelb bis rötlichbraun verfärbend, aus Bruchstellen rinnt reinweiße, mild schmeckende Milch. Sporenstaub hell-ockergelb, Sporen 9—10,5 µm im Durchmesser, kugelförmig, stachlig netzig, amyloid. Wächst recht häufig vor allem in Nadelwäldern der Gebirgs- und Vorgebirgslagen, besonders auf saueren Böden in moosigen Fichtengehölzen. Eßbar.

Echter Reizker, Kiefernreizker August—Oktober

Lactarius deliciosus (L. ex FR.) S. F. GRAY

Hut 3—8 cm breit, in der Mitte eingedrückt, am Rande eingerollt, fleischfarben- oder orangerot mit dunkleren konzentrischen Ringen, glatt, kahl, bei Feuchtigkeit klebrig, im Alter oft mit grünlichen Flecken. Lamellen hell-rotbraun, bei Verletzung grün verfärbend. Stiel fleischig, sehr brüchig, rot oder orange, bald durch Maden hohl. Fruchtfleisch bei Verletzung grün verfärbend, aus den Bruchstellen quillt orangerote Milch, Geschmack mild, nach längerer Zeit herb zusammenziehend, Geruch angenehm harzig. Sporenstaub gelblich. Sporen 7—9 × 6—7 µm, elliptisch, mit unvollständigem Netz, amyloid. Wächst im Gras im Kiefernwald, seltener in niedrigen Fichtenjunggehölzen und an deren Rändern. Eßbar, sehr schmackhaft.

Graugrüner Milchling Juni—November

Lactarius blennius FR.

Hut 3—9 cm breit, flach gewölbt, mittig eingedrückt, grün, graugrün oder auch helloliv graubräunlich. Bei Feuchtigkeit schlüpfrig, kahl, mit braunen Tupfen gestreift. Lamellen dicht, weiß, dann gelblich, bei Verletzung braun, grau bis grün verfärbend. Stiel blaß, gräulich. Fruchtfleisch weißlich, aus den Bruchstellen rinnt weiße, stark brennende Milch, die sich beim Eintrocknen graugrün verfärbt. Sporenstaub gelblich, Sporen 7—8,5 × 5,5—6,5 µm, breit elliptisch, gerippt, amyloid. Wächst häufig ausschließlich unter Buchen. Ungenießbar.

Sprödblättler — *Russulaceae*

Graufleckender Milchling Juli — Oktober ■□ □□

Lactarius vietus Fr.

Hut 3—7 cm breit, dünnfleischig, mittig eingedrückt, hellgräulich, mit fleischfarbenen oder violetten Tönen, kahl, trocken, nicht gezont. Lamellen gelblich, bei Verletzung grau oder graugrün verfärbend. Stiel cremegelb oder gräulich, später hohl. Fruchtfleisch weiß, aus den Bruchstellen rinnt weiße, brennend scharfe Milch, die sich beim Eintrocknen grau oder graugrün verfärbt. Sporenstaub gelblich, Sporen 8—9,5 × 6,5—7,5 µm, elliptisch, mit unvollständigem Netz, amyloid. Wächst recht oft in Mischwäldern unter Birken auf sauren Unterlagen. Ungenießbar.

Duftmilchling Juli — November □■ ■□

Lactarius odoratus Velen.

Syn.: *Lactarius glyciosmus* sensu Neuhoff

Hut 2—7 cm breit, jung zuweilen in der Mitte gebuckelt, später vertieft bis trichterförmig, dünnfleischig, schmächtig, perlmuttern ocker mit gelbrosafarbenen Tönen, fein filzig, trocken. Lamellen gedrängt weißlich bis hellocker. Stiel dünn, blaßocker. Fruchtfleisch blaß, aus Bruchstellen rinnt nur wenig weiße, leicht scharf schmeckende Milch. Der ganze Fruchtkörper, vor allem bei absterbenden Pilzen, riecht stark und angenehm nach Kokosflocken. Sporenstaub blaßgelb, Sporen 7—8,5 × 5,5—6,5 µm, kugelförmig, elliptisch, netzig, amyloid. Wächst recht häufig unter Birken, vor allem in grasigen Mischwäldern und an deren Rändern. Ungenießbar.

Milder Milchling Juli — November □□ □■

Lactarius mitissimus (Fr.) Fr.

Hut 3—7 cm breit, in der Mitte vertieft und manchmal klein gebuckelt im ganzen lebhaft einfarbig orange oder rotorange, nicht geringt, glatt, kahl, trocken. Lamellen gedrängt, gelblich, dann hellocker. Stiel ähnlich wie der Hut gefärbt oder etwas blasser. Fruchtfleisch gelblich, aus den Bruchstellen rinnt reichlich weiße Milch, die anfangs süß, nach einer Weile schwach scharf schmeckt. Sporenstaub gelblich, Sporen 8—9,5 × 6,5—7,5 µm, breit elliptisch, netzig, amyloid. Wächst sehr häufig in Nadelwäldern. Eßbar.

Unten links: Dunkler Duftmilchling
Lactarius glyciosmus Fr.

Sprödblättler — *Russulaceae*

Milchbrätling Juli—September ■□ □□

Lactarius volemus (Fr.) Fr.

Hut 5—15 cm breit, gewölbt, später mittig eingedrückt, hart- und dickfleischig, spröde, lebhaft rotbraun bis orange, glatt, trocken, fein bereift. Lamellen nicht gedrängt, weißlich, dann gelblich, bei Verletzung rostbraun verfärbend, Stiel lang zylindrisch, hart, fest, blaßrötlich, weiß bereift. Fruchtfleisch blaß, aus den Bruchstellen rinnt reichlich weiße, süße Milch, die braun verfärbt und auf Kleidungsstücken schwer entfernbare, braune Flecken hinterläßt. Junge Fruchtkörper riechen angenehm, verwelkende und ältere Fruchtkörper riechen charakteristisch nach Hering (Trimethylamin). Sporenstaub gelblich, Sporen 7,5—10 µm, kugelförmig, feinwarzig, amyloid. Wächst in allen Waldarten, vor allem in Kieferngehölzen an trockenen, sonnigen Stellen. Eßbar. Eignet sich besonders gut zum Braten.

Rotbrauner Milchling, Paprikapilz Mai—November □■ ■□

Lactarius rufus (Scop. ex Fr.) Fr.

Hut 5—15 cm breit, flach gewölbt, in der Mitte mit hervortretender, zugespitzter Warze, später flach eingedrückt, im ganzen trüb rotbraun, ein wenig silbrig glänzend, glatt, kahl, trocken. Lamellen gedrängt weiß-gelblich, dann ocker. Stiel rötlich, unten weiß filzig. Fruchtfleisch gelblich, aus den Bruchstellen rinnt reichlich weiße, stark brennende Milch. Sporenstaub hellgelb, Sporen 8—9,5 × 6,5—7,5 µm, fast kugelförmig, netzig, amyloid. Wächst gesellig sehr zahlreich in Nadel- und Mischwäldern, auch bei trockenem Wetter. Ungenießbar.

Kampfermilchling Juni—Oktober □□ □■

Lactarius camphoratus (Bull. ex Fr.) Fr.

Hut 3—5 cm breit, vertieft, in der Mitte mit Buckel, bei Feuchtigkeit trüb braunrot, bei Trockenheit dunkel-fleischigrötlich, jung mit purpurnen Schattierungen, später ocker-rosafarben, kahl, matt. Lamellen blaßrötlich, dann satt purpurbraun und weiß bestäubt. Stiel schlank, recht lang, dunkel-hautfarben bis rotbraun, bereift. Fruchtfleisch gelblich, scheidet wäßrige, nichtbrennende Milch aus und riecht, besonders beim Verwelken, nach Kampfer, Zichorie oder Honigklee. Sporenstaub gelblich, Sporen 8—8,5 × 7—7,5 µm, kugelförmig elliptisch, zusammenhängend warzig, amyloid. Wächst recht oft in Laub- und Nadelwäldern. Als Gewürzpilz recht gut.

Sprödblättler — *Russulaceae*

Blasser Zottenreizker, Moormilchling Juli—August

Lactarius pubescens Fr.

Hut 4—9 cm breit, in der Mitte flach eingedrückt, zähfleischig, weißlich mit cremefarbenen oder blaß-fleischfarbenen Schattierungen, nicht geringt, in der Mitte kahl, am Rande haarig, trocken. Lamellen schmal, gedrängt, blaß-fleischfarben. Stiel kurz, unten verjüngt, blaßrötlich. Fruchtfleisch blaß, unter der Huthaut cremefarben rötlich, aus Bruchstellen quillt weiße, überaus scharf brennende Milch. Sporenstaub weiß, Sporen 6,5—8,5 × 5,5—6,5 µm, breit elliptisch, mit unvollständigem Netz. Wächst an feuchten Stellen unter Birken, auf Hochmooren, in nassen Wäldern und an Seeufern. Ungenießbar.

Kuhroter Milchling, Fleischroter Milchling Juli—Oktober

Lactarius hysginus (Fr. ex. Fr.) Fr.

Hut 4—12 cm breit, in der Mitte oft tief eingedrückt, zähfleischig, mit verbogenem Rand, schmierig, bei Trockenheit glänzend, kahl, grau-fleischfarben mit fliederfarbenen Schattierungen. Lamellen fast entfernt, schmal, ocker bis rostiggelblich. Stiel zylindrisch, etwas blasser als der Hut, mit gelblichem Ton, schmierig, später innen hohl, unten meist zugespitzt. Fruchtfleisch an der Schnittfläche rostig verfärbend, säuerlich riechend, scheidet brennend scharfe, weiße Milch aus. Sporen 6,5—7,5 × 5,5—6,5 µm, breit elliptisch, gratig netzig. Wächst in Nadelwäldern auf saueren Böden, vor allem im Gras auf Waldwegen in Fichtenwäldern. Ungenießbar.

Goldflüssiger Milchling Juli—September

Lactarius chryssorheus Fr.

Hut 4—7 cm breit, mittig eingedrückt, anfangs hautfarben-rosa, dann semmelfarben blaßorange, mit einigen dunkleren Ringen, jung klebrig, bald trocken, matt, kahl. Lamellen gedrängt, sahnefarben bis ocker, rostig gefleckt. Stiel später hohl, gelblich, von unten her orange angehaucht. Fruchtfleisch scheidet an der Schnittfläche reichlich weiße, brennend scharfe Milch aus, die sich an der Luft sehr schnell schwefelgelb verfärbt. Sporenstaub hellgelb, Sporen 7—8,5 × 6—6,5 µm, breit elliptisch, warzig stachelig mit unvollständigem Netz, amyloid. Wächst in Eichenwäldern oder in Mischwäldern unter Eichen. Ungenießbar.

Lila-Milchling, Erlenreizker Juli—September

Lactarius lilacinus (Lasch) Fr.

Hut 3—5 cm breit, mittig eingedrückt oder manchmal gebuckelt, am Rand eingerollt, trocken, nicht geringt, jung filzig schuppig, später kahl, dunkler gekörnt, fliederfarben, dunkelrosa, gräulich-fliederfarben. Lamellen ziemlich entfernt, blaß ocker, dann fleischfarben-gelblich. Stiel grau bis fleischfarben-ocker, oben blasser, kahl, schlank, meist gebogen. Aus den Bruchstellen des Fruchtfleisches rinnt reichlich weiße Milch, die zuerst mild, später etwas scharf schmeckt und zu grauen Kügelchen eintrocknet. Sporenstaub weißlich, Sporen 6—8 µm, im Durchmesser, kugelförmig, stachlig, amyloid. Wächst nicht sehr häufig auf feuchtem Boden. Nur in Erlengehölzen. Ungenießbar.

Sprödblättler — *Russulaceae*

Sumpfreizker, Pfützenmilchling Juli—August
Lactarius lacunarum Romagn. ex Hora
Hut 2—5 cm breit, niedrig gewölbt, dann ausgebreitet, mittig flach gedrückt, anfangs rotbraun, dann fuchsig-orange, ausgetrocknet falb ockergelb, glatt, kahl. Lamellen kurz herablaufend, blaß falb, dann nach orange neigend. Stiel 2—5 cm lang, 3—5 mm dick, rostigorange, an der Basis am dunkelsten. Fruchtfleisch bitterlich, aus den Bruchstellen rinnt sehr wenig weiße, an der Luft schwach gelb verfärbende Milch. Sporenstaub weiß, Sporen 7—9 × 5,5—7 µm, breit elliptisch, gratig bis unterbrochen netzig, amyloid. Wächst auf feuchtem, sumpfigem Boden, manchmal auch in Torfmooren, meist in Erlengehölzen, unter Weiden, am Rande von Teichen und Morasten. Ungenießbar.

Rauchbrauner Schwarztäubling Juni—Oktober
Russula adusta (Pers. ex Fr.) Fr.
Hut 5—12 cm breit, hart, mittig eingedrückt, selten weißlich, meist bereits jung verbrannt, rauchbraun bis bräunlich. Huthaut bei Feuchtigkeit ziemlich schmierig, oft durch Erdreste und Nadeln verunreinigt, wenig abziehbar. Lamellen schmutzig weißlich, mäßig gedrängt stehend, sehr spröde. Stiel kurz, weißlich, von unten her braun verfärbend, voll, hart. Fruchtfleisch weiß, hart, an Schadstellen allmählich grau verfärbend, in Eisensulfatlösung graurosa färbend. Geschmack mild, Geruch säuerlich muffig. Sporenstaub weiß, Sporen 7—10 × 6—8 µm, mit sehr feiner Ornamentik, elliptisch. Wächst vor allem in Nadelwäldern auf nicht kalkhaltigen Böden. Eßbar, nicht besonders gut.

Orangeroter Graustieltäubling Juli—September
Russula decolorans (Fr.) Fr.
Hut 5—12 cm breit, fast kugelförmig, dann flach, fleischig, orangerot, aprikosenfarben und blaßocker, mit dünnem, glattem Rand. Huthaut kahl, nicht glänzend, bis zur Hälfte abziehbar. Lamellen sahnefarben, im Alter an den Schneiden grau verfärbend. Stiel lang zylindrisch, zuerst weiß, im Alter von unten her grau verfärbend. Fruchtfleisch weiß, im Alter grau verfärbend, was beim quer durchgeschnittenen Stiel am deutlichsten ist. Geschmack mild, beim Jungpilz leicht scharf. Sporenstaub hell buttergelb, Sporen 10—14 × 9—12 µm, breit elliptisch, stachelig. Wächst recht häufig in feuchten Kiefernwäldern, besonders in den höheren Lagen. Eßbar, schmackhaft.

Kratzender Kammtäubling Juli—September
Russula pectinata (Bull. ex St.-Am.) Fr.
Hut 3—7 cm breit, mittig eingedrückt, graubraun bis lehmfarben, in der Mitte gewöhnlich dunkler, am Rand kammartig gerieft, Huthaut kahl, klebrig, fast bis zur Mitte abziehbar. Lamellen schmal, blaß, dann strohgelb, spröde. Stiel unten verjüngt, bald hohl, blaß, unten honigfarben getupft. Fruchtfleisch weiß, bei ausgewachsenen Fruchtkörpern rostig gefleckt, zuerst mild schmeckend, nach einer Weile bitter kratzend bis scharf, unangenehm nach Fisch riechend. Sporenstaub sahnefarben bis hellockergelb, Sporen 7—9 × 6—7 µm, fast kugelförmig, grobwarzig, amyloid. Wächst in allen Wäldern, meistens jedoch unter Linden in Parks und Alleen. Ungenießbar.

Mandeltäubling Juli—September ■□ □□

Russula laurocerasi MELZER

Ähnelt dem Stinktäubling *(R. foetens),* ist aber kleiner, schlanker und riecht auffallend nach bitteren Mandeln. Hut 5—10 cm breit, mittig eingedrückt, braungelb oder trüb ocker, am Rande scharf und stark gefurcht, Huthaut klebrig, abziehbar. Lamellen gedrängt, strohgelb, an den Schneiden zahlreiche kleine Tröpfchen, später rostig gefleckt. Stiel schlank, oft eingeschnürt, weiß, später rostig gefleckt und hohl. Fruchtfleisch weißlich, brennend scharf schmeckend, angenehm nach bitteren Mandeln riechend. Sporenstaub blaß-sahnegelb, Sporen 10—14 × 9—12 µm, kugelförmig, gratig, amyloid. Wächst in Laub- und Kiefernwäldern, eher auf kalkigen Böden wärmerer Gebiete. Ungenießbar.

Gallentäubling Juli—September □■ □□

Russula fellea (FR.) FR.

Hut 4—7 cm breit, falb- oder strohgelb, am Rande lange glatt, abgerundet, allmählich kurz knotig gerieft, mit matter Huthaut, bei Feuchtigkeit schmierig, am Rand abziehbar. Lamellen blaß, bald strohfarben-falb, nicht gedrängt. Stiel bald blaßocker. Fruchtfleisch anfangs weiß, später hellgelblich, schmeckt lange anhaltend brennend scharf, Geruch süßlich, an Pelargonien erinnernd. Sporenstaub weißlich, Sporen 8—10 × 7—8 µm, fast kugelförmig, fein und dicht warzig. Wächst recht oft in allen Wäldern, vor allem aber in Buchengehölzen. Ungenießbar.

Zitronentäubling August—Oktober □□ ■□

Russula ochroleuca (PERS.) ex FR.

Hut 5—10 cm breit, zitronengelb, goldgelb, ocker oder grünlichgelb, am Rande im Alter gerieft, matt, Huthaut bei Feuchtigkeit klebrig, halb abziehbar. Lamellen breit, weiß, später gelbgrau. Stiel fast zylindrisch, weiß, selten gelblich, im Alter grau verfärbend. Fruchtfleisch weiß, im Alter gräulich, Geschmack mäßig brennend, scharf, selten mild, Geruch unauffällig. Sporenstaub weißlich, Sporen 8—11 × 8—9 µm, breit elliptisch, fast kugelförmig, grobwarzig netzig, amyloid. Wächst häufig in Fichtenwäldern. Mäßig gut. Als Mischpilz verwendbar.

Gefelderter Grüntäubling, Grünschüppiger Täubling Juli—September □□ □■

Russula virescens (SCHAEFF. ex ZANTED.) FR.

Hut 5—15 cm breit, lange halbkuglig gewölbt, sehr hart, dickfleischig, kupferoxid- oder graugrün, semmelfarben verblassend, am Rande stumpf, breit gerippt, Huthaut trocken, samtig, bald felderig zerrissen, nicht abziehbar. Lamellen weiß, dann sahnefarben, im Alter an den Schneiden braunrostig verfärbend. Stiel dick, hart, weiß runzlig. Fruchtfleisch hart, weiß, neigt zu rosttönigen Verfärbungen, färbt sich in Eisensulfatlösung sofort sattrot, schmeckt nußartig. Sporenstaub weiß, Sporen 8—10 × 7—8 µm, elliptisch, mit feiner Ornamentik. Wächst in lichten, trockenen Wäldern und an deren grasigen Rändern, vor allem unter Eichen und Kiefern. Eßbar, sehr schmackhaft.

Sprödblättler — *Russulaceae*

Fleischroter Speisetäubling Juni—September

Russula vesca Fr.

Hut 5—10 cm breit, halbkugelförmig, hart, fleischig, trüb fleischfarben oder rosarot, stellenweise gräulich ausgebleicht, leicht verblassend, am Rande recht scharfkantig, meist mit etwas zurückgezogener Oberhaut, Huthaut kahl, etwas schmierig, bei Trokkenheit matt, schwach gerieft, Oberhaut zur Hälfte abziehbar. Lamellen weiß, im Alter rostig verfärbend, schmal gedrängt. Stiel kurz, unten verjüngt und rostig verfärbend, sonst weiß, hart. Fruchtfleisch an Schadstellen allmählich rostig verfärbend, in Eisensulfatlösung schnell orangerot verfärbend, Geschmack süß mandelartig. Sporenstaub weiß, Sporen 6—7 × 5—6 µm, elliptisch, feinwarzig, amyloid. Wächst zahlreich in trockeneren Wäldern. Eßbar. Schmackhaft.

Frauentäubling, Violettgrüner Täubling Juni—Oktober

Russula cyanoxantha (Schaeff. ex Schw.) Fr.

Hut 5—15 cm breit, schieferfarben oder grünlich, gemischt mit oliven, violetten, blauen und purpurnen Tönen, am Rande oft purpurn, in der Mitte zu Gelb ausbleichend, Huthaut radial fein geädert, abziehbar. Lamellen weiß, elastisch, bei Berührung biegsam, weniger brüchig. Stiel weiß, selten teilweise bläulich überhaucht. Fruchtfleisch weiß, verfärbt sich in Eisensulfatlösung nicht. Geschmack meistens mild. Sporenstaub weiß, Sporen 8—9 × 7—8 µm, elliptisch, sehr feinwarzig amyloid. Wächst häufig in allen Wäldern, am meisten unter Eichen und Buchen. Eßbar, schmackhaft.

Grasgrüner Birkentäubling Juni—Oktober

Russula aeruginea Lindbl. in Fr.

Hut 5—10 cm breit, halbkuglig, dann flächig und breit eingedrückt, oliv- bis grasgrün, stellenweise ockerfarben, braun und auch weißlich, Rand scharfkantig, später gerieft, Huthaut glänzend, kahl, fast bis zur Mitte abziehbar. Lamellen weiß, dann sahnefarben, an den Schneiden oft rostig verfärbend, häufig gegabelt oder mit Adern verbunden. Stiel weiß, von unten her rostig verfärbend, später hohl. Fruchtfleisch weiß, wird in Eisensulfatlösung rosa, mild schmeckend, manchmal beißend bis scharf. Sporenstaub blaßgelb, Sporen 7—10 × 6—8 µm, länglich elliptisch, warzig, amyloid. Wächst in Wäldern und Parks, vor allem unter Birken, doch auch in Nadelwäldern. Eßbar.

Sprödblättler — *Russulaceae*

Heringstäubling
Juli—Oktober

Russula xerampelina (Schaeff. ex Secr.) Fr.

Hut 5—12 cm breit, anfangs kugelförmig, allmählich ausgebreitet, in der Mitte flach eingedrückt, sehr vielfältig gefärbt, z. B.: purpurrosa, wein- oder braunrot, violett, oft mit diesen Farben gefleckt, in der Mitte gewöhnlich blasser. Huthaut fein samtig, bei Feuchtigkeit ziemlich schmierig, bis zur Hälfte abziehbar, im Alter am Rand schwach gerieft. Lamellen abgerundet bis frei, breit, recht gedrängt, spröde, sahnefarben ocker, an Druckstellen braun verfärbend. Stiel schwach keulenförmig, weiß oder teilweise purpurnrötlich, bereift, später kahl, an Berührungsstellen gelb und allmählich braun verfärbend. Fruchtfleisch blaß, an Schadstellen und im Alter braun verfärbend, Geschmack mild, beim Eintrocknen charakteristisch nach Hering riechend. Sporenstaub ockergelb, Sporen 8—13 × 8—12 µm, fast kugelförmig, warzig bis stachelig. Wächst in Wäldern aller Art und bildet einige beständige farbige Abarten, z. B. var. *olivascens* (mit olivgelbgrünem Hut) und die var. *fusca* (mit braunem oder gelbbraunem Hut). Eßbar.

Oben links: *Russula xerampelina* var. *olivascens*

Oben rechts: *Russula xerampelina* var. *xerampelina*

Unten links: *Russula xerampelina* var. *fusca*

Goldtäubling
Juli—September

Russula aurata (With.) ex Fr.

Hut 5—9 cm breit, fest, zinnoberrot, orange- bis goldgelb, Huthaut kahl, bei Feuchtigkeit schmierig, feucht, nur am Hutrand abziehbar, unter der Huthaut chromgelb. Lamellen zuerst blaßgelb, später sattgelb, an den Schneiden meistens auffallend chromgelb. Stiel weiß, später zum Teil gelblich überhaucht. Fruchtfleisch weiß, unter der Huthaut chromgelb, schmeckt mild, kaum herb. Sporenstaub satt-buttergelb, Sporen 8—10 × 8—9 µm, fast kugelförmig, dicht mit groben Warzen besetzt, amyloid. Wächst in Laubwäldern, vor allem in wärmeren Gebieten. Eßbar.

Sprödblättler — *Russulaceae*

Milder Wachstäubling Mai—Oktober

Russula puellaris Fr.

Hut 3—7 cm breit, ausladend, mittig eingedrückt, dunkel fleischrot oder trüb purpurn, in der Mitte am dunkelsten, manchmal mit ockerfarbenen, gelbgrünen oder fliederfarbenen Tönen, am dünnen Rand deutlich stark gerieft, Huthaut schmierig, bis zur Hälfte des Huts abziehbar. Lamellen weiß, dann hellgelb, spröde. Stiel spröde, im unteren Teil oft etwas keulenförmig, weiß, gelblich gefleckt. Fruchtfleisch mild, weiß, später gelblich, Geruch wie beim Semmelpilz. Sporenstaub satt sahnefarben, Sporen 8—10 × 7—9 µm, breit elliptisch, fast kugelförmig, stachelig. Wächst in allen Wäldern, bevorzugt Nadelwälder. Eßbar.

Apfeltäubling Juli—September

Russula paludosa Britz.

Hut 6—15 cm breit, halbkugelförmig, dann flach, erdbeer- oder hagebuttenrot, orange oder sahnefarben ausbleichend, Huthaut kahl, glänzend, weit abziehbar. Lamellen gedrängt, weiß, dann butterfarben, an den Schneiden manchmal rot. Stiel lang und stark, weiß, oft zum Teil rötlich. Fruchtfleisch mild schmeckend, selten ein bißchen scharf, verfärbt sich in Eisensulfatlösung nur schwach graurosa. Sporenstaub hellocker, Sporen 9—12 × 8—10 µm, breit elliptisch, grob zusammenhängend stachelig, amyloid. Wächst in Moos, Heide- und Heidelbeerkraut feuchter Nadelwälder auf saueren Böden. Eßbar, schmackhaft.

Harter Zinnobertäubling Juli—September

Russula lepida Fr.

Syn.: *Russula rosacea* Pers. ex S. F. Gray

Hut 5—10 cm breit, gewölbt, sehr hart und fest, lebhaft zinnoberrot, in der Mitte gelblich oder weißlich ausbleichend, am Rande abgerundet, glatt, trocken, sahnefarben matt, bei Trockenheit rissig. Lamellen weiß, dann gelblich, an den Schneiden oft rot. Stiel sehr hart, weiß, teilweise rosagetönt. Fruchtfleisch auffallend hart, bröcklig und trocken, im Stiel meist wattig, Geschmack mild, die Blätter bitterlich, nach einer Weile wie Zedernholz (Bleistiftholz). Sporenstaub schwach gelblich, Sporen 8—10 × 7—8 µm, breit elliptisch, dicht netzartig warzig, amyloid. Wächst häufig in trockenen Wäldern vorzugsweise wärmerer Lagen. Zum Essen ungeeignet, da ziemlich hart und nicht sehr schmackhaft.

Ziegelroter Täubling Juli—Oktober

Russula velenovskyi Melzer et Zvára

Hut 5—10 cm breit, bald tellerförmig, in der Mitte oft mit einer stumpfen Warze, rosa- oder ziegelrot, gelblich ausbleichend, gewöhnlich mit einem dunkleren Band um die Mitte, mit typischen Huthautfasern, schmierig, bei Trockenheit matt, oft weißlich gepunktet. Lamellen weißlich, später gelb bis hellocker, an den Schneiden manchmal rot. Stiel dick, längs gerunzelt, fest, weiß, unten manchmal rosa getönt. Fruchtfleisch weiß, wird in Eisensulfatlösung satt-graurosa, schmeckt mild oder jung ein wenig scharf. Sporenstaub hellgelb, Sporen 8—10 × 7—9 µm, elliptisch, stachelig. Wächst recht häufig in Laub-, seltener in Nadelwäldern. Eßbar.

Sprödblättler — *Russulaceae*

Kirschroter Speitäubling, Speiteufel Juli — Oktober ■□ □□

Russula emetica (SCHAEFF. ex FR.) S. F. GRAY

Hut 4—10 cm breit, flach gewölbt, spröde, Huthaut leicht abziehbar, lebhaft rot, glänzend. Lamellen weiß, im Alter sahnefarben, brennend. Stiel weiß, kontrastiert scharf mit der roten Huthaut. Fruchtfleisch weiß, sofort scharf brennend. Sporenstaub weiß (bei einigen Formen weißlich), Sporen 8—12 × 6—8 µm, länglich oval, mit Warzen und Graten (die Ornamentik wird unter der Einwirkung von Jod deutlicher), farblos. Wächst in Nadelwäldern. Giftig.

Wechselfarbiger Speitäubling August — Oktober □■ □□

Russula fragilis (PERS. ex FR.) FR.

Hut 2—6 cm breit, bald flächig ausgebreitet bis eingedrückt, fleischig rot mit rosafarbenen, violetten, grauen und grünlichen Tönen, leicht verblassend, am Rande gefurcht. Lamellen weiß. Stiel spröde, runzlig, weiß. Fruchtfleisch weiß, Geruch schwach nach Obst, Geschmack stark und lange brennend. Sporenstaub weiß, Sporen 7—9 × 6—8 µm, breit oval, farblos, mit Ornamentik. Wächst vor allem in feuchten Fichtenwäldern. Schwach giftig.

Scharfer Glanztäubling Juli — Oktober □□ ■□

Russula firmula J. SCHAEFF.

Hut 4—7 cm breit, in der Mitte flach vertieft, niedrig gewölbt, spröde, trübviolett oder braunrot, in der Mitte gewöhnlich verblassend, am Rande gerieft, Huthaut weit abziehbar. Lamellen spröde, blaß, dann satt-goldgelb. Stiel 4—7 cm lang, 0,8—1,5 cm dick, runzlig, weiß, manchmal gräulich. Fruchtfleisch blaß, Geruch säuerlich harzig, Geschmack stark und langanhaltend brennend. Sporenstaub hell-dottergelb, Sporen 8—9 × 7—8 µm, breit elliptisch, grobwarzig bis gratig, amyloid. Wächst in Nadel- und Laubwäldern, gesellig, vor allem auf kalkigen Böden. Ungenießbar.

Zedernholz-Täubling August–November □□ □■

Russula badia QUÉL.

Hut 5–12 cm breit, fest fleischig, glatt, später kurz gerieft und in der Mitte eingedrückt, blutig- oder braunrot, purpurrot, in der Mitte fast schwarz oder gelblich, oft ganz violett, ockerbraun gefleckt, Huthaut glatt und kahl, kurz abziehbar. Lamellen weiß, später buttergelblich, dann strohgelb oder hellocker, an der Schneide oft rosa. Stiel 4–10 cm lang, 1–2,5 cm dick, weiß oder teilweise rosig, von der Basis her gelb bis braun verfärbend, fest. Fruchtfleisch weiß, bei Trockenheit (und warmem Wetter) angenehm nach Zederöl riechend, Geschmack anfangs mild, aber nach kurzer Zeit ungewöhnlich stark und lange brennend. Sporenstaub hellgelb bis dunkelocker. Sporen 8–10 × 6–8 µm, breit elliptisch, grob warzig bis zu einem unvollständigen Netz. Wächst in Nadel-, vor allem in Kiefernwäldern. Ungenießbar.

Sprödblättler — *Russulaceae*

Scharfer Brätlingstäubling Juni—Oktober

Russula amoenolens Romagn.

Hut 4—8 cm breit, fleischig, mittig eingedrückt, graubraun, in der Mitte sepiabraun bis schwärzlich, oft runzlig, am Rande oft stark kammartig gerieft, Huthaut bei Feuchtigkeit klebrig, wenig abziehbar. Lamellen weiß, dann gräulich. Stiel unten verjüngt, meist grau oder bräunlich gerunzelt, später schwammig. Fruchtfleisch blaß, unter der Huthaut gräulich, schmeckt stark brennend, riecht heringsartig oder nach Camembert-Käse. Sporenstaub blaß gelblich, Sporen 7,5—10 × 6,5—8 µm, elliptisch, grobwarzig, amyloid. Wächst nicht sehr zahlreich in Laubwäldern, vor allem unter Eichen. Ungenießbar.

Gemeiner Stinktäubling Juni–September

Russula foetens (Pers. ex Fr.) Fr.

Hut 5–15 cm breit, lange kugelförmig geschlossen, später ausladend, fest, fett fleischig, Rand höckerig gerieft, hellocker, schmutzig ocker bis schmutzig honigbraun, mit rostbraunen Flecken, Huthaut bei Feuchtigkeit recht gallertartig, schleimig bis schmierig, bei Trockenheit glänzend, weit abziehbar. Lamellen strohgelb, an der Schneide von gleicher Färbung, frisch mit gelblichen Tropfen, die rostbraune Flekken hinterlassen. Stiel 6–12 cm lang, 1,5–3 cm dick, hart, später hohl, weiß, von unten her ocker- bis rostbraun gefleckt. Fruchtfleisch gelblich, fest, von unangenehmem bis widerlichem Geruch und stark brennendem Geschmack (mild ist var. *grata* [Britz.] Romagn.). Sporenstaub sahnefarben. Sporen 7,5–10 × 6,5–9 µm, fast kugelförmig, spärlich und grob warzig stachelig. Wächst in Wäldern aller Art. Ungenießbar.

Blaugrüner Reiftäubling Juni—September

Russula parazurea J. Schaeff.

Hut 3—6 cm breit, dunkel oder hellbläulich, graublau oder grauviolett, in der Mitte manchmal dunkeloliv, im Alter auch verblaßt, Huthaut matt, stark bereift, bis zur Hälfte des Huts abziehbar. Lamellen weiß, dann gelblich, rostfarben gefleckt. Stiel weiß, später gelblich, von unten her bräunlich. Fruchtfleisch weiß, Geschmack mild, verfärbt sich in Eisensulfatlösung rosa. Sporenstaub schwach gelblich, Sporen 6—8 × 6—7 µm, fast kugelförmig, zusammenhängend warzig, amyloid. Wächst nicht sehr zahlreich an sonnigen Stellen in Laub- und Nadelwäldern. Eßbar.

Ockerblättriger Zinnober-Täubling August–September

Russula pseudointegra Arnould et Goris

Hut 4–12 cm breit, allmählich flach werdend, recht fest fleischig, Rand abgerundet, glatt, häufig gelappt, ganz zinnober- oder rosarot, stellenweise ins Gelbliche verblassend, oft rosa und weißlich oder gelblich gefleckt; Huthaut bis zur Hälfte oder bis zu zwei Drittel abziehbar, leicht samtig, am Rand in der Jugend weißlich bereift. Lamellen weißlich, später gelblich, allmählich hellocker. Stiel 5–8 cm lang, 2–3 cm dick, reinweiß, im Alter vergrauend. Fruchtfleisch weiß, unter der Huthaut rosa, nach Obst und Menthol riechend, von mildem Geschmack, aber kurze Zeit später bitter bis schwach brennend. Sporenstaub hellgelb. Sporen 7–8,5 × 6,5–8 µm, fast kugelförmig, niedrig warzig. Wächst in Laubwäldern, hauptsächlich unter Eichen, Buchen und Haselnuß, bevorzugt feuchteren Boden. Ungenießbar.

Zitronenblättriger Täubling Juli—Oktober

Russula chrysodacryon SING.
Syn.: *Russula sardonia* FR. em. ROMMELL
Hut 5—10 cm breit, gewölbt, mit mäßig großem Buckel, hart, Huthaut nur kurz abziehbar, purpurrot mit Gelb und Grün, oft gefleckt. Lamellen angewachsen, zitronengelb. Stiel schwach keulenförmig, zum Teil zitronengelb, zum Teil purpurn. Fruchtfleisch zitronengelb, nach längerer Zeit safranrot verfärbend, Geruch obstartig, Geschmack scharf und langanhaltend brennend. Sporenstaub cremefarben, Sporen 7—9 × 7—8 µm, fast kugelförmig, mit Ornamentik, farblos. Wächst massenhaft in saueren Nadelwäldern, mit Vorliebe unter Kiefern. Schwach giftig.

Wieseltäubling August—Oktober

Russula mustelina FR.
Hut 6—12 cm breit, halbkugelförmig, dann gewölbt, in der Mitte vertieft, ockerfarben oder ockerbraun, in der Mitte dunkel, Huthaut kahl, bei Feuchtigkeit glänzend schmierig, am Rande abziehbar, dick. Lamellen zum Stiel hin schmaler, sahnefarben. Stiel 4—7 cm lang, 15—25 mm dick, weiß, stellenweise ockerfarben, glatt, im Alter rostig verfärbend, hart, zur Basis verjüngt bis spitz. Fruchtfleisch blaß, an Druckstellen und im Alter rostig verfärbend, Geschmack mild, färbt sich in Eisensulfatlösung schnell orange bis rot. Sporenstaub hellocker, Sporen 7—9 × 6—7,5 µm, elliptisch, mit dichter niedriger Ornamentik, amyloid, hellgelb. Wächst vor allem in den Fichtenwäldern der Vorgebirgslagen. Eßbar.

Dickblättriger Schwarztäubling Juli—Oktober

Russula nigricans (BULL. ex MÉRAT) FR.
Hut 8—20 cm breit, hart, mittig eingedrückt, weiß, bald gräulich bis bräunlich gefleckt, allmählich schwarzbraun. Huthaut kahl, nicht abziehbar. Lamellen blaß, beim ausgewachsenen Pilz gräulich, dick, spröde, bei Verletzung grau, manchmal rosa verfärbend. Stiel kurz, stämmig, weiß, später graubraun, voll, sehr hart. Fruchtfleisch hart, weiß, bei Verletzung anfangs rosa bis rot, später schwarz verfärbend, wird in Lösung anfangs rosa, dann trüb grünlich. Geschmack mild, Geruch erdig. Sporenstaub weiß, Sporen 7—9 × 6—8 µm, elliptisch, mit sehr feiner Ornamentik. Wächst zahlreich in allen Wäldern. Jung eßbar, doch nicht besonders gut.

Dichtblättriger Schwarztäubling Juli—September

Russula densifolia (SECR.) GILL.
Hut 5—10 cm breit, flach gewölbt, am Rande eingerollt, recht festfleischig, anfangs weißlich, dann braun bis schwärzlich, Huthaut nicht abziehbar, glatt. Lamellen sehr gedrängt, weißlich, bis blaß-strohgelb, an Druckstellen rot und später braun verfärbend. Stiel kurz und stark, fest, weiß. Fruchtfleisch weiß, an Bruchstellen zuerst rot, dann allmählich schwarz verfärbend, Geschmack scharf bis brennend, färbt sich in Eisensulfatlösung dunkelgrün. Sporenstaub weiß, Sporen 7—8 µm, fast kugelförmig, sehr fein warzig, farblos. Wächst in Nadelwäldern, vor allem auf kalkiger Unterlage. Ungenießbar.

Sprödblättler — *Russulaceae*

Purpurschwarzer Täubling August—Oktober

Russula atropurpurea (Krombh.) Britz.

Hut 6—12 cm breit, flach gewölbt, dann breit vertieft, am Rand oft tief verbogen, festfleischig, Huthaut kahl, mäßig schmierig, kaum bis zur Hälfte des Huts abziehbar, violett-fliederfarben oder trüb rot bis weinrot, in der Mitte blaß gefleckt, bald ockerfarben ausbleichend oder aber manchmal im Gegenteil schwarz. Lamellen mäßig gedrängt, blaß, dann gräulich oder rostig gefleckt. Stiel 4—8 cm lang, 1,5—3 cm dick, unten rostfarben, im Alter grau verfärbend. Fruchtfleisch weiß, dann gräulich. Geruch säuerlich, Geschmack brennend. Sporenstaub weiß, Sporen 8—10 × 7—8 μm, breit elliptisch, feinwarzig. Wächst unter Eichen und Kiefern. Ungenießbar.

Rotstieliger Ledertäubling Juli—Oktober

Russula olivacea (Schaeff. ex Secr.) Fr.

Hut 10—20 cm breit, niedrig gewölbt, später flach eingedrückt, überwiegend purpurn oder violett mit olivgrünen oder ockerfarbenen Flecken, samtig, am Rand wellig gestreift, Huthaut nur am Rand abziehbar. Lamellen entfernt stehend, dick, breit, dottergelb, an den Schneiden oft rot angehaucht. Stiel kurz und dick, meistens auf einer Seite purpurrot. Fruchtfleisch weiß, Geschmack mild, färbt sich in Phenol violett-rot. Sporenstaub dottergelb, Sporen 8—13 × 7—12 μm, breit ellpitisch, langstachlig, amyloid. Wächst in trockenen Wäldern, vor allem an deren sonnigen Rändern. Eßbar.

Camemberttäubling Juni—September

Russula sororia (Fr.) Romell

Hut 4—8 cm breit, anfangs halbkugelförmig, dann breit gewölbt, in der Mitte eingedrückt, am Rand glatt bis schwach gerieft, aschfarben graubraun, schmierig. In der Mitte fast schwarz, die gummiartig zähe Huthaut fast bis zur Hälfte des Huts abziehbar. Lamellen weiß bis gräulich. Stiel 4—6 cm lang, 1—2,5 cm dick, weiß, dann gräulich, fein gerunzelt, spröde. Fruchtfleisch weiß, unter der Huthaut gräulich, Geschmack stark brennend, Geruch wie verdorbenes Öl. Sporenstaub blaßgelblich, Sporen 9—11 × 8—9 μm, breit elliptisch, mit feinem, unterbrochenem Netz, blaßgelblich. Wächst meistens in Parks und an den Rändern von Landstraßen, vor allem unter Eichen. Ungenießbar.

Buckeltäubling Juli—Oktober

Russula amara Kučera

Syn.: *Russula caerulea* (Pers.) ex Fr. sensu Cooke

Hut 5—7 cm breit, niedrig gewölbt, in der Mitte mit einem zitzenförmigen Buckel, oft eingedrückt, braunviolett oder fliederfarben, am Rand glatt, Huthaut kahl, nur am Rand abziehbar. Lamellen recht dicht, gelblich dann hell-ockergelblich, spröde. Stiel 4—6 cm lang, 1—1,5 cm dick, weiß, fein bereift, dann kahl, allmählich ein wenig gräulich. Fruchtfleisch weiß, im Alter manchmal gräulich, die Huthaut und Stieloberfläche sind deutlich bitter. Sporenstaub hellgelblich, Sporen 7—9 × 7—8 μm, breit elliptisch bis kugelförmig, locker warzig, amyloid. Wächst in Kiefernwäldern, ebenfalls unter Birken und Espen. Ungenießbar.

Sprödblättler — *Russulaceae*

Blaublättriger Weißtäubling Juli—September

Russula brevipes Peck

Syn.: *Russula delica* auct.

Hut 6—15 cm breit, niedrig gewölbt, dann ausgebreitet, mittig vertieft, am Rande lange eingerollt, dick- und hartfleischig, weiß, weißlich, aber auch hellgelblich, Huthaut matt, faserig rauh, nicht abziehbar. Lamellen gedrängt, recht dünn, weiß, meist mit schwachem blaugrünlichem Schein. Stiel 2—6 cm hoch, 1,5—3 cm dick, an der Basis meistens verjüngt, hart, weiß, oben meistens mit einem bläulichen Ring. Fruchtfleisch weiß, hart, Geruch schwach würzig, Geschmack ein wenig scharf. Sporenstaub weißlich, Sporen 8—11 × 6,5—9 µm, breit elliptisch, stumpf stachlig und nicht vollständig netzig, farblos, amyloid. Wächst in allen Wäldern. Eßbar, aber nicht von besonderer Qualität.

Geriefter Weichtäubling Mai—Oktober

Russula nauseosa (Pers. ex Schw.) Fr.

Hut 2—6 cm breit, halbkugelförmig, allmählich ausgebreitet, mittig flach eingedrückt, in verschiedenen Schattierungen trüb rot, violett und gelblich, manchmal ist Grün beigemischt, Huthaut kahl, bei Feuchtigkeit klebrig, weit abziehbar. Rand stark gerieft. Lamellen entfernt stehend, blaß, dann hellgelblich bis orange, sehr spröde. Stiel 3—5 cm lang, 0,5—1 cm dick, sehr spröde, bald hohl. Fruchtfleisch weiß, Geruch säuerlich harzig, Geschmack mild, nur beim Jungpilz manchmal scharf. Sporenstaub ockergelb, Sporen 8—11 × 7—9 µm, fast kugelförmig, locker stachelig, amyloid. Wächst vor allem in Nadelwäldern, besonders an grasigen und moosigen Stellen. Eßbar.

Zweifarbiger Chamäleon-Täubling Mai—September

Russula chamaeleontina (Fr.) Fr.

Hut 3—6 cm breit, bald ausgebreitet, in der Mitte vertieft, geschmeidig zerbrechlich, zinnober- oder rosarot, stellenweise orange, am Rand fein gerieft, Huthaut matt, bis zur Hälfte des Huts abziehbar. Lamellen breit, spröde, dünn, anfangs blaß, dann sattorangegelb. Stiel 3—6 cm hoch, 1—1,5 cm dick, weiß, bereift, weich. Fruchtfleisch weiß, Geschmack süß. Sporenstaub dottergelb, Sporen 7—9 × 7—8 µm, kugelig elliptisch, grobwarzig, amyloid. Wächst in allen Wäldern, tritt jedoch weniger oft auf als der ähnliche Weiche Dottertäubling, *R. lutea,* der einen reingelben Hut besitzt. Eßbar.

Grüner Speisetäubling Juni—September

Russula heterophylla (Fr.) Fr.

Syn.: *Russulla furcata* (Gmelin ex Fr.) Fr. (ss. Ricken)

Hut 6—12 cm breit, anfangs halbkugelförmig bis ausgebreitet, mittig eingedrückt, aschgrau, grauoliv, braungrünlich, gelbgrünlich, stellenweise fleischfarben ausbleichend, Huthaut nur am Rand abziehbar. Lamellen schmal, kurz herablaufend, mit kürzeren Lamellen untermischt, spröde, blaß, dann strohgelb, später rostig gefleckt. Stiel 3—7 cm lang, 1—2,5 cm dick, unten verjüngt, hart, kahl, weiß, im Alter rostig verfärbend. Fruchtfleisch weiß, neigt zu rostfarbenen Tönen, Geschmack mild, färbt sich in Eisensulfatlösung sofort orange. Sporenstaub weiß, Sporen 6—7 × 5—6 µm, fast rund, undeutlich warzig, farblos amyloid. Wächst in Laubwäldern. Eßbar, schmackhaft.

Sprödblättler — *Russulaceae*

Glanz-Täubling Juli–September ■□ □□
Russula nitida (PERS. ex FR.) FR. ss. J. SCHAEF.
Hut 2–6 cm breit, rasch flächig ausgebreitet, am Rand gerieft, verschieden rot getönt, ins Violette oder Ockerfarbene übergehend, teilweise bräunlich oder trübe grünlich gefleckt, sonst nur fleischrot, braunrot, selten hellrot oder rosa, verblassend, Huthaut bis zur Hälfte abziehbar, bei Trockenheit fettig glänzend. Lamellen gelblich, später satt cremefarben-gelb. Stiel 3–7 cm lang, 8–10 mm dick, teilweise keulenförmig, weiß, meist violettrosa bis purpurfarben angehaucht, recht glänzend, bei Trockenheit ockerbraun verfärbend. Fruchtfleisch weiß, sehr zart, schwach nach Obst oder unauffällig riechend, süß schmeckend. Sporenstaub sattocker. Sporen 8-10 × 7-8 (10) µm, fast kugelförmig, ziemlich grob und stumpf warzig. Wächst unter Birken an feuchtenren grasigen Stellen, bevorzugt saure Böden. Eßbar.

Brauner Ledertäubling Juli—September □■ □□
Russula polychroma SING. ex HORA
Syn.: *Russula integra* (L. ex HOOK.) FR. s. J. SCHAEFF.
Hut 6—12 cm breit, halbkugelförmig, dann niedrig gewölbt, in der Mitte breit eingedrückt, zähfleischig, honigfarben rotbraun, trüb rot oder violett, stellenweise ocker oder braun fleckig und ausbleichend. Huthaut bis zur Hälfte abziehbar, kahl, bei Trockenheit glänzend. Lamellen weiß, dann hellocker mit weißlichem Schein auf den Schneiden. Stiel 4—7 cm hoch, 2—3 cm dick, weiß, hart. Fruchtfleisch weiß, Geruch nicht besonders ausgeprägt, Geschmack mild. Sporenstaub sattocker, Sporen 9—12 × 8—10 µm, fast kugelförmig, dicht stachelig. Wächst in Nadelwäldern, vor allem in Fichtengehölzen, häufig und gesellig. Eßbar.

Rosaroter Speitäubling, Pfirsichtäubling Juli—September □□ ■□
Russula persicina KROMBH, em MELZER et ZVÁRA
Hut 3—8 cm breit, niedrig gewölbt, mittig eingedrückt, festfleischig, am Rand glatt, später kurz gerieft, rosa- oder lebhaft blutrot, blaßrosa, leicht ausbleichend und gelb gefleckt, Huthaut matt, kaum am Rand abziehbar. Lamellen blaßgelblich. Stiel 3—6 cm hoch, 1—2 cm dick, weiß oder zum Teil rosafarben. Fruchtfleisch weiß, im Alter allmählich vergilbend, Geruch säuerlich harzig, Geschmack bitterlich brennend. Sporenstaub sahnefarben-gelb, Sporen 7—9 × 6—7 µm, breit elliptisch, warzig stachlig und unterbrochen netzig, amyloid. Wächst in Laubwäldern. Sehr selten in Nadelwäldern. Ungenießbar.

Rutenpilze — *Phallaceae*

Gemeine Stinkmorchel Juni—September □□ □■
Phallus impudicus L. ex PERS.
Fruchtkörper jung kugel- oder eiförmig, elastisch, bis 6 cm dick, weit, unten mit zähen, weißen Myzelsträngen. In der Reifezeit platzt die Hülle (Peridie), aus ihr geht ein 10—20 cm langer und 3—5 cm dicker, hohler, poröser Stiel hervor, mit einem fingerhut- oder glockenförmigen Hut an der Spitze. Hutoberfläche wabenförmig gerippt und mit dunkelgrüner, stinkender und schleimiger Sporenmasse überzogen, die bald abtropft. Sporen 3,5—5 × 1,5—2 µm, lang elliptisch, gelblich. Wächst häufig in humusreichen Wäldern, vor allem in Laubgehölzen. Junge, noch geschlossene Fruchtkörper sind genießbar.

Schleimtrüffel, Schwarzknollen — *Melanogastraceae*

Bunte Schleimtrüffel, Bunte Schwarzknolle — Juni—Oktober

Melanogaster variegatus (VITT.) TUL.

Fruchtkörper 1,5—4 cm breit, knollenförmig, an der Oberfläche bucklig, anfangs gelb, rostfarben-ocker, an Druckstellen braun verfärbend, allmählich dunkelbraun bis schwärzlich, unten mit zahllosen dunklen Myzelsträngen, zäh gallertig, Fruchtmasse (Gleba) im Schnitt gelblichbraun, reif schwarz, glänzend, saftig, mit vielen Kammern ausgefüllt, die weiß bis gelb begrenzt sind. Geruch stark aromatisch, moschusähnlich. Sporen 6—8 × 3,5—5,5 µm, elliptisch, an der Basis stumpf, mit Sterigmaresten, braun. Wächst im Humus von Laub- oder Mischwäldern. Eßbar.

Hartboviste — *Sclerodermataceae*

Kartoffelbovist — Juni—Oktober

Scleroderma citrinum PERS.

Fruchtkörper 3—10 cm im Durchmesser, länglich kugelförmig oder knollig, aufsitzend, zäh, strohgelb oder blaßocker, warzig aufgeplatzt. Fruchtmasse anfangs weiß und fest, im Schnitt mit feinen rundlichen Kammern, dann rosafarben, bläulich, allmählich schwarz und in schwarzgrünen Sporenstaub zerfallend. Geruch stark würzig. Sporen 7—15 µm breit, kugelförmig, mit Netzornamentik und abstehenden Stacheln, schwarzbraun. Wächst allgemein verbreitet auf dem nackten Waldboden, an Wegen u. ä. Schwach giftig, aber einige Scheiben getrockneter, junger Fruchtkörper können in Suppen und Soßen als Würze verwendet werden.

Erbsenstreuling — Juni—September

Pisolithus arrhizus (PERS.) E. FISCH.

Fruchtkörper 3—11 cm breit, knollig, im unteren Teil verengt zu einem wurzelartig aufgezweigten und in den Boden eingelassenen, ungefähr 30 cm langen Myzelstrang. Hülle glatt, ockergelb, dann dunkelbraun, brüchig. Fruchtmasse jung im Schnitt zäh, saftig, aus kleinen, weißen bis gelblichen Körnchen (Peridiolen), reift von der Spitze her und verwandelt sich in schokoladebraunen Sporenstaub, Sporen 9—12 µm im Durchmesser, kugelförmig, stachlig, braun. Wächst auf sandigen Böden an hellen Stellen, z. B. an Wegen, in Kiefernwäldern. Junge Fruchtkörper können in kleinen Mengen als Gewürzpilz verwendet werden.

Staubpilze — *Lycoperdaceae*

Flaschenstäubling — Juni—Oktober

Lycoperdon perlatum PERS.

Fruchtkörper 1,5—8 cm hoch, 2—5 cm breit, meistens birnenförmig oder gestielt klöppelförmig, jung weiß, dicht mit Stacheln und leicht abfallenden kegelförmigen Warzen bedeckt, die an der Oberfläche der Hülle kantige Vertiefungen hinterlassen (Areolen). Fruchtmasse beim jungen Fruchtkörper weiß, porös, verfärbt sich im Alter grau, graugrün bis braun und verwandelt sich in braunen Sporenstaub. Reife Fruchtkörper sind braun und besitzen eine kleine Öffnung an der Spitze. Sporen 3,5—4,5 µm im Durchmesser, kugelförmig, gelblich. Wächst sehr häufig in allen Wäldern. Junge Fruchtkörper sind eßbar und schmackhaft.

Staubpilze — *Lycoperdaceae*

Bräunlicher Stäubling Juli—September

Lycoperdon umbrinum Pers.

Fruchtkörper 1,5—3,5 cm breit, 2—5 cm hoch, kurz birnenförmig, kugelförmig mit kurz herabgezogener Basis, an der Spitze mit einem niedrigen stumpfen Buckel. Die äußere Hülle besteht aus haarigen, bis zu 1 mm langen Stacheln, die meistens zu Büscheln zusammengefaßt und braun bis schwarzbraun sind. Die innere Hülle ist glatt, glänzend, kupferfarben gelblich, die Stacheln hinterlassen keine Narben. Die Fruchtmasse ist umbrabraun, die sterile Basis ist im Schnitt grobporig, grauoliv oder olivbraun. Sporenstaub umbrabraun, Sporen 4—4,5 µm breit, kugelförmig, fein stachelig, hellbraun. Wächst meistens in Fichtenwäldern. Jung, wenn innen noch weiß, eßbar.

Beutelstäubling Juli—September

Calvatia excipuliformis (Scop. ex Pers.) Perd.

Fruchtkörper 5—15 cm hoch, 3—8 cm breit, klöppel- oder keulenförmig, unten zu einem unfruchtbaren Stiel verengt, im Jugendstadium ganz weiß, mit kleinen Körnchen und Stacheln bedeckt, wird zur Reifezeit braun und kahl. Der fruchtbare obere Teil des Fruchtkörpers ist vom unfruchtbaren unteren Teil nicht durch eine häutige Zwischenwand (Diaphragma) getrennt. Fruchtmasse anfangs weiß, dann dunkelbraun. Sporen 5—6 µm, kugelförmig, stachelig, mit bis zu 16 µm langen Stielchen (Sterigmata), bräunlich. Wächst recht oft auf Waldwiesen und auch in Wäldern. Jung eßbar (solange Fleisch weiß ist).

Gewimperter Erdstern September—Oktober

Geastrum sessile (Sow.) Pouz.

Syn.: *Geastrum fimbratum* Fr.

Fruchtkörper 1,5—3 cm hoch, 2—7 cm breit, ockerfarben oder ockergelb. Die innere Hülle, die die Fruchtmasse umschließt, sitzt auf, ist papierartig, besitzt an der Spitze eine mit faserigen Wimpern versehene Mündung ohne Ring, die äußere Hülle platzt in 5—10, meistens jedoch 8 spitze Zipfel auf, die sich nach unten zurückrollen. Sporen 3—4 µm im Durchmesser, kugelförmig, fast glatt, hellbraun. Wächst häufig auf dem Boden von Nadel-, vor allem Fichtenwäldern, meistens gesellig. Trockene Fruchtkörper überdauern ähnlich wie andere Erdsterne ein oder auch mehrere Jahre am Standort. Ungenießbar.

Staubpilze — *Lycoperdaceae*

Rotbrauner Erdstern September—November ■□ □□

Gaestrum rufescens Pers. ex Pers.

Fruchtkörper 2,5—5 cm breit, kugelförmig, anfangs im Boden verborgen, weißlich, später rötlich, zur Reifezeit platzt die äußere Hülle in 5—8 dicke, zähfleischige, hellrosafarbene Zipfel, die sich bis zu 10 cm ausbreiten, allmählich braunrot werden und quer aufplatzen. Die Fruchtmasse ist abgeflacht kugelförmig, aufsitzend, weist an der Spitze eine bewimperte Mündung ohne scharf abgegrenzte Scheibe auf. Sporen 4— 5 µm im Durchmesser, kugelförmig, bräunlich, fein stachelig. Wächst nicht sehr oft in Nadel-, noch seltener in Laubwäldern. Ungenießbar.

Kleiner Nesterdstern August—Oktober □■ □□

Geastrum quadrifidum Pers. ex Pers.

Fruchtkörper 2—5 cm hoch, 1,5—3 cm breit, innere Hülle kugelförmig oder lang gezogen, graublau, weißlich bereift, mit spitzer Mündung inmitten einer ringförmigen Scheibe, die äußere Hülle platzt meistens zu vier gelblichen oder gelbbräunlichen Zipfeln auf, die unten durch eine häutige Schüssel verbunden sind, diese Schüssel liegt im Boden und verschwindet später. Sporen 4—6 µm im Durchmesser, kugelförmig, warzig, braun. Wächst oft in großen Gruppen in Nadelwäldern, vor allem in Fichtengehölzen. Dieser Erdstern gehört mit dem Gewimperten Erdstern *G. sessile* zu den am häufigsten in europäischen Wäldern vorkommenden Vertretern der Erdsterne. Ungenießbar.

Kammerdstern August—November □□ ■□

Geastrum pectinatum Pers.

Fruchtkörper 2—5 cm hoch, 3—9 cm breit, die äußere Hülle platzt meistens in 5—8 graubraune, spitze Zipfel, wobei die untere häutige Schüssel fehlt. Die Fruchtmasse befindet sich auf einem langen Hals, ist schwarzbraun, bereift, und weist eine gezähnte, in Längsrichtung tief geriefte, wie in Falten gelegte Mündung ohne ringförmige Scheibe auf. Sporen 6—7,5 µm im Durchmesser, kugelförmig, warzig, braun. Wächst recht oft auf dem Boden in Nadelwäldern, vor allem in Fichtenwäldern. Vetrocknete Fruchtkörper überdauern am Standort auch mehrere Jahre. Ungenießbar.

Gitterpilze — *Clathraceae*

Tintenfischpilz Juli—September □□ □■

Anthurus archeri (Berk.) E. Fisch.

Fruchtkörper im Jugendstadium eirund, Hexenei weißlich grau, ähnlich der Stinkmorchel, nur kleiner, erkenntlich an bläulich violetten Farben an den Myzelsträngen, bis 4 cm Durchmesser. Aus dem Ei wächst ungefähr 5—10 cm langer Fruchtkörper und teilt sich in 5—8 einfache Arme, die anfangs an der Spitze miteinander verwachsen sind, sich später zurückbiegen und sternförmig tintenfischähnlich ausbreiten, sie sind 3—7 cm lang, zerbrechlich, orangerot und auf der Innenfläche quer gerunzelt. Die Fruchtmasse auf den Innenseiten ist schleimig, oliv gefärbt und riecht übel nach Aas. Sporen 6—7,5 × 2—2,5 µm, elliptisch, glatt, farblos, wächst auf Humusböden, vermoderndem Holz, im Walde und auch außerhalb. Der ursprünglich tropische und subtropische Pilz wurde wahrscheinlich von Australien nach Europa eingeschleppt. Ungenießbar.

Literaturhinweise

AINSWORTH, G. C. und BISBY, G. R.: Dictionary of the fungi. 7. Edition 1971
ALEXOPOULOS, C. J.: Einführung in die Mykologie. 1966
BOURDOT, H. und GALZIN, A.: Hymenomycètes de France. 1928
BRESADOLA, G.: Iconographia mycologica. 1—26. 1927—1933
DENNIS, R. W. G.: British Ascomycetes. Lehre 1968
Gasteromycetes — Houby břichatky. Flora ČSR. B. 1. 1958
HAAS, H. und GOSSNER G.: Pilze Mitteleuropas. Stuttgart 1965
HAAS, H. und SCHREMPP, H.: Pilze in Wald und Flur. Stuttgart 1977
HAAS, H. und SCHREMPP, H.: Pilze, die nicht jeder kennt. Stuttgart 1972
KAVINA, K. und PILÁT, A.: Atlas hub evropských. 1—6. 1934—1948
KONRAD, P. und MAUBLANC, A.: Icones selectae fungorum. 1—6. 1924—1937
KUEHNER, R. und ROMAGNESI, H.: Flore analytique des champignons supérieurs. 1953
LANGE, J.: Flora agaricina danica. 1—5. 1935—1940
MOSER, M.: Basidiomyceten. 2. In GAMS, H., Kleine Kryptogamenflora, 2. B 2. 4. Edition. 1978
MUELLER, E. und LOEFFLER, W.: Mykologie. Grundriß für Naturwissenschaftler und Mediziner. 2. Edition. 1971
NILSSON, S., PERSSON, O. und MOSSBERG B.: Praktische Pilzkunde Band 1. Stuttgart 1978
NILSSON, S., PERSSON, O. und MOSSBERG B.: Praktische Pilzkunde Band 2. Stuttgart 1978
PILÁT, A. und UŠÁK, O.: Naše houby. 1—2. 1952, 1959
SACCARDO, P. A.: Sylloge fungorum omnium hucusque cognitorum. 1—26. 1882—1972
SINGER, R.: The Agaricales (Mushrooms) in modern taxonomy. 3. Edition. 1975

Wichtige mykologische Zeitschriften

Bulletin trimestriel de la Société mycologique de France (1885—)
Česká mykologie (1947—)
Index of fungi (1920—)
Mycologia (1904—)
Revue de Mycologie (1936—)
Sydowia. Annales mycologici II. (1946—)
Transactions of the British mycological Society. (1917—)
Westfälische Pilzbriefe (1963—)
Zeitschrift für Pilzkunde (1934—)
Persoonia (1965—)

Register der abgebildeten Arten

Hinweis für Leser

Aus technischen Gründen war es nicht möglich, die Änderungen in den Namen der Pilzarten zu erfassen, die infolge der veränderten Nomenklaturregeln in letzten Jahren vorgenommen wurden.
Zu den Änderungen, die leider auch nicht zu erfassen waren, gehören die Änderungen in lateinischen Namen der Pilzarten und -gattungen aufgrund der neuen Erkenntnisse der systematischen Mykologie.

Autor